瑞士

蘇黎世
日內瓦
伯恩
琉森
少女峰
策馬特
貝林佐納
盧加諾

作者／蘇瑞銘

SWISS

瑞士

作者序

時隔十多年重新再寫瑞士這本書時,心境跟之前有許多變化。當年,這是我的第一本書,雖然那時我已經住在瑞士多年,對於這個國家的認知與了解,跟現在相較下還是有天壤之別。

這十多年來,瑞士的觀光型態和玩法逐年轉變中,在網路、影片或是新設施的加持下,從前默默無聞的景點紛紛竄出,包括韓劇《愛的迫降》拍攝地、格林德瓦的天空步道、玩飛行傘、刺激的雲霄飛車等設施,都是近年來的熱門新玩法。

即使瑞郎的匯率不斷地攀升,火車通票、飯店價位、餐飲費用持續調漲,依然吸引許多人前來瑞士旅遊,少女峰和策馬特地區旺季期間總是人滿為患。瑞士儼然成為大家必來的旅遊國度,而且來過的人都還想再來。

這本書不但介紹了目前最夯的景點,還融入多年來定居在瑞士的經驗,分享瑞士當地文化及飲食心得,希望對於即將來瑞士旅行的人有所幫助。

蘇瑞銘 Ricky

　　Ricky 旅居瑞士超過 20 年，從當年大學畢業後就來瑞士的懵懂年輕人，變成熟悉瑞士的中年大叔。旅遊足跡遍布歐、亞、非、美洲各地，已經造訪超過 50 餘國，出版過關於歐洲及瑞士等 11 本書籍。

　　在每次的旅途中，尤其喜好探訪私房祕境，觀察不同的民族風情和體驗文化差異，喜歡慢步調的深度旅行，而不是走馬看花去收集景點。目前定居於瑞士南部義式風格小鎮貝林佐納 (Bellinzona)，在寫稿之餘還兼經營民宿。

　　前幾年在瑞士當地開旅行社，接待來自台灣、新加坡、香港和美國等地的華人。不同於坊間把行程塞好塞滿的玩法，我們的團比較像跟朋友一起自助的方式，不趕行程、不常換住宿，悠閒地體驗不一樣的瑞士風情。

Ricky 的瑞士山居歲月：
www.travelwithrickysu.com

Ricky 的粉絲團：
www.facebook.com/reminsu

瑞士

- 04　作者序
- 11　編輯室提醒

深度特寫
- 74　蘇黎世班霍夫大道購物指南
- 113　伯恩舊城區噴泉之旅
- 164　少女峰地區推薦健行路線
- 184　策馬特區登山健行路線
- 210　拉沃葡萄園區推薦健行路線
- 243　盧加諾湖遊湖行程

14 瑞士風情掠影
- 16　認識瑞士
- 20　節慶活動
- 25　特色美食
- 32　精選伴手禮
- 38　著名景觀列車
- 48　行程規畫

德語區

- 60 蘇黎世
- 84 沙夫豪森
- 88 拉裴斯威爾
- 90 史坦
- 91 艾因西德倫
- 92 聖加侖
- 96 巴塞爾
- 104 伯恩
- 119 琉森

德語區 阿爾卑斯山區

- 142 少女峰區
- 146 茵特拉肯
- 155 格林德瓦
- 167 勞特布魯嫩
- 168 少女峰鐵道
- 173 瓦萊州地區
- 174 策馬特市區
- 188 阿雷奇冰河區

190
法語區
192　日內瓦
202　洛桑

216
義大利語區
218　貝林佐納
227　羅卡諾
237　盧加諾

全書地圖

12	瑞士全圖	146	茵特拉肯市區地圖
39	冰河列車路線圖	170	少女峰車站地圖
42	黃金列車路線圖	174	策馬特市區地圖
44	葛達景觀列車路線圖	188	阿雷奇冰河區地圖
46	伯連那列車路線圖	193	日內瓦市區地圖
61	蘇黎世市區地圖	203	洛桑市區地圖、洛桑地鐵路線圖
84	沙夫豪森市區地圖	210	拉沃葡萄園區健行路線圖
92	聖加侖市區地圖	218	貝林佐納市區地圖
97	巴塞爾市區地圖	227	羅卡諾市區地圖
105	伯恩市區地圖	237	盧加諾市區地圖
120	琉森市區地圖	243	盧加諾湖地圖
137	皮拉圖斯山路線圖	252	庫爾市區地圖
142	少女峰交通路線圖		

250
東部及羅曼語區

- 252　庫爾
- 259　萊茵河峽谷
- 260　麥茵菲爾德

262
瑞士旅遊實用資訊

- 262　前往與抵達
- 267　消費與購物
- 268　生活與文化
- 272　常用會話

瑞士

蘇黎世、日內瓦、伯恩、琉森、少女峰、策馬特、貝林佐納、盧加諾

作　　者	蘇瑞銘
協力攝影	蔣玉霜

總 編 輯	張芳玲
發想企劃	taiya 旅遊研究室
編輯部主任	張焙宜
企劃編輯	張焙宜
主責編輯	張焙宜
特約編輯	陳志民
修訂主編	鄧鈺澐
封面設計	許志忠
美術設計	許志忠
地圖繪製	何仙玲、許志忠

國家圖書館出版品預行編目(CIP)資料

瑞士：蘇黎世、日內瓦、伯恩、琉森、少女峰、策馬特、貝林佐納、盧加諾 / 蘇瑞銘作. -- 初版. -- 臺北市：太雅出版有限公司, 2025.08
　面；　公分. -- (世界主題之旅；153)
ISBN 978-986-336-572-3(平裝)

1.CST：旅遊　2.CST：瑞士

744.89　　　　　　　　　　114003880

太雅出版社

TEL：(02)2368-7911　FAX：(02)2368-1531
E-mail：taiya@morningstar.com.tw
太雅網址：http://taiya.morningstar.com.tw
購書網址：http://www.morningstar.com.tw
讀者專線：(02)2367-2044、(02)2367-2047

出 版 者	太雅出版有限公司
	106 台北市大安區辛亥路一段 30 號 9 樓
	行政院新聞局局版台業字第五○○四號

讀者服務專線：(02)2367-2044 / (04)2359-5819 #230
讀者傳真專線：(02)2363-5741 / (04)2359-5493
讀者專用信箱：service@morningstar.com.tw
網路書店：http://www.morningstar.com.tw
郵政劃撥：15060393（知己圖書股份有限公司）

印　　刷	上好印刷股份有限公司　TEL：(04)2315-0280
裝　　訂	大和精緻製訂股份有限公司　TEL：(04)2311-0221

七　　版	西元 2025 年 08 月 01 日
定　　價	570 元

（本書如有破損或缺頁，退書請寄至：台中市西屯區工業 30 路 1 號　太雅出版倉儲部收）

ISBN 978-986-336-572-3
Published by TAIYA Publishing Co.,Ltd.
Printed in Taiwan

填線上回函
瑞士
新第七版

reurl.cc/5Kd4vn

臺灣太雅出版
編輯室提醒

太雅旅遊書提供地圖，讓旅行更便利

地圖採兩種形式：紙本地圖或電子地圖，若是提供紙本地圖，會直接繪製在書上，並無另附電子地圖；若採用電子地圖，則將書中介紹的景點、店家、餐廳、飯店，標示於GoogleMap，並提供地圖QR code供讀者快速掃描、確認位置，還可結合手機上路線規畫、導航功能，安心前往目的地。

提醒您，若使用本書提供的電子地圖，出發前請先下載成離線地圖，或事先印出，避免旅途中發生網路不穩定或無網路狀態。

出發前，請記得利用書上提供的通訊方式再一次確認

每一個城市都是有生命的，會隨著時間不斷成長，「改變」於是成為不可避免的常態，雖然本書的作者與編輯已經盡力，讓書中呈現最新的資訊，但是，仍請讀者利用作者提供的通訊方式，再次確認相關訊息。因應流行性傳染病疫情，商家可能歇業或調整營業時間，出發前請先行確認。

資訊不代表對服務品質的背書

本書作者所提供的飯店、餐廳、商店等等資訊，是作者個人經歷或採訪獲得的資訊，本書作者盡力介紹有特色與價值的旅遊資訊，但是過去有讀者因為店家或機構服務態度不佳，而產生對作者的誤解，敝社申明，「服務」是一種「人為」，作者無法為所有服務生或任何機構的職員背書他們的品行，甚或是費用與服務內容也會隨時間調動，所以，因時因地因人，可能會與作者的體會不同，這也是旅行的特質。

新版與舊版

太雅旅遊書中銷售穩定的書籍，會不斷修訂再版，修訂時，還區隔紙本與網路資訊的特性，在知識性、消費性、實用性、體驗性做不同比例的調整，太雅編輯部會不斷更新策略，並在此園地說明。您也可以追蹤太雅IG跟上我們改變的腳步。

◉ taiya.travel.club

票價震盪現象

越受歡迎的觀光城市，參觀門票和交通票券的價格，越容易調漲，特別Covid-19疫情後全球通膨影響，若出現跟書中的價格有落差，請以平常心接受。

謝謝眾多讀者的來信

過去太雅旅遊書，透過非常多讀者的來信，得知更多的資訊，甚至幫忙修訂，非常感謝大家的熱心與愛好旅遊的熱情。歡迎讀者將所知道的變動訊息，善用我們的「線上回函」或直接寄到taiya@morningstar.com.tw，讓華文旅遊者在世界成為彼此的幫助。

圖片來源/John Yu

瑞士
風情掠影

瑞士印象

提到瑞士，大家的第一印象就是「有錢」、「瑞士銀行」、「永久中立國」等刻板觀念，但有多少人知道，在工業革命以前，瑞士因其土地貧瘠，無法生產足夠的農作物，曾經是歐洲最窮困的國家呢？當時許多瑞士成年男性，必須到鄰近的國家去當「傭兵」，冒著付上生命的風險來賺錢。分別前往德國、法國和義大利的瑞士男人們，很有可能因效力於不同國家，造成戰場上手足相殘的悲劇。

工業革命之後，瑞士不僅搖身一變，成為世界上最富裕的國家之一，而且居住環境和生活品質更是首屈一指。不過瑞士人並沒有因此變得奢侈，基於過去困苦的背景，他們已養成節儉勤勞的個性，並且努力工作，創造出享譽國際的瑞士品牌和觀光產業。

現在的瑞士是由26個聯邦(州)所組成的民主國家，每個聯邦有各自的代表旗幟和法令。值得一提的是，瑞士各州都有獨立

▲瑞士擁有得天獨厚的生活環境

▲典型的瑞士阿爾卑斯山景

不是憑空妄語或夜郎自大，因為瑞士的確是個生活條件相當完善的國家。它擁有良好的社會福利、富足的生活水平、安全的居住環境、繁榮的經濟發展、壯麗的山嶽湖泊等。這樣一個如夢似幻的國度，自然是人人夢寐以求的烏托邦，許多歐洲國家的民眾都嚮往來瑞士居住或工作，也難怪瑞士居民會如此以其國家為傲。

▲瑞士以生產起士聞名

的憲法和立法機關，因此每個聯邦之間的法律、稅率、假日都不盡相同，再加上劃分為德語、法語、義大利語和羅曼語4個語區，所以各地區的文化也有明顯的差異。乍看之下，對內，瑞士各區在行政上似乎並不統一，不過對外，瑞士人民卻是相當愛國的民族。瑞士人的愛國情操，普遍可以從生活上幾個小地方觀察得知。

走在各城鎮的街頭巷尾，經常能看到許多瑞士家庭把十字國旗懸掛在自家陽台前或是院子內；印有瑞士國旗的T恤幾乎是每個瑞士居民的必備品；在商店內，印著瑞士國旗的商品更是琳瑯滿目；甚至連冰淇淋和廁所用的衛生紙上，都有瑞士國旗的圖樣，可說是個無所不在的標誌。

瑞士人之所以對他們的國家這麼自豪，絕對

▲瑞士各城鎮經常會舉辦市集活動

瑞士簡史

西元前500年	凱爾特人來到了瑞士西部,接著開始有各地部落移民到此的蹤跡,這也是瑞士成為多民族國家的前兆。
西元1291年	瑞士聯邦於8月1日成立,成員包括烏里(Uri)、施威治(Schwyz)、下瓦爾登(Unterwalden),並在11～13世紀期間,建築了穿越阿爾卑斯山的聖哥達(St. Gotthard)道路。
西元1499年	瑞士在Swabian戰役中獲勝,爭取到了實際上的獨立。
西元1525年	蘇文利在蘇黎世提倡宗教改革運動。
西元1531年	喀爾文在日內瓦發動宗教改革。
西元1618～1648年	三十年戰爭時期,其中立國政策在此時萌芽。
西元1798年	拿破崙領軍占領瑞士,取得了統治權,並成立了海爾維第共和國(Helvetic Republic)。
西元1847年	第一條鐵路建立。
西元1848年	「新憲政時期」,由25個州組成聯邦政府(現今為26個),制定了新的憲法,每州有獨立的法規和立法機關,並統一瑞士的貨幣制度。瑞士的男人也從這年起獲得了選舉和投票權。
西元1864年	國際紅十字會在瑞士成立。
西元1882年	貫穿阿爾卑斯山的聖哥達(St. Gotthard)隧道通車,瑞士成為聯絡北歐和南歐之間的重要橋梁。
西元1914～1918年	雖然在第一次世界大戰中保持中立,但是德語區和法語區的民眾卻分別支持不同的國家,掀起一股緊張的氣氛。
西元1971年	瑞士婦女開始享有聯邦選舉的投票權。
西元2002年	舉行公民投票,決定是否加入聯合國。
西元2005年	舉行公民投票,通過加入申根國家協議。

▲湖光與山色結合是瑞士的最大特色

▲牛鈴是瑞士的特色產品

多元文化

瑞士的地理位置，居於法國、德國、奧地利、義大利之間，因而形成了多元的文化，包括多語言、多種族。

▲貝林佐納熱鬧的嘉年華

語言

瑞士主要的官方語言共有4種：德語使用者約占70%、法語約20%、義大利語約8%，以及一小部分居民使用羅曼語，若加上境內還有約10%的移民使用其他語言，瑞士絕對堪稱世界上使用語言最多的國家。這樣的環境造就瑞士人天生的多國語言能力，基本上大多數的人都會說2～3種語言。不過當來自不同語區的人見面時，為了方便，雙方都改用英文溝通也是不足為奇。

人民

所謂的瑞士人，其實是融合了許多不同種族的人種。北部德語區的人民，身材比較高壯，偏日爾曼人種；而南部義語區則較為矮小，膚色較黝黑，看起來就像是義大利人。加上各語區之間互相通婚，因此瑞士人可說是個混血民族；想知道他們的原籍是哪裡，通常由姓氏就能判斷出來。

瑞士的3個主要語區，依照人口的多寡分別是：德語區、法語區和義大利語區。這3個語區的文化相去甚遠：德語區的人行事較為拘謹，多半認為法語區和義大利語區的居民行事隨便、不守秩序；而較隨性的法語區和義大利語區的居民，則認為德語區的人做事一板一眼、井然有序；所以3個語區之間的民眾，存在著思想觀念上的差異。真的很難想像在這安靜和諧的山區國度裡，居然會充斥著如此多元而複雜的文化。

▲在自然環境下生長的瑞士兒童們

▲瑞士鄉村式的生活環境為許多人所嚮往

生活

瑞士位居阿爾卑斯山區，以湖光山色聞名，鄉村式的山居生活環境令人嚮往，是許多人夢寐以求的人間仙境。即使在大都市，往遠方望去都能看見層層相疊的山巒和零星散落的房舍；走在鄉間的道路上，雞馬牛羊隨處可見，有時候看到的動物說不定比遇見的人還多呢！

瑞士物價水準之高，相信很多人早有所聞；但瑞士人在消費和收入之間，大都能找到個平衡點。瑞士四面環山，漁獲只能從湖裡打撈或仰賴進口，所以超市裡所賣的海鮮通常以冷凍的居多，不難理解：在瑞士吃海鮮大餐，是既昂貴又奢侈的享受。

▲阿爾卑斯山號角，是瑞士節慶都看得到的音樂表演

節慶活動

春鳴節
Böög Sechseläuten

4月

🕒 4月的第三個週一 ｜ 📍 蘇黎世

這個源於14世紀的傳統風俗，是蘇黎世地區最重要的節日之一。當時為了讓民眾知道夏天工作結束的時間，大教堂會在18:00準時鳴鐘，後來這春季的第一聲鐘響，就代表春天的來臨，也就是春鳴節。

這個傳統活動延續到今日，變成了用燒雪人的方式來宣告冬天結束。當天18:00，在蘇黎世的Bellevueplatz廣場上，會擺放一具棉製雪人(Böögg)，然後一群騎馬的民眾會圍住燃燒的雪人，直到雪人燒完。而且雪人燃燒的狀況是相當重要的指標——雪人燒得越快，代表今年的春天來得越快。

▲春鳴節（圖片提供／Mecho）

嘉年華會
Fasnacht

4月

🕐 復活節往前推算40天 | 📍 巴塞爾

　　嘉年華會原是一種宗教性遊行活動；但在中古時期，變成民眾們表達內心不滿，上街頭反對威權與階級制度的抗議方式。然而到了宗教改革之後，巴塞爾地區的這類活動便受到禁止，一直到20世紀才又開始流行。

　　在週一的清晨4點整，鐘聲響起後，穿著五顏六色服裝的樂隊便浩浩蕩蕩地出發了。此時全城的電燈都會熄滅，民眾們手持燈籠，戴著面具，有的是動物造型，有的作外星人裝扮，甚至各種誇張的奇裝異服都粉墨登場，讓整個城市的焦點都集中在遊行隊伍身上。有時遊行隊伍還會發放小禮物給一旁圍觀的民眾，大家的情緒可說是沸騰到最高點。

以上圖片提供／巴塞爾旅遊局

節慶活動／瑞士風情掠影

爵士音樂節
Montreux Jazz Festival
7月

http www.montreuxjazz.com | 7月的第一個週五開始，為期兩週 | 蒙特勒

　　蒙特勒的爵士音樂節，於每年7月的第一個星期五開始舉行，是世界上歷史最悠久的爵士音樂節之一，所以這裡號稱為歐洲三大爵士音樂節重鎮。為期兩週的音樂盛會中，各個表演場地有不同風格的爵士樂演出呈現，包括靈魂樂、經典爵士、拉丁爵士、融合搖滾樂等等；除了主要的表演場次外，也會有一些小型演奏會在湖邊進行，讓每位民眾都沉醉在蒙特勒的爵士樂熱情中。

以上圖片提供 / 宛霖

街頭派對
Street Parade
8月

http www.street-parade.ch | 8月中旬 | 蘇黎世

　　西元1992年才開始的街頭派對，一開始是由學生組成的遊行隊伍，目的是提倡自由、和平、包容等和諧的環境；沒想到因為獲得好評，隔年參加的人數暴增10倍，達到1萬人左右；自此漸漸地又有一些電子音樂和遊行花車等加入，成為今日的盛況。

　　現在每年8月的街頭遊行派對，已經是蘇黎世最盛大的戶外活動之一。這場年年都超過百萬人次參與的街頭遊行派對，有來自全球各地的男女老少，個個精心地化妝打扮，即使看見露乳的洞洞裝，或是誇張妖豔的衣著，都不需要太過訝異，只要一起來加入這個世界上最大的電子音樂派對就對了。

▲精心打扮的民眾（圖片提供 / Jenny）

月光音樂會
Moon & Star
7月

🌐 www.moonandstarslocarno.ch ｜ 🕐 7月中旬 ｜ 📍 羅卡諾

每年7月中舉行的夏季月光演唱會，揭開羅卡諾夏季活動的序幕。為期將近兩週的演唱會中，會邀請世界各地的重量級歌手來共襄盛舉；知名歌手James Blunt、Santana、Alicia Keys都曾經是座上嘉賓。熱鬧的音樂盛會，讓羅卡諾成為瑞士夏季的重量級旅遊勝地。

羅卡諾影展
Film Festival
8月

🌐 www.pardo.ch ｜ 🕐 8月上旬 ｜ 📍 羅卡諾

於8月分舉行的羅卡諾影展，是享譽電影界的重量級影展之一。從西元1948年首次舉辦至今，每年影展期間，都吸引了世界各地的影迷前來一賭巨星丰采；許多華語電影和演員都是本影展的常客；台灣導演蔡明亮還曾經受邀擔任評審呢！

影展分為競賽片和觀摩片2種，一般人可以買票在大廣場上欣賞電影；超大的戶外螢幕和紛至沓來的人群，是來這裡看電影最大的樂趣。除了英語發音的電影之外，其他外語電影都配有英文字幕。不過有些電影藝術氣息濃厚，內容不如一般商業電影有趣，所以買票前要事先打聽清楚。

▲影展的入口處

▲坐在大廣場上等待影展的人們

洋蔥節
Zibelemärit
11月

🕐 11月第四個週一 | 📍 伯恩

　　伯恩的洋蔥節起源於西元1405年；當時伯恩發生了嚴重的火災，許多農民挺身而出，協助市區的重建工作；後來為了報答這些熱心的農民，市政府便讓他們在舊城區販售自家的農產品，一直延續至19世紀，演變為著名的洋蔥市集。這一天伯恩附近所有的農家都會前來市區，主要販賣洋蔥、蒜頭、蔬菜等農產品，數量總計會有100萬噸左右。到了下班時分，是節慶的高潮階段：成千上萬的民眾會在路上灑著彩色碎紙，或是精心打扮，一起出席這場年度盛宴。

攀城節
L'Escalade
12月

🕐 12月的第二個週六與週日 | 📍 日內瓦

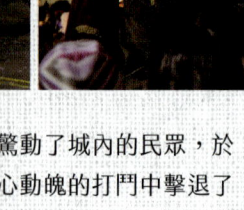

以上圖片提供／日內瓦旅遊局

　　提到日內瓦最重要的節慶，當然就是攀城節了。在16世紀時，日內瓦是發展新教的重鎮之一，因此鄰國受到迫害的新教徒都紛紛跑到日內瓦來避難。信奉天主教的法國薩瓦公爵，對於管轄區內的日內瓦，已經發動多次侵略行動，卻都無功而返。到了西元1602年，薩瓦公爵又精心策劃另一波攻擊；他選擇一年中白晝最短的12月11日這一天，利用晚間夜幕低垂之際悄悄地抵達日內瓦的城牆外。

　　薩瓦公爵的士兵緩緩爬上城牆之際，城內大多數居民正值睡夢之中；此時一位正在烹煮蔬菜湯的婦人，發現了敵人入侵，一時情急，便將整鍋湯從城牆倒下去；前來偷襲的士兵被熱湯燙到，發出的哀嚎聲驚動了城內的民眾，於是大家趕緊起身，在驚心動魄的打鬥中擊退了薩瓦公爵的士兵。

　　自西元1603年起，日內瓦人組成了所謂的「1602團體」，負責攀城節的慶祝活動。民眾會集合在聖彼得大教堂前，身穿古代的服裝，騎著馬匹在街上遊行。沿途中有人會準備蔬菜湯和熱酒，除了可以暖身之外，也同時紀念當年的勝利──這就是攀城節的由來。

特色美食

▲瑞士也是個美食天堂

瑞士經典美食

　　雖然瑞士不是以美食聞名的國度，但不論是否合乎我們的口味，嘗試當地食物是旅行中絕對不能錯過的體驗。透過當地的食材以及料理方式，多少都能反應出該國的文化特色，由於瑞士分為4個不同的語區，食物也依區域的不同而呈現出豐富的多樣性。

起士鍋 Cheese Fonduo

　　起士火鍋是瑞士各類火鍋中，最具傳統性也是最受歡迎的。正統的起士鍋湯底要用白酒熬煮，再放入特定的起士(如Grüyere、Emmental等)加熱至濃稠狀，有的地方會添加佐味的香料，包括櫻桃酒、大蒜、洋蔥，甚至是磨菇。吃法是先把麵包撕成小塊，然後用叉子叉起麵包放入起士鍋內，沾著黏稠的起士一起吃，也可以用馬鈴薯取代麵包，另有一番獨特的風味口感。因為鍋內有加酒，不少外國人聞到這種味道就不喜歡，所以我們也常調侃說起士鍋是「不吃會遺憾，吃了會後悔」！

涮肉鍋 Fonduo Bourguignonne

　　涮肉鍋是西元1948年由瑞士洛桑咖啡館老闆Georges Esenwein開發的菜肴，因為油湯內加了Bourguignonne紅酒而得名。主要先把整鍋的油加熱，然後再將切成約一口大小的肉塊放入鍋中，烹煮炸熟即可。炸熟的肉可以搭配各式以美乃滋為基底的醬料一起享用，如蛋黃醬、胡椒醬、大蒜醬、千島醬等各式醬料。

▲香醇濃郁的瑞士起士鍋

▲瑞士涮肉鍋

巧克力鍋 Chocolate Fonduo

巧克力鍋基本上是由起士鍋改良而來的甜點，不算正餐：將巧克力放入鍋中加熱融化，依喜好可另加入萊姆酒，搭配麵包和水果等沾食享用，經常也會看見用棉花糖沾來吃。

▲瑞士巧克力噴泉

中式火鍋 Chinese Fonduo

中國式火鍋主要會出現在瑞士重要的節日，例如聖誕節這類家人聚會的日子。作法是將湯和調味料(現在很多家庭都用雞湯塊代替)一起煮沸，然後將切薄的肉片纏繞在叉子上，放進熱湯裡燙熟。燙熟的肉片沾上醬料，搭配米飯一起食用。值得注意的是瑞士人煮飯的方式：他們是把白米放進水中煮熟，然後才撈起來，並會加點鹽巴或奶油調味，所以「煮」飯的方式跟我們截然不同。

▲中式火鍋

烤起士 Raclette

如果說Fondue是煮起士的話，那Raclette就是把起士烤來吃。吃法是將切片的起士放在烤盤上加熱融化，再把它淋在麵包上或馬鈴薯上食用。有的地區會搭配醃酸黃瓜或洋蔥一起吃，也可以灑點胡椒調味。

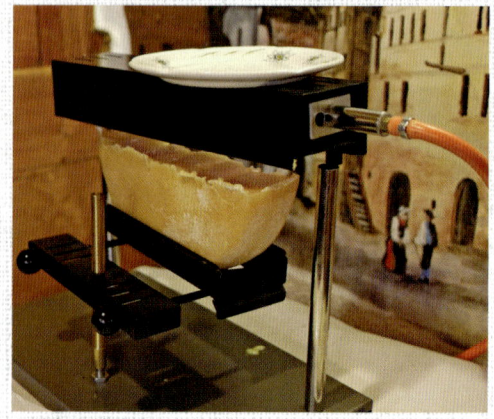
▲烤起士是瑞士人冬天的最愛

燉飯 Risotto

Risotto是義大利燉飯，口味可隨個人喜好而有多樣變化，包括蘑菇、海鮮、起士等多種口味。道地的義大利燉飯是水煮至黏稠狀，咬起來會覺得飯粒硬硬的，好像沒有煮熟的感覺，這是正常的作法。超市裡可以買到包裝好的燉飯，喜歡吃的人也可以買回家自己動手做。

▲義式燉飯

阿爾卑斯山通心粉 Älplermaggrone

阿爾卑斯山通心粉是道地的瑞士菜，由通心粉、馬鈴薯丁、鮮奶油、煎焦的洋蔥等焗烤而成，再附上一小碗蘋果泥。瑞士人的吃法是把蘋果泥直接加入焗通心粉混著吃，若遊客吃不習慣，那就把蘋果泥當成甜點來吃囉！

煎馬鈴薯 Rösti

這道馬鈴薯餅是瑞士最普遍的家常菜之一；先把馬鈴薯煮熟之後，削成片狀再油煎來食用。通常要煎到有點焦焦的咖啡色，咬起來才會有脆硬的誘人口感。在瑞士的餐廳裡，還有多種口味可選擇；搭配煎蛋或是火腿也是很受歡迎的組合。超市有賣現成的調理包，每個人都可以買回家自己煎來吃，非常方便。

▲遊客可至超商買現成的包裝，送禮自用兩相宜

烤香腸 Bratwurst

在瑞士的大街小巷都能看到許多賣香腸的小吃攤，因為瑞士人經常吃一根香腸配麵包就算解決一餐了。一般在餐廳會搭配薯條，但在小攤上則是搭配麵包。以下有幾種瑞士著名的香腸——Bratwurst是由小牛肉製成的白色香腸，是聖加侖州(St. Gallen)的名產，味道較為清淡；Sevela為紅色較短胖的豬肉香腸，味道偏鹹；Schüblig體型最大，以豬肉及牛肉混合製成，肉並不會絞得很細，帶點肥肉，卻一點都不油膩，富含豐富的肉汁。

薏仁蔬菜濃湯 Bündner Gerstensuppe

由多種蔬菜配合火腿及薏仁熬煮而成的濃湯，有時在上鍋前會外加兩條熱狗。這道湯是瑞士湯品中的極品，尤其在冷颼颼的冬季裡，是暖身的最佳補品。

火腿冷盤 Kalte Platte/Piatto Freddo

喜歡輕食的瑞士人，在炎熱的夏季喜歡吃冷盤搭配生菜沙拉或麵包來解決一餐。冷盤的肉片組合，主要包括以下幾種不同的火腿：煙燻乾牛肉(carne secca)、生火腿(prosciutto crudo)、熟火腿(prosciutto cotto)及義式臘腸(salami)等等。這些醃製火腿的口味比較重，建議搭配麵包一起食用，才不會覺得太鹹。

粉末狀，再加上水、鹽巴、牛奶調煮而成。最普遍的吃法是切塊後煎來吃，通常會搭配燉肉等菜肴，或是淋上醬汁一起食用。

▲玉米糕的製造過程

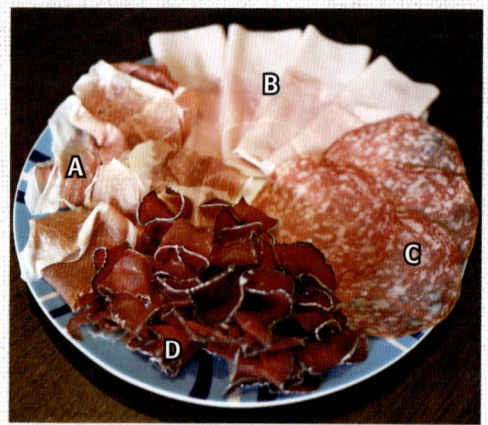
▲ A. 生火腿 (prosciutto crudo) / B. 熟火腿 (prosciutto cotto) / C. 義式臘腸 (salami) / D. 煙燻乾牛肉 (carne secca)

野味 Wild Spezialitäten

若是在楓紅的秋天來到瑞士，絕對要品嘗「野味」來祭五臟廟。秋天是瑞士的獵季，獵人從森林帶回來的戰利品，不外乎鹿、野豬、羚羊、甚至地鼠，再經過廚師的專業烹調，搭配當季蔬菜及麵疙瘩。至於飲料方面，強烈推薦只有秋天才有的Sauser，它是葡萄酒的前身，有香甜濃郁的口感，如此的組合將會是令人難忘的一餐。各家餐廳的野味價格大相逕庭，餐廳外幾乎都會放置菜單以及價目表可供參考。

玉米糕 Polenta

Polenta中文翻成玉米糕，在南部的義大利語區是很家常的一道料理。作法是把玉米磨成

▲ Bellinozona 市集上的新鮮玉米糕

瑞士特色小食

Schokolade巧克力

西元1697年，蘇黎世市長Heinrich Escher先生在參訪比利時之際，第一次接觸到了巧克力，於是把巧克力引進瑞士。不過當時的人們認為巧克力具有催情功能，所以國會把巧克力列為違禁品；畢竟在那個保守的時代，喝這種據說能激發性慾的飲料，是件傷風敗俗的行為。一直到18世紀中葉，義大利商人在瑞士伯恩附近建了巧克力工廠，才開啟了瑞士日後成為巧克力王國的先聲，讓瑞士得以和比利時並駕齊驅。瑞士的巧克力除了口味多樣化，價位也很便宜，是旅遊瑞士時值得購買的產品之一。

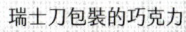
▶ 瑞士刀包裝的巧克力

▲ 超市內琳瑯滿目的巧克力專櫃，能買到各種口味

Parfait肝醬

正宗瑞士生產的肝醬是由豬肝製成，味道香濃可口，可抹在餅乾上當前菜，或抹在麵包上當主食。在Coop或DENNER超市均可買到，一條約3.3～3.95CHF。

Sbrinz起士

瑞士的起士琳瑯滿目，其中以Sbrinz最受歡迎，即使不習慣吃起士的人都能接受。這款起士是歐洲最古老的品牌之一，已經流傳了上千年，不但沒有什麼怪味道，還散發出淡淡的奶香，切片搭配紅酒或麵包食用，更能體會它香醇的風味。
一條約5.4CHF。

Rivella汽水

說出來大家一定會嚇一跳，這種帶著氣泡、喝起來像汽水的金黃色飲料，居然是由乳清釀造而成，淡淡的香味卻不會太甜，Ricky個人覺得很像小時候喝過的維大力汽水。市面上有紅、綠、藍等多種顏色的口味：紅色是最受歡迎的原味，綠色是綠茶口味，藍色是低糖口味。單瓶裝(500ml)約1.45CHF。

莫凡彼冰淇淋 Mövenpick

成立於西元1972年的瑞士首席冰淇淋品牌，從材料的生產到冰淇淋製造的過程，都是採用純天然方式。嚴格的品質管制和零缺點的生產線，讓莫凡彼冰淇淋在全世界各個國家都廣受歡迎。雖然莫凡彼的價位頗高，不過強調由天然原料製成的冰淇淋，那種香醇的口感，絕對能滿足你的味蕾，讓你回味無窮。大盒(500g)售價約10.5～12.5CHF。

Gazosa飲料

Gazosa是來自瑞士南部的特有的汽水飲料，包裝通常是小玻璃瓶裝，外觀看起來有點像我們小時候常見的彈珠汽水，在傳統的餐廳、Coop及DENNER超市皆有販售，有覆盆莓、橘子和檸檬等多種口味。

Kambly餅乾

瑞士著名的餅乾品牌，發源自瑞士中部愛蒙塔爾(Emmental)山區，獨家配方流傳超過百年的歷史。創始人根據自己老奶奶的食譜，製造出多種口味的餅乾，在生產的過程中注重品質的要求，因此品牌能屹立不搖，深受瑞士人喜愛。推薦Bretzeli的傳統原味、Butterfly的杏仁片口味。一盒售價約4CHF，DENNER超市經常有3盒裝的特價7.95CHF。

除此之外，他們家在西元1958年出產的金魚餅乾(Goldfish)，是瑞士人從小吃到大的熱門零食。金魚餅乾以烘烤方式製成，酥脆的口感帶著微微的鹹味，既不會太油膩也不是太重口味，適合各年齡層的人。平均一包約3～4CHF。

Sugus瑞士糖

瑞士糖是由瑞士商人Philippe Suchard在西元1931年創立的品牌，軟糖咬起來散發各種水果風味，充滿了嚼勁。瑞士賣的瑞士糖1公斤包裝約15 CHF，裡面有草莓、橘子、檸檬和鳳梨等多種口味，可在Coop和DENNER超市買到。小包裝約6CHF。

Fasnchtschuechli嘉年華餅乾

每年1月分，在嘉年華會期間，瑞士的各大超市便會開始販售這種嘉年華餅乾，吃起來口感酥酥脆脆，而且每一片都灑了白色的糖粉，所以滋味微甜。每包售價為3CHF。

Caotina巧克力粉

以生產巧克力聞名的瑞士，巧克力粉也是首屈一指，其中以Caotina這個品牌最為熱門。許多瑞士家庭及飯店的早餐，或是在餐廳時想喝巧克力牛奶，你就會看到這個品牌的巧克力粉出現在餐桌上，不論配冷或熱的牛奶沖泡都好喝。在瑞士各大超市都能買到，一瓶罐裝約10CHF。

Zwieback烤麵包片

外型有點像吐司片，名稱是從德文zwei-backen演變而來，字面直譯就是「烘烤兩次」的意思。這種以雞蛋、麵粉和糖為原料所做成的麵包片，先烤過第一次，然後切片再次烘烤，因此吃起來的口感像香脆的餅乾。瑞士許多家庭會把它當作早餐，塗抹奶油、蜂蜜之後的風味更佳。各大超市都有販售，約2～3CHF。

精選伴手禮

Strellson男裝

百分之百瑞士製造的男裝，從正式西裝到休閒款式應有盡有，其精緻流行的設計獲得許多人青睞。近期的設計中加入了很多瑞士本身的元素，例如手臂上的十字繡花、軍毯設計的保暖內襯等；有款最新的外套，甚至附送一把瑞士刀。雖然他們的衣服價格頗為昂貴，但是相對換來的質感及設計感，也絕對會令消費者大感值得。各大百貨公司均設有專櫃，遊客也可到總部的工廠店採購。

瑞士精品設計

Mondaine瑞士國鐵鐘

瑞士各大火車站懸掛的白色大鐘，就是瑞士國鐵鐘，自西元1940年就被鐵路局指定使用。它的鐘面由瑞士工程師Hans Hilfiker所設計，簡約明瞭的純白底色，時針、分針及刻度都是對比的黑色，搭配秒針用醒目的鮮紅色圓頭設計，讓搭車的旅客從遠方就能清楚地掌握時間，也成為瑞士火車站的特色之一。

瑞士的各大火車站及Fox Town都有販售國鐵鐘及手錶。

☕ Take a Break

Strellson 工廠直營店

www.strellson.com　Sonnenwiesenstrasse 21, 8280 Kreuzlingen　週一～五10:00～18:00，週六09:00～17:00　由蘇黎世中央火車站搭火車到Kreuzlingen，轉車到Kurzricken-bach Seepark後，步行約5分鐘即可到達，總車程約1.5小時

32

運動品牌On

瑞士鐵人三項冠軍Olivier Bernhard和朋友在2010年創立的運動鞋品牌，他的理念是設計嶄新革命性的鞋子，藉由運動來開啟時尚和個人特質。根據其自身跑步的經驗，和工程師一起研發出這款兼顧機能和舒適感的跑鞋。

這款鞋子採用「CloudTec雲端緩衝科技」，不論是垂直或是水平的角度，獨家的緩震系統和支撐性都能夠減緩衝擊和壓力，能夠有效地防止運動傷害，穿上後讓你有在雲端跑步的感覺，因而得名。

他們還推出用蓖麻子製成，可以回收的跑鞋Cyclon™，不但能減少浪費和碳排放，還兼具輕盈沒負擔的優點。在追求創新的同時，又減少對環境造成傷害，因此得到許多人的支持。已退休的網球選手費德勒(Roger Federer)是這家公司的股東，目前女網排名世界第一的波蘭選手Iga Swiatek，也經常穿著這個品牌的服飾及球鞋。

瑞士刀 Schweizer Armeemesser

只要看過電視影集「百戰天龍」的人，應該都對瑞士刀印象深刻，劇中的主角馬蓋先(MacGyver)運用一把簡單的瑞士刀，往往能克服各種困境，化腐朽為神奇！回顧瑞士刀的歷史，最早可追溯到西元1891年，當時由瑞士人卡爾·艾斯那(Karl Elsener)製造了第一把木製手柄的刀子，同時兼具螺絲起子和開罐器的功能。

後來，瑞士刀不斷地改良並研發新的功能，因為它精巧又擁有多功能的用途，廣受瑞士及世界各國軍隊的青睞，而以瑞士軍刀流傳於世。其中，最知名的瑞士刀品牌為Victorinox及Wenger這兩家。

除了傳統的瑞士刀之外，目前還設計出名片型、USB隨身碟、手電筒等多樣化的款式。近年來，它們家出產的水果刨刀、水果刀系列也很受歡迎。特別提醒大家，瑞士刀不能放在手提行李中，記得要放在託運的行李內。各大百貨公司、紀念品店均有販售，一個約15～100CHF，依功能及大小而異。

▲各種顏色的水果刀，很多人來瑞士會買來當伴手禮　▲色彩繽紛的瑞士刀

Freitag星期五包

用貨車的帆布所製成的星期五包，是時下瑞士年輕人最流行的包包。這是西元1993年馬克和丹尼爾兩兄弟所想到的點子；起初設計的理念單純只是為了防水，因此採用大卡車的帆布當材料，用安全帶和輪胎內胎當做背包的背帶。這種資源回收的獨特設計款式，再加上五花八門的色系，以及不規則的花樣圖案，讓你不用擔心會跟別人撞包，所以星期五包的售價並不便宜。

Take a Break

星期五包旗艦店

位於蘇黎世郊區的星期五包旗艦店，是用卡車貨櫃組成的9層樓貨櫃屋；這裡的款式最齊全，價格也比一般百貨公司低一些。賣場的頂樓有眺望台，可以欣賞周圍的風景，剛好可以看見火車鐵道旁五顏六色的貨櫃，跟星期五包的設計有異曲同工之妙。

Hardstrasse 219, 8005 Zürich ｜ 週一～五11:00～19:00，週六10:00～18:00 ｜ 由蘇黎世中央火車站地下2樓，搭S3、S5、S6、S9的火車，在Hardbrücke下車，約2分鐘的車程

▲特殊設計的貨櫃店面

Sigg隨身壺

西元1908年誕生的瑞士隨身壺,以輕巧耐用聞名。早期Sigg以生產不鏽鋼的廚具為主,近年來以鋁鎂合金的造型水壺最受歡迎。這款水壺雖然材質很輕,卻相當堅固而耐撞,內部的抗菌樹脂塗層還可抵抗酸性飲料的侵蝕。從瓶口獨特的人體流線計算設計,到外觀花俏的圖樣,真可說是既美觀又實用。參考售價20～25CHF。

木雕

由於瑞士擁有許多林地,木製手工藝品自然也發展成瑞士傳統名產之一,位於布里恩茲湖畔的小鎮布里恩茲(Brienz),當地的木雕手工藝在瑞士境內最為著名。起初,當地的農民是利用閒暇時間隨意在木頭上雕刻,當作消遣娛樂,後來這樣敲敲打打的活動,隨著越來越多人參與而興盛起來。現在當地的木雕主要以菩提樹和核桃木為材料,有音樂盒和其他各種花樣的設計。今日在布里恩茲街上可以發現許多販賣木雕的商店和工廠。

▲以木雕聞名的小鎮布里恩茲

瑞士鐘錶

西元16世紀之際,許多新教徒為了躲避宗教改革的迫害,紛紛逃至瑞士日內瓦;在這一批新教徒中,有許多人是擁有製造鐘錶技術的專業人士。在當時的日內瓦,珠寶加工業其實已經相當發達,只不過由於喀爾文的宗教改革提倡簡約樸實,間接影響民眾對奢侈品的需求也日漸降低。

為了生計問題,珠寶匠及金匠開始兼職製作鐘錶,將原本製造珠寶的精密技巧與鐘錶結合,開啟了瑞士鐘錶嶄露頭角的曙光。17世紀時,日內瓦成立世界上第一個鐘錶業工會,大批的工匠開始聚集於此,從事製造和修理鐘錶的相關工作,鐘錶產業正式在日內瓦蓬勃發展。日內瓦靠鐘錶而帶動城市繁榮的經驗,啟發附近侏羅山區(Jura)的農民,他們開始學習發條、齒輪、彈簧等製作鐘錶的技術,因此現今在侏羅山區一帶有許多的鐘錶廠商和鐘錶博物館。

■ 瑞士軍毯包

原本軍毯是被瑞士軍隊及登山者廣泛使用，西元1980年代起卻被材質更輕便的睡袋所取代。Hans-Jörg Karlen覺得要丟掉這些毛毯很浪費，於是把這些軍毯設計成包包，灰褐色的毛毯覆著瑞士國旗圖樣，搭配皮革的扣環及背帶，呈現出特有的風格，因此軍毯包問世後馬上廣受好評，成為現今瑞士特色紀念品之一。

■ 瑞士國旗商品

正方型的瑞士國旗由白色十字搭配鮮紅的底色所組成，簡單明瞭的圖樣，印在各種服飾及馬克杯上，就形成了相當具有設計感的商品，這也是最能夠代表瑞士的紀念品之一。

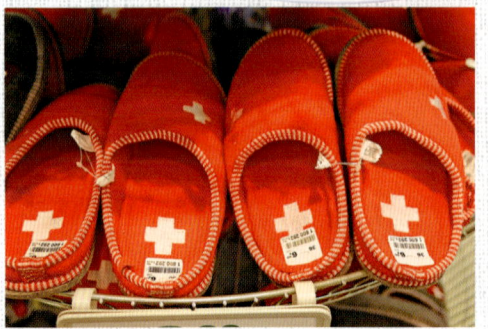

■ 瑞士牛鈴

牛鈴的功用是讓人們辨識自家的牛隻，或是提醒在農場上的工人該回家吃飯了，也有人拿來充當門鈴使用。每當舉行婚禮、葬禮時，也都會搖鈴來集合賓客，甚至救火車也用「牛鈴」來警示行人讓路。

早期在阿爾卑斯山區，製造牛鈴的方式是將鐵皮燒紅後用手工打造，再將其焊接起來。由於每戶人家的牛鈴大小不同，鐵皮的厚薄也不同，所以鈴聲或是清脆或是低沉，聽起來都不一樣。

瑞士各地風情不同，農民會根據當地民俗風情，在牛鈴上雕刻各種圖案，如阿爾卑斯山花卉、牛、國旗、國徽、人物、地方標誌性景點及建築物等等20多種圖樣。在瑞士的各大紀念品商店，都能買到大小不一的牛鈴，是最具瑞士鄉土文化氣息的紀念品。

▲掛著牛鈴遊行的隊伍

Curaprox牙刷

西元1972年成立的瑞士口腔護理品牌Curaprox，他們家的牙刷以柔順的軟毛聞名，使用起來非常舒服，不傷牙釉質並預防牙齦出血，號稱是牙刷界的愛馬仕。而且設計成五花八門的顏色，不僅看起來時尚美觀，還很容易分辨出是誰的牙刷，不用擔心跟其他人搞混。各大藥妝店、Coop超市均有販售，一支牙刷約5～6CHF。

羅氏草本護髮產品

羅氏(Rausch)是約瑟夫·羅氏先生(Josef Wilhelm Rausch)於西元1890年成立的品牌，所有的產品都是從天然的有機栽種物萃取製成，植物性的純淨成分對於皮膚及頭髮非常具有保養的功效，尤其對於過敏膚質、抗頭皮屑、兒童等特別適用。各大藥妝店、Coop超市均有販售，200ml瓶裝約14～15CHF。

Stella巧克力

瑞士的史黛拉巧克力公司以生產優質的巧克力著名，尤其以「有機」和「無糖」的巧克力產品獨占鰲頭。他們家製造的無糖巧克力系列，對於平日需要控制血糖的族群(如糖尿病患)是一大福音。

千萬別以為無糖巧克力吃起來會令人感到乏味，Ricky在親自試吃過後，發現跟正常版本的巧克力相比起來，口感竟然有過之而無不及。我自己特別推薦「焦糖海鹽」、「53%黑巧克力」、「香草白巧克力」這幾款巧克力。

☕ Take a Break

Chocolat Stella 專賣店

🌐 www.chocolatstella-ticino.ch　📍 Via alle Gerre 28-6512 Giubiasco　🕒 週一～五08:00～18:00，週六09:00～17:00　🚆 由貝林佐納火車站搭S10、S20的火車，在Giubiasco下車，步行約10分鐘即達

精選伴手禮／瑞士風情掠影　37

著名景觀列車

　　瑞士完善的鐵路系統堪稱歐洲之最，火車穿越層巒疊翠的阿爾卑斯山區，經過波光粼粼的湖泊，如此絕美的湖光山色吸引了旅客想嘗試搭火車旅遊瑞士。在瑞士眾多鐵路線中，以四大景觀列車最為聞名，坐在翻山越嶺的火車內，便能將美景盡覽眼底。不過Ricky要特別提醒各位，景觀列車的路線普通列車也都有行駛，所看到的風景都一模一樣，只是車廂不同而已。

　　雖然在瑞士搭火車舒適又方便，但是大家在計畫行程的時候，千萬不要以景觀列車的路線為前提來安排，因為這樣會不順路。最好的方式，就是先把想去的景點(城市)列出來，如果剛好可以搭配某段景觀列車，那就順便體驗一下，不然其他路線的風景也是非常值得欣賞，搭火車應該以順路為先決考量。以下，便是幾條熱門的景觀列車介紹。

38

冰河列車
Glacier Express

聖莫里茲(或庫爾) → 策馬特

聖莫里茲St. Moritz→貝爾金Bergün／Bravuogn→菲利蘇爾Filisur→庫爾Chur→迪森蒂斯Disentis／Mustér→安德馬特Andermatt→策馬特Zermatt

http www.glacierexpress.ch/en｜11月維修期間停止運行，全程約7～8小時｜訂位費每人49CHF

瑞士各種景觀列車中，鮮紅色外觀的冰河列車是最受遊客們青睞的路線，持有瑞士交通券還需要另外訂位才能搭乘。路線全長超過300公里，車程約6～7小時，行經路線由東部的聖莫里茲(St. Moritz)或庫爾(Chur)，到西南部的策馬特(Zermatt)，等於沿著阿爾卑斯山行駛，是體驗瑞士明媚風光的最佳途徑。

由於列車行駛在高海拔的陡峭山區，所以速度並不快，號稱是速度最慢的景觀列車。沿途景觀包括飛奔的瀑布、壯麗的山脈、險峻的峽谷，坐在車裡就能看見大自然的鬼斧神工，絕對會讓人讚歎不已。

著名景觀列車／瑞士風情掠影　39

▲冰河列車沿途的景觀

菲利蘇爾(Filisur)

冰河列車沿途最熱門的景點之一，便是位於菲利蘇爾附近的蘭德瓦薩大橋(Landwasser Viaduct)。這座連接兩座山頭的橋梁，距離地面有65公尺高，乘客從車上便能欣賞到壯麗的橋梁景觀。

安德馬特(Andermatt)

為冰河列車的中繼站，自古以來就是阿爾卑斯山區的交通要塞，目前為瑞士熱門的滑雪勝地之一。若是想造訪瑞士義大利語區的乘客，可以在此轉車前往。

聖莫里茲(St. Moritz)

海拔1,800公尺高的聖莫里茲，曾舉辦過2屆冬季奧運，周邊擁有完善的滑雪場地。自19世紀以來就是瑞士熱門的滑雪勝地。

策馬特(Zermat)

自西元1865年英國探險家Edward Whymper攻頂成功後，策馬特的知名度隨即傳遍世界各地，吸引遊客紛紛前來造訪，為阿爾卑斯山區最知名的山城之一。

赫斯朋塔(Hospental)

赫斯朋塔村莊的人口只有200人左右，是瑞士規模最小的村莊之一。

費爾施(Fiesch)

從費爾施步行約10分鐘，搭乘纜車前往2,869公尺高的艾基斯峰(Eggishorn)景觀台，能夠飽覽歐陸最大的阿雷奇冰河。

Tips 冰河列車規畫撇步

冰河列車在瑞士東部有3個起迄站：庫爾(Chur)、聖莫里茲(St.Moritz)和達沃斯(Davos)，所以車程時間略為不同。若時間有限或不想長時間搭車，可選擇部分路線體會一下就好。此外，冰河列車有訂位費49CHF，兒童占位都得訂位，想節省訂位費的旅客，不妨考慮搭乘普通列車(非景觀列車)，和冰河列車的風景一樣，而且部分車廂的窗戶還能拉下來拍照，可說是一舉兩得。

黃金列車
GoldenPass Express
蒙特勒 → 茵特拉肯

蒙特勒Montreux→代堡Château-d'Oex→格施塔德Gstaad→茨韋西門Zweisimmen→施皮茨Spiez→茵特拉肯Interlaken Ost

[http] www.goldenpass.ch｜⏰ 全年行駛，全程約5小時多｜💲 Prestige車廂訂位費每人49CHF，一等艙和二等艙每人20CHF

貫穿瑞士中部的黃金列車路線是由法語區的蒙特勒到中部的茵特拉肯。從前因軌距的差異，乘客需要在茨韋西門換車，自2023年6月開始，全新的黃金豪華列車已經可以調整軌距，每天有4班列車直接行駛到茵特拉肯。

這條路線可說是集瑞士景觀之精華，不但車廂本身有特大的透明景觀天窗，沿途還會經過雷夢湖(Lac Léman)、圖恩湖(Lake Thun)等知名湖泊，伴隨著波光粼粼的湖泊景觀、翠綠的田野風光，絕美的湖光山色是極佳的視覺饗宴，讓人覺得眨眼睛都是奢侈的。在某些路段，火車的速度並不快，正好可以放鬆心情，仔細品味窗外美景。黃金列車還有古典車廂，也非常值得搭乘。

42

盧根(Lungern)

迷人的湖畔小鎮，距琉森約45分鐘車程，最早出現在13世紀的文獻記載中，是個有悠久歷史的傳統小鎮。全鎮約2千多人，其中將近兩成是退休長者，充滿著寧靜悠閒的氛圍。

茵特拉肯(Interlaken Ost)

茵特拉肯是遊客前往少女峰的首要門戶。再加上有連繫瑞士各大城市的2處火車站(東站及西站)，因此成為進出少女峰地區最重要的交通樞紐。

照片提供：少女峰旅遊局

格施塔德(Gstaad)

這個村莊因結合了滑雪、Spa、購物等多元生活機能，而成為知名景點，並且因具備安靜、隱私性和阿爾卑斯山的傳統風貌等特色，也是深受明星青睞的熱門度假區。

蒙特勒(Montreux)

蒙特勒位於雷夢湖畔，陽光普照的環境成為法語區的度假勝地。自西元1967年起舉辦的爵士樂節是這裡的年度盛會；12月分的聖誕市集規模為瑞士之最。

葛達景觀列車
Gotthard Panorama Express
琉森 → 盧加諾＆羅卡諾

琉森Luzern→弗呂埃倫Flüelen→艾羅洛Airolo→貝林佐納Bellinzona→盧加諾Lugano→羅卡諾Locarno

http www.sbb.ch/en｜🕐 每年4月中～10月中，每天南北向各一班車。往南班次(琉森出發)11:12→貝林佐納(16:03)→盧加諾(16:38)；往北班次(盧加諾出發)09:22→貝林佐納(09:50)→琉森(14:47)

▲葛達景觀列車會經過 Wassen 村莊 3 次

葛達景觀列車是原本的威廉泰爾列車路線，包含了遊船的行程。自瑞士中部的琉森搭船至弗呂埃倫(Flüelen)，飽覽琉森湖(Vierwaldstättersee)的秀麗景色後，然後換乘火車翻山越嶺，抵達瑞士南部的義大利語區；由德式文化的景觀蛻變成熱情陽光的義大利氛圍，遊客可以在短短幾個小時內，感受到從冰河湖到地中海氣候的差異。

在瑞士境內眾多的遊湖行程中，琉森湖是公認最漂亮的地方之一。它因為被4個布滿森林

的州所環繞，所以德文的原文名稱為「四森林湖」。這幾個州正是瑞士的發源地，也因此別具歷史意義。

旅客持有瑞士旅行通行證(Swiss Travel Pass)，便能搭乘蒸氣遊輪，享受清幽的湖景、波光瀲灩的碧綠湖水和青翠的山峰，將曼妙的瑞士風景盡收眼底。遊船的時間較長，可在船上一邊享用餐點、一邊欣賞明媚的湖光山色，再愜意不過了。

特別說明一下，葛達景觀列車其實就是琉森開往貝林佐納的慢車，想要節省時間的話，不妨考慮搭乘快車，將會穿越世界上最長的葛達基底隧道(Gotthard Base Tunnel，長度57公里)，也是另類的體驗。

琉森(Luzern)

風光明媚的琉森向來是吸引遊客駐足的觀光重鎮，再加上附近有許多知名的山區，如皮拉圖斯山、鐵力士山等，因此以這裡為住宿的停留點，造訪周邊景點很方便。

貝林佐納(Bellinzona)

瑞士南部提契諾州(Ticino)的首府，充滿義大利氛圍的小鎮風情和3座世界遺產的城堡，是南部的重要旅遊景點。

羅卡諾(Locarno)

濱臨瑞士海拔最低點的馬焦雷湖(Lago Maggiore)畔，陽光充足、氣候溫暖，每年夏季會湧入成千上萬的觀光客來此度假。

弗呂埃倫(Flüelen)

弗呂埃倫為琉森湖畔重要的渡輪轉運站。

伯連那列車
Bernina Express

庫爾 → 盧加諾

庫爾Chur→達沃斯Davos→聖莫里茲St. Moritz→蓬特雷西納Pontresina→波斯基亞沃Poschiavo→蒂拉諾Tirano(義大利)→盧加諾Lugano

http www.rhb.ch/en/home ｜全年行駛，蒂拉諾到盧加諾的公車僅4～10月行駛，需訂位

▲行經蒂拉諾市區的伯連那列車

伯連那列車的行程是由火車搭配公車，由庫爾出發穿越白雪覆蓋的冰河區，再轉搭公車到盧加諾，帶領旅客享受不同的山嶽景致；旅程中將欣賞到格勞賓登州(Graubünden)的美麗景致，羅曼語區的村莊、大小瀑布、壯麗山景、浩瀚冰河等曼妙景色盡收眼底，就像是沉醉在一幅美麗的風景月曆中。

伯連那列車之旅最令人期待的景點，莫過於布魯西奧(Brusio)附近的360度環狀鐵道橋。這段鐵道橋不僅美觀，特殊的設計是讓火車在最短的距離內減緩坡度落差，而不需刻意減速；這個著名的景點已被列入世界遺產。列車終點站為義大利的蒂拉諾，遊客出了海關後，即可搭乘公車直達瑞士南部的金融中心盧加諾。

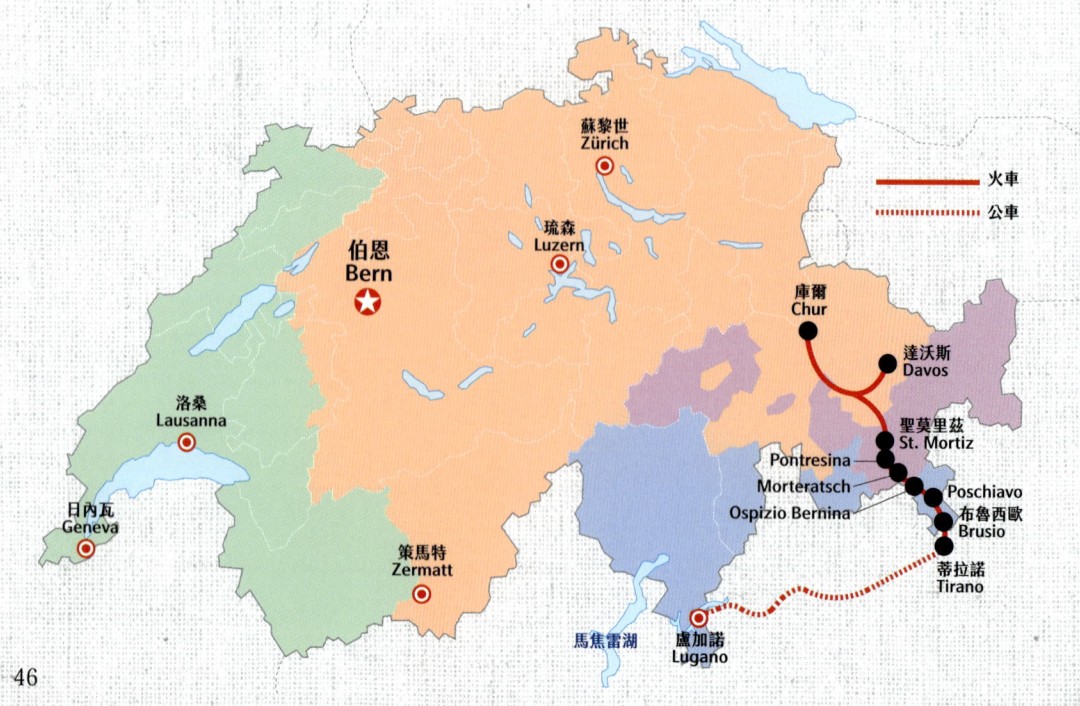

從蒂拉諾開往盧加諾的公車，一天只有一班，在旺季往往一位難求。持有瑞士旅行通行證(Swiss Travel Pass)的旅客，搭車前得事先上網或去火車站訂位。公車沿著湖畔行駛，窄小的道路讓乘客們能欣賞湖區的景色。

庫爾(Chur)

瑞士東部最古老的城市之一，如今為重要的交通轉運站。

布魯西奧(Brusio)

共有9座拱門的360度環形鐵道，為伯連那列車沿途最熱門的景點，鮮紅色的火車緩緩依著鐵道繞圈行駛，成為最經典的畫面。

歐斯匹茲歐(Ospizio Bernina)

海拔2,253公尺高的車站，為行車途中的制高點，因此山區景色經常是白雪覆蓋，跟鮮紅色的列車形成強烈對比。

波斯基亞沃(Poschiavo)

這是一座擁有數百年歷史的小城，鎮中以狹窄的石板街道聞名，3座教堂的尖塔更是突顯出這個城鎮的特色。

盧加諾(Lugano)

瑞士南部的金融重鎮，溫暖的氣候及優良的居住環境，吸引許多富人來此定居，舊城區裡精品店林立，包括LV、愛馬仕等知名品牌。

行程規畫

▲蘇黎世

7天：瑞士式日爾曼風情──飽覽德語區大城風光

Day 1　蘇黎世(逛市區)
抵達蘇黎世之後，先將行李寄放在火車站的置物櫃，便可開始今天的行程。以班霍夫大道為起點，沿路走到湖畔，再從舊城區逛回火車站。如果你的時間充裕，可以考慮前往蘇黎世大學，體驗瑞士首席學府的風氣。

Day 2　蘇黎世→沙夫豪森→史坦→蘇黎世
從蘇黎世中央火車站搭乘火車，約1小時便可來到瑞士北方的沙夫豪森。逛完市區之後，回到火車站搭車前往歐洲最大的萊茵瀑布；下午再從沙夫豪森搭車到萊茵河畔的史坦小鎮，享受悠閒的氣息。

Day 3　蘇黎世→拉裴斯威爾→艾因西德倫→蘇黎世
一早自蘇黎世搭車來到湖畔的拉裴斯威爾，車程約40分鐘。參觀完此城市之後，搭乘S40線的火車前往艾因西德倫，造訪中古世紀的修道院。

Day 4　蘇黎世→伯恩→蘇黎世
從蘇黎世搭乘IC列車，前往瑞士首都伯恩，約1小時的車程。今日的行程：以輕鬆緩慢的步調，來體驗被列為世界遺產的中世紀古城伯恩。

Day 5　蘇黎世→巴塞爾→蘇黎世
位於法國、德國、瑞士三國交界處的瑞士第三大城巴塞爾，距離蘇黎世約1小時的車程；來到這邊，有許多博物館及展覽，樣樣都不容錯過！

Day 6　蘇黎世→琉森→蘇黎世
自蘇黎世搭乘IR列車前往琉森，車程約45分鐘；遊客們可以飽覽明媚的琉森湖景色，並細細探訪這個傳說中的瑞士發源地。

Day 7　蘇黎世

7天：
井然有序到浪漫閒適──德、法語區文化衝擊

Day 1 蘇黎世(逛市區)
Day 2 蘇黎世→伯恩
Day 3 伯恩→洛桑

自伯恩搭乘IC或是IR列車，約1小時10分鐘便可以抵達法語區的浪漫城市──洛桑。高低起伏的市區、飄渺虛幻的湖景，編織成一幅雷夢湖畔的美麗景致。

Day 4 洛桑→日內瓦→洛桑

從洛桑，每小時都有許多火車往來日內瓦，單程約40分鐘左右。許多國際組織的總部設在日內瓦，還有不少國際會議都在這裡舉行；同時日內瓦也是瑞士前往法國的門戶。

Day 5 洛桑→葡萄園區→契雍城堡→洛桑

被列為世界遺產的葡萄園區，有幾個純樸又可愛的小村莊，猶如世外桃源一般。矗立在雷夢湖畔的契雍城堡，更是熱門的觀光景點。

Day 6 洛桑→琉森

Day 7 琉森→蘇黎世

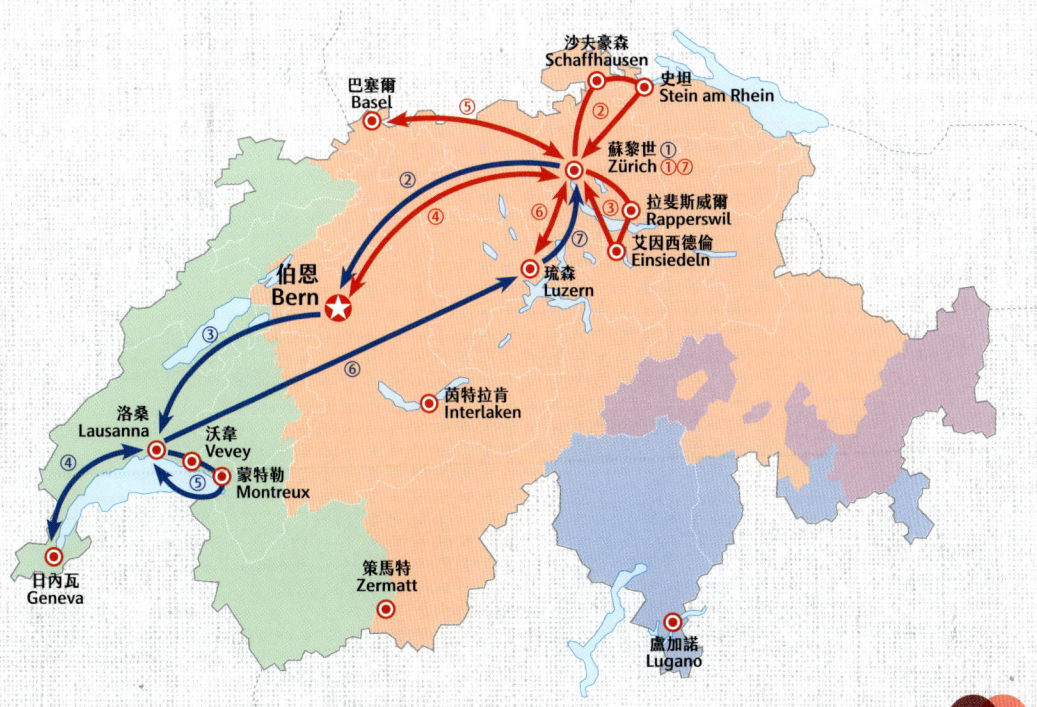

行程規畫／瑞士風情掠影 49

7天：拘謹日爾曼 v.s 熱情拉丁——德、義語區美景大不同

Day 1 蘇黎世(逛市區)

Day 2 蘇黎世→琉森

自蘇黎世搭乘IR列車前往琉森，參觀這個傳說中的瑞士發源地。除了舊城區外，城牆、石獅雕像，以及冰河公園等等，都是遊客必到的景點。

Day 3 琉森→貝林佐納(葛達景觀列車路線)

從德語區的琉森來到義大利語區的貝林佐納，走的就是著名的葛達景觀列車路線。沿途的風景從碧綠的琉森湖開始，穿越高山峽谷，最後抵達義式氛圍的古堡小鎮——貝林佐納。

Day 4 貝林佐納→羅卡諾→阿斯科納→貝林佐納

以義大利語區中心點的貝林佐納為出發地，搭乘S20或IR列車，前往熱門的度假勝地羅卡諾，車程約20分鐘。如果你在7、8月造訪此地，那絕對不能錯過各為期兩週的演唱會及羅卡諾影展。

Day 5 貝林佐納→盧加諾→甘德利亞→貝林佐納

今天前往義大利語區的第一大城盧加諾，車程在30分鐘之內。金融重鎮盧加諾，繁忙熱鬧的市區及滿街的精品名店，是喜好血拼購物者的最佳選擇。夏季時分，還可以搭船到湖畔的小村莊甘德利亞(Gandria)，享受寧謐的悠閒時光。

Day 6 貝林佐納→庫爾

從貝林佐納的火車站前，搭乘郵政巴士，約2小時20分鐘後，便可抵達瑞士最古老的城市庫爾，欣賞瑞士東部不同的風貌。

Day 7 庫爾→蘇黎世

▲貝林佐納

▲鐵力士山

7天：名山集集樂——皮拉圖斯＋鐵力士＋少女峰

Day 1
蘇黎世(逛市區)
蘇黎世→琉森

Day 2
琉森→皮拉圖斯山→琉森
從市區搭乘1號公車前往克林恩斯(Kriens)，再步行到往山頂的纜車站；或者是搭乘火車到阿普那許史達(Alpnachstad)。不管你選擇哪種方式，都能感受到大自然的鬼斧神工。

Day 3

Day 4
琉森→鐵力士山(或利基山)→琉森
自琉森搭乘IR火車，1小時後便抵達前往鐵力士山的門戶——英格堡(Engelberg)，再換乘纜車上山，嘗試全世界唯一的旋轉式纜車，這可是前所未有的經驗。

Day 5
琉森→茵特拉肯(黃金列車路線)
從琉森到茵特拉肯這一段，是黃金列車的行駛路線；雖然車程耗時2個小時，但窗外的景觀絕對會讓所有旅客讚不絕口。

Day 6
茵特拉肯→少女峰→勞特布魯嫩→茵特拉肯
由茵特拉肯前往少女峰，除了搭乘世界最高的鐵道外，也能欣賞到阿爾卑斯山區壯麗的冰河景觀。回程途中，可順便造訪瀑布小鎮勞特布魯嫩。

Day 7
茵特拉肯→蘇黎世

行程規畫／瑞士風情掠影 51

7天：童話故鄉與瑞士金三角——古老羅曼語區＋馬特洪峰

Day 1
蘇黎世(逛市區)
蘇黎世→庫爾

Day 2
庫爾→麥茵菲爾德→萊茵河峽谷→庫爾

Day 3
從庫爾搭乘火車，前往童話故事《小天使》的故鄉——麥茵菲爾德，車程約20分鐘，可以親身體驗「海蒂(小蓮)」最愛的阿爾卑斯山區自然原野風光。

Day 4
庫爾→策馬特(冰河列車路線)
庫爾到策馬特這一段，就是聞名的冰河列車路線。當然遊客不會直接看到冰河，不過沿途會經過峽谷、高原等浩瀚的自然景觀；雖然全程耗費6個多小時，但是一路上如明信片般的風景，絕對不會讓遊客失望。

Day 5
策馬特→葛內拉特→策馬特
搭乘私鐵來到策馬特最熱門的景點——葛內拉特，這裡有全瑞士最高的購物商場；除了血拼外，遊客也可以在陽光下喝著咖啡，悠閒地眺望聳立於眼前的馬特洪峰——金三角巧克力包裝上那座雪山。

Day 6
策馬特→小馬特洪峰→策馬特

Day 7
策馬特→蘇黎世

▲策馬特

▲葛內拉特

▲策馬特

7天：火與冰之旅──熱情義語區＋策馬特冰河

Day 1 蘇黎世(逛市區)
蘇黎世→庫爾

Day 2 庫爾→盧加諾(伯連那列車路線)→貝林佐納

Day 3 今日的體驗重點之一，是景觀列車中的伯連那路線：從庫爾搭車到蒂拉諾，再轉到義大利語區的盧加諾。

Day 4 貝林佐納→羅卡諾→阿斯科納→貝林佐納
同樣位於馬焦雷湖畔的羅卡諾及阿斯科納，僅相距15分鐘的車程。欲前往桃花源般的阿斯科納，可從羅卡諾火車站對面的公車站搭乘1號公車，在Ascona Posta下車。

Day 5 貝林佐納→策馬特(冰河列車路線)
從貝林佐納前往策馬特，約5個小時的車程，分別要在勾旭嫩(Göschenen)、安德馬特(Andermatt)、及布里格(Brig)換車。不過從安德馬特開始，就是冰河列車的路線，可以欣賞到窗外絕妙的景色。

Day 6 策馬特→葛內拉特→策馬特

Day 7 策馬特→蘇黎世

行程規畫／瑞士風情掠影 53

15天：城市與高山一網打盡——德、義、羅曼語區走遍遍

Day 1 蘇黎世(逛市區)
蘇黎世→聖加侖→蘇黎世

Day 2 蘇黎世→沙夫豪森→史坦→蘇黎世

Day 3 蘇黎世→拉裴斯威爾→茨韋西門→蘇黎世

Day 4 這幾天以蘇黎世為據點，採放射性方式到周圍各城市景點觀光，以省去換旅館的麻煩。

Day 5 蘇黎世→庫爾
庫爾→麥茵菲爾德→萊茵河峽谷→庫爾

Day 6 從蘇黎世搭乘火車，約1小時就能抵達瑞士最古老的城市——庫爾。這兩天可以探訪童話故事《小天使》的故鄉：麥茵菲爾德，並造訪讓人驚豔的考馬湖(Caumasee)。

Day 7 庫爾→盧加諾(伯尼那列車路線)→貝林佐納

Day 8 貝林佐納→羅卡諾→阿斯科納→貝林佐納
來到了陽光充足的義大利語區，首先就是參觀貝林佐納3座列為世界遺產的城堡，再前往馬焦雷湖畔的度假小鎮，享受湖光山色的美景。

Day 9 貝林佐納→琉森(葛達景觀列車路線)

Day 10 琉森→皮拉圖斯山→琉森

Day 11 琉森→鐵力士山(或利基山)→琉森
自貝林佐納搭乘葛達景觀列車路線，來到瑞士中部的琉森，體驗最陡峭的皮拉圖斯山纜車，以及全世界唯一的360度旋轉纜車。

Day 12 琉森→茵特拉肯(黃金列車路線)

Day 13 茵特拉肯→少女峰→勞特布魯嫩→茵特拉肯

Day 14 茵特拉肯→格林德瓦→茵特拉肯
欲前往少女峰，茵特拉肯是最佳的起點。除了瀑布鎮勞特布魯嫩以外，被喻為世界上最美麗村莊的格林德瓦，也是參觀的重點。

Day 15 茵特拉肯→蘇黎世

▲羅卡諾

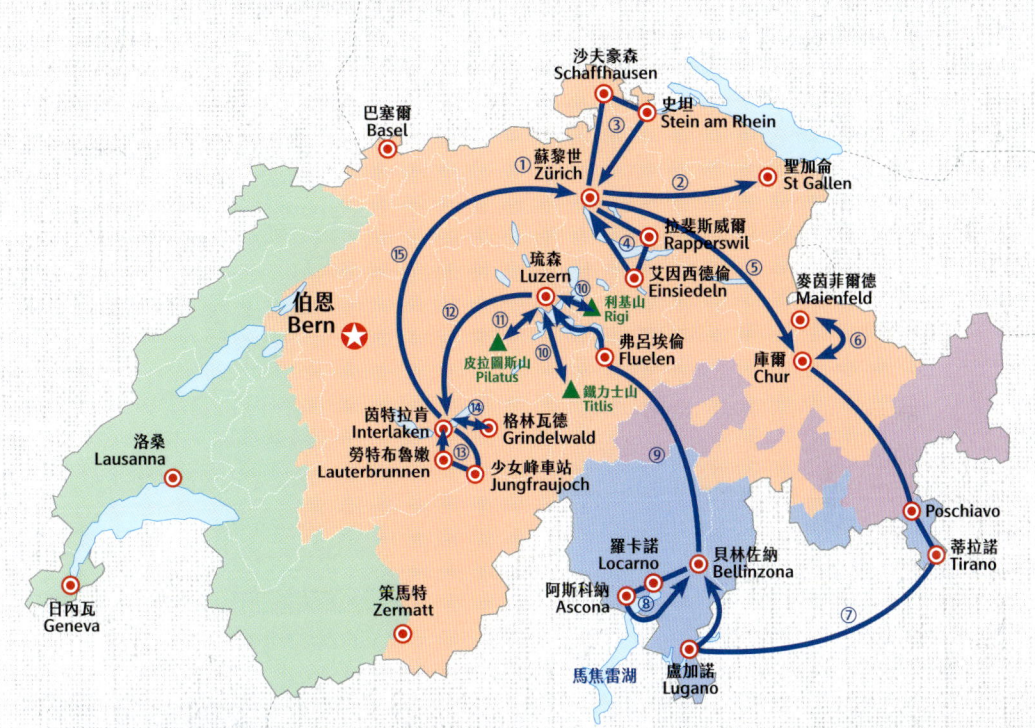

瑞士地圖

編號	地點 (中文)	地點 (英文)
①	蘇黎世	Zürich
②	聖加侖	St Gallen
③	沙夫豪森	Schaffhausen
	史坦	Stein am Rhein
④	拉珀斯威爾	Rapperswil
	艾因西德倫	Einsiedeln
⑤	麥茵菲爾德	Maienfeld
⑥	庫爾	Chur
⑦	蒂拉諾	Tirano
	波斯基亞沃	Poschiavo
⑧	貝林佐納	Bellinzona
	羅卡諾	Locarno
	阿斯科納	Ascona
	盧加諾	Lugano
⑨	弗呂埃倫	Fluelen
⑩	琉森	Luzern
	利基山	Rigi
⑪	皮拉圖斯山	Pilatus
	鐵力士山	Titlis
⑫	茵特拉肯	Interlaken
⑬	勞特布魯嫩	Lauterbrunnen
	少女峰車站	Jungfraujoch
⑭	格林瓦德	Grindelwald
⑮	伯恩	Bern

其他地點：巴塞爾 Basel、洛桑 Lausanne、日內瓦 Geneva、策馬特 Zermatt、馬焦雷湖

▲ 利基山
▲ 史坦 
▲ 勞特布魯嫩 
▲ 艾因西德倫 
▲ 沙夫豪森 
▲ 格林瓦德 

行程規畫／瑞士風情掠影

15天：建築、美酒、冰河──德、法、義語區全體驗

Day 1	蘇黎世(逛市區) 蘇黎世→伯恩
Day 2	伯恩→巴塞森→伯恩
Day 3	從蘇黎世搭乘IC列車來到瑞士首都伯恩，約1小時的車程。在這兒可以用步行的方式，體驗名列世界遺產的中世紀街道，並參觀伯恩市區最具意義及特色的噴泉。
Day 4	伯恩→洛桑 洛桑→日內瓦→洛桑
Day 5	洛桑→葡萄園區→契雍城堡→洛桑
Day 6	位於法語區中心的洛桑，無疑是造訪整個法語區的最佳歇腳處。往西約40分鐘左右，即可到達國際之都日內瓦；若往東走，也大約只要30分鐘，就能抵達葡萄園區
Day 7	洛桑→策馬特 策馬特→葛內拉特→策馬特
Day 8	策馬特→小馬特洪峰→策馬特
Day 9	來到策馬特，當然要目睹瑞士的重要地標之一──馬特洪峰；登上葛內拉特及小馬特洪峰，可以從不同角度欣賞馬特洪峰的面貌。
Day 10	策馬特→貝林佐納(冰河列車路線)
Day 11	貝林佐納→羅卡諾→阿斯科納→貝林佐納
Day 12	貝林佐納→盧加諾→甘德利亞→貝林佐納 瑞士南部的義大利語區，是氣候最溫暖、陽光最充足的地方。貝林佐納的城堡、盧加諾及羅卡諾都值得一遊；當然，義大利手工冰淇淋更是沿途少不了的道地美味。
Day 13	貝林佐納→琉森(葛達景觀列車路線)
Day 14	琉森→皮拉圖斯山→琉森
Day 15	琉森→蘇黎世

▲伯恩

瑞士地圖景點

沙夫豪森	Schaffhausen
史坦	Stein am Rhein
巴塞爾	Basel
蘇黎世	Zürich
聖加侖	St Gallen
琉森	Luzern
利基山	Rigi
麥茵菲爾德	Maienfeld
伯恩	Bern
皮拉圖斯山	Pilatus
弗呂埃倫	Fluelen
庫爾	Chur
鐵力士山	Titlis
茵特拉肯	Interlaken
安德馬特	Andermatt
洛桑	Lausanna
沃韋	Vevey
蒙特勒	Montreux
波斯基亞沃	Poschiavo
蒂拉諾	Tirano
羅卡諾	Locarno
貝林佐納	Bellinzona
日內瓦	Geneva
阿斯科納	Ascona
策馬特	Zermatt
馬焦雷湖	
盧加諾	Lugano
小馬特洪峰	Klein Matterhorn
葛內拉特	Gomergrat

▲ 洛桑 　　▲ 小馬特洪峰 　　▲ 葡萄園區

▲ 貝林佐納 　　▲ 阿斯科納 　　▲ 琉森

行程規畫／瑞士風情掠影　57

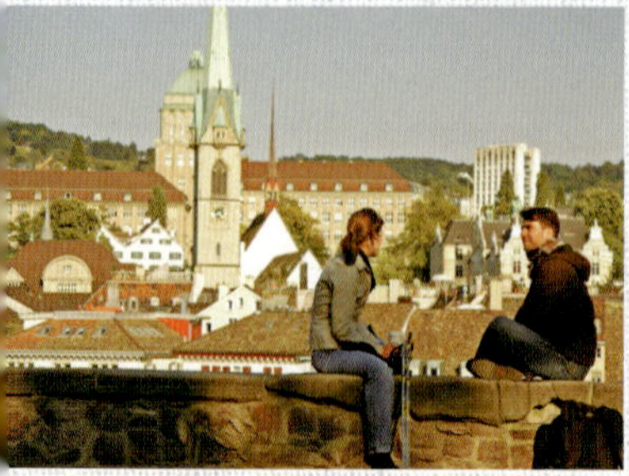

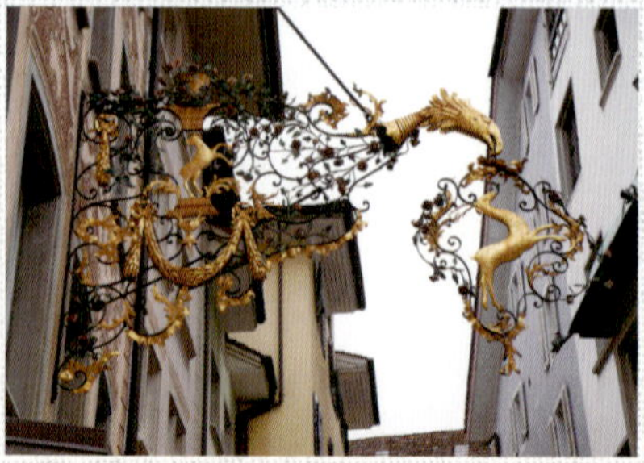

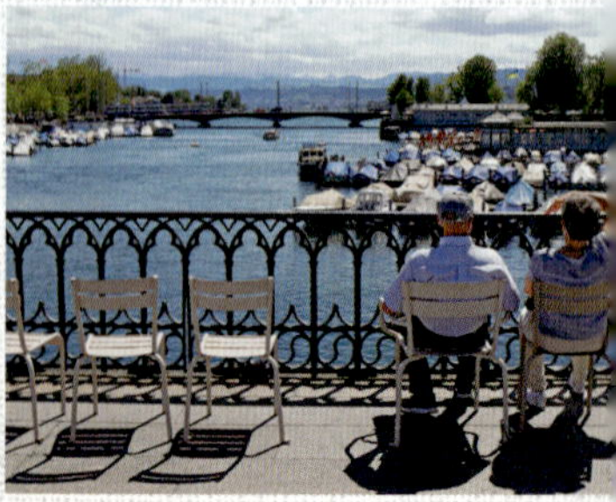

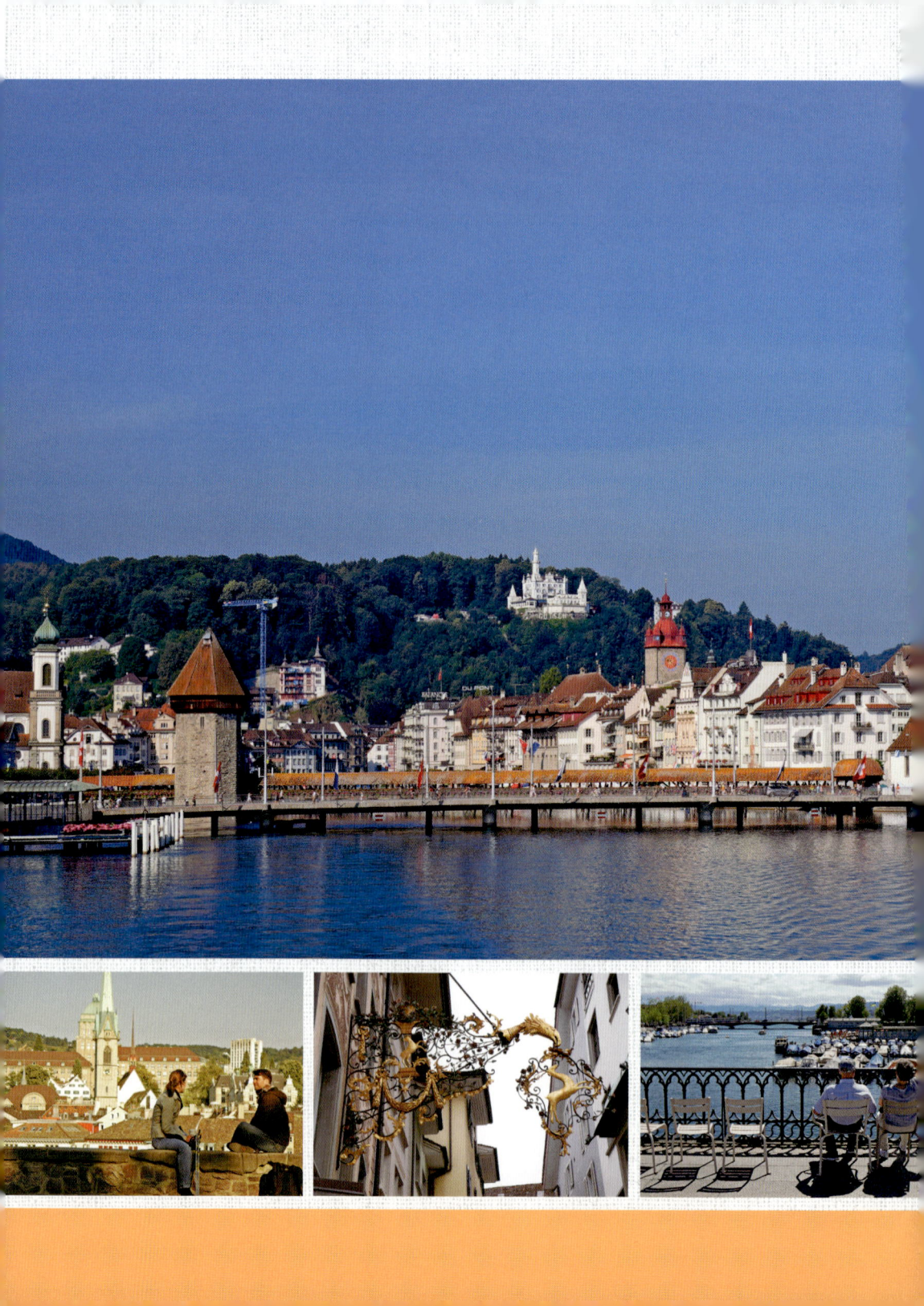

德語區

有條不紊的德語文化

位於歐洲中心的瑞士，從歷史文化、民族習性，一直到房舍建築等各方面，都深受德國、法國及義大利這幾個鄰近國家的影響，因此形成一個國家擁有不同語區的特殊情況，也造就了瑞士人能夠講多種語言的能力。

與幽雅浪漫的法語區及陽光灑脫的義語區不同，德語區的人們觀念比較保守，他們生活講究秩序、工作勤勉不懈、凡事有條不紊；老一輩德語區民眾的生活態度相當嚴謹規律，因而造就了今日精密富裕的瑞士國度。所以這也不難解釋為什麼瑞士的火車幾乎不會誤點、瑞士製造的產品都有最佳品質保證、瑞士鐘錶等精密工業能夠聞名全球的原因了。

德語區的人口數占了將近全國的70%，向來也是瑞士文化的主要表徵。這一區的民眾操著腔調濃厚的瑞士德文(Swiss German)，和一般正統德文有相當大的差異。幾個知名大城如蘇黎世、首都伯恩、琉森等，都位於北部的德語區；其他如少女峰、策馬特等遊客最愛的美麗山區，也是講德語的成員。

蘇黎世
Zürich

古典與名流的交融

　　蘇黎世是瑞士的最大城市，曾被票選為世界上最適合人類居住城市的第一名。雖然位於海拔5百多公尺高的阿爾卑斯山區，它卻跟紐約、倫敦、東京並列為全球四大金融中心。因其蓬勃的商業發展，讓大家一提到蘇黎世，便聯想到銀行業、古董名畫拍賣等上流社會的生活。

　　富裕感十足的蘇黎世，和其他商業發達城市不一樣；它沒有櫛比鱗次的高樓大廈，也沒有滿街停滯阻塞的交通，取而代之的是一間間古典建築風格的銀行，及路面上緩緩行駛的電車。用「麻雀雖小，五臟俱全」來形容蘇黎世，再恰當不過了；因此瑞士人都稱蘇黎世為「迷你大城市」(The Little Big City)。

閱兵廣場
Paradeplatz

搭6、7、11、13號電車，在Paradeplatz站下車 ｜ P.61

　　來往密集的電車和熙熙攘攘的人潮，繁忙的交通樞紐是大家對廣場的刻板印象，卻很少人注意到它的價值。閱兵廣場在18世紀時是個買賣動物的市集所在地，一直到19世紀許多企業進駐後，才成為蘇黎世的心臟區域，目前這裡也是班霍夫大道上房價最貴的黃金地段之一。現今位於廣場周圍的知名企業，包括瑞士銀行UBS和瑞士信貸(Credit Suisse)的總部，是瑞士最重要的金融交易中心。

蘇黎世市區地圖

往Tribeca、Lotus Garden、Sheraton Zürich Hotel、Renaissance Zurich Tower Hotel

往O i Shi、Radisson Blu Hotel方向

Museumstrasse

瑞士國家博物館
Schweizerische Landesmuseum

蘇黎世中央火車站
Zürich Haupt Bahnhof

Postbrücke

Bahnhofquai

Weinbergstrasse

Leonhardstrasse

● Fred Hotel

● Royal Hotel Zurich

往Uetliberg方向

Bahnhofplatz

Löwenstrasse Schützengasse

Schweizergasse

● Globus

Löwenplatz

Bahnhofbrücke

Neumühle-Quai

Central

Polybahn 纜車

● Swarovski
● Läderach
● Rituals
● H&M
● St. Gotthard

Werdmühlestrasse

Bahnhofquai

利馬河
Limmat

Mühlesteg

舊城區
Altstadt

蘇黎世聯邦理工學院
ETH

Künstlergasse

● Manor
● Jelmoli
● Swatch

班霍夫大道
Bahnhofstrasse

Rudolf-Brun-Brücke

Niederdorfstrasse

Mühlegasse

Seilergraben

Predigerkirche

● Hotel Seidenhof

Sihlstrasse

● OMEGA
● Cartier

林登霍夫
Lindenhof

● Swiss Chuchi
● Hotel Adler

Hirschengraben

往Trip Inn Zurich Hotel方向

● Louis Vuitton

● Beyer鐘錶博物館
Uhrenmuseum Beyer
● Bvlgari

Talstrasse

閱兵廣場
Paradeplatz

奧古斯丁教堂
Augustinerkirche

St. Peters-Kirche

● Hermès

Poststrasse

Rathausbrücke

La Rôtisserie

zum Kropf
Zeughauskeller

Münster-hof

Münsterbrücke

市政廳
● Rathaus

Münstergasse

Kirchgasse

蘇黎世大教堂
Grossmünster

蘇黎世美術館
● Kunsthaus Zurich

Confiserie Sprüngli

聖母大教堂
Kirche Fraumünster

Wasserkirche

Limmat-Quai

Oberdorfstr.

Rämi-Strasse

往瑞士蓮巧克力工廠方向

Fraumünsterstrasse

Schweizer Heimatwerk

Quaibrücke

● Felix Café am Bellevue

蘇黎世湖
Zürichsee

Stadelhofen Station

北

蘇黎世／德語區 **61**

▲蘇黎世中央火車站典雅的外觀

蘇黎世中央火車站
Zurich Haupt Bahnhof

MAP P.61

　　也許你會覺得好奇，火車站也能成為觀光景點？在西元1871年落成的蘇黎世中央火車站，大家通常簡稱Zürich HB。火車站外觀是文藝復興風格，擁有像凱旋門般的雄偉入口，內部寬敞華麗的大廳盡顯氣派，彷彿就像一座博物館。

　　由於瑞士位居歐洲中心，因此蘇黎世中央火車站的功能相當重要，不但有放射狀的鐵路線通往國內各大城市，同時扮演著連結歐洲各國

▲火車站通往班霍夫大道的入口（左側就是售票處）

交通樞紐的角色。火車站內共分為4層樓，有琳瑯滿目的商店和各式小攤販；民眾通常會趁搭車之便來逛火車站，同時也可以消磨一些等車的時間。

地面樓層

火車月台(3～18)

位於地面樓層的火車月台，以開往瑞士國內和歐洲各大城市的長程火車為主。火車站中央的大看板上有標示出發車的時間、班次、目的地及候車月台。抵達月台後，月台上也有電子告示牌，標示該月台是幾點幾分開往哪裡的火車，以便上車前再次確認。

▲火車站中央的大看板

▲地面樓層的火車月台

廁所+淋浴設備

廁所和淋浴室都要付費，刷卡付費即可。男生使用小便斗每次1.5CHF，男生使用馬桶以及女生如廁則是2CHF，淋浴單次為12CHF。雖然是付費，但是隨時都有工作人員打掃得非常乾淨。

內部廣場

火車站內部的大廣場，每週三都有蔬果市集；尤其在凜冽的寒冬降臨後，民眾就可以到火車站裡買菜，可說是滿貼心的設計。到了12月聖誕節期間，廣場中央會擺上一棵大型的施華洛世奇水晶聖誕樹，這也是歐洲最大的室內聖誕市集。除此之外，廣場上還會不定期舉行許多展覽或活動。

▲聖誕市集的施華洛世奇水晶聖誕樹

售票窗口

廣場的一邊是瑞士國鐵售票窗口，購買瑞士國鐵火車票、火車訂位、或是兌換瑞郎現金等服務，都是到這裡辦理。如果你對火車的班次或月台有不了解之處，也可以到Information窗口詢問服務人員，他們會給你詳細的資訊。售票辦公室也是蘇黎世旅遊中心，提供許多相關的旅遊訊息。

▲火車站內的旅遊諮詢中心(在靠近國家博物館那一側)

蘇黎世/德語區

地下1樓

置物櫃+候車室

　　嚴格來說，這層比較算是夾層的概念。搭乘手扶梯來到地下1樓，兩側是整排的置物櫃。置物櫃依大小的不同，使用費為5～12CHF，最大的尺寸為52.5 x 85.5 x 94.5 cm，旅客可以視個人需要存放行李於此。如果覺得天氣太冷，這層樓也有室內的候車室，坐在這裡等車比較溫暖。

▲新型的自動寄物櫃都已經是感應式

▲先找有綠燈的空置物櫃，將行李放進去後，把門關上，然後到機器付款，就會有張收據證明

▲寄物櫃收據上會有條碼和置物櫃的編號，不用擔心忘了號碼。拿行李的時候，將收據上的 QR Code 掃上圖機器中間方形的紅燈處，置物櫃的門就會打開

地下2樓、地下3樓

商店街

　　地下2樓主要是商店街。這一樓層有超市、電器行、通訊行和多家各國風味的餐廳，包括中國菜、義大利菜等等。如果旅客因為趕時間而沒空坐下來慢慢吃，Ricky建議也可以到Migros超市買些食物，等上車再享用。蘇黎世中央火車站內的店家全年無休，Migros超市每天營業至晚上22:00，如果遇到假日其他地方沒有營業，都還能來這裡逛街購物。

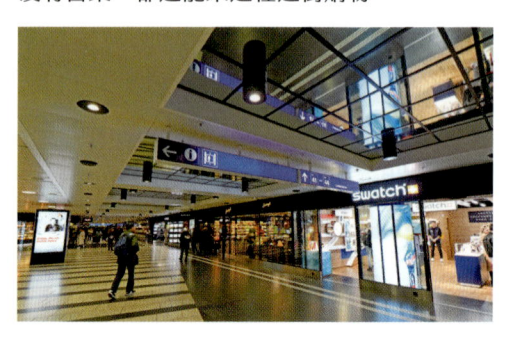

火車月台(31～34、41～44)

　　地下3樓是通往蘇黎世郊區S-Bahn列車和其他月台。從地面樓層的月台上有捷徑通往這層樓的月台，如果趕時間換車的人，直接從月台上的手扶梯換到地下樓層比較快。

▲左邊的手扶梯上去直通地面樓的4～5月台，右邊的手扶梯下去直接通往31～32月台

How to 如何使用自動售票機

1. 頭等車廂
2. 來回票
3. 半價票
4. 投幣孔
5. 輸入郵編號碼用按鍵
6. 黃色鈕(短程票)
7. 藍色鈕(區域內1小時的有效票)
8. 綠色鈕(區域內24小時的日票)
9. 站名及郵編號碼
10. 票價分區圖
11. 打票孔
12. 出票口
13. 短程票適用的地點

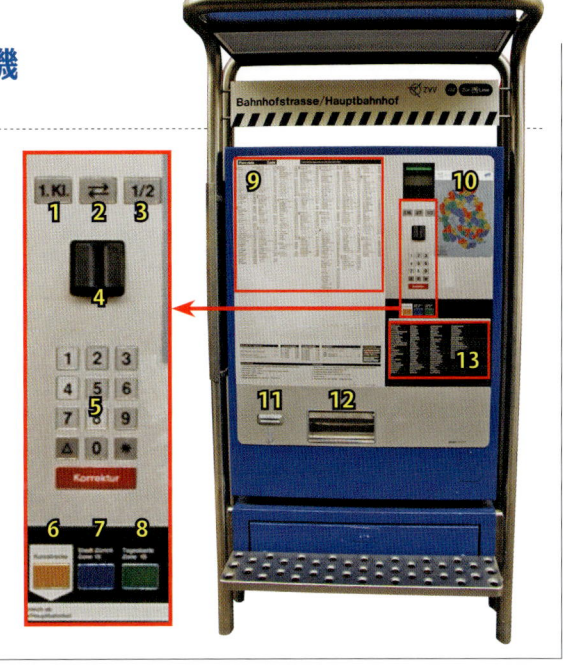

▲每逢聖誕節前夕，火車站周邊都是熱鬧的血拼氛圍

蘇黎世／德語區 65

瑞士國家博物館
Schweizerisches Landesmuseum

www.landesmuseum.ch｜Museumstrasse 71｜10:00～17:00(週四至19:00)｜週一｜13CHF，16歲以下兒童免費，持有Swiss Travel Pass直接到櫃檯換門票即可｜由火車站步行前往，約3分鐘｜MAP P.61

▲博物館外觀如城堡

蘇黎世中央火車站旁邊有一棟像中古世紀城堡的建築，它就是瑞士國家博物館。此博物館建於西元1898年，由蘇黎世當地的建築師古斯塔夫·庫爾(Gustav Gull)所設計。他融合了歷史上各時期的特色來建造這座城堡，有擎天的尖塔、山型牆、凸窗和前庭寬闊的公園，讓人留下深刻的印象。

這間號稱全瑞士收藏最豐富的博物館，不但介紹瑞士各州結盟的歷程，內部的收藏囊括自史前時代到21世紀的各種展示品，包括中古世紀象徵的武器裝備、16～17世紀的畫作和家具，以及近期的一般民眾服裝，詳盡的內容可以讓遊客瞭解不同歷史時代的文化差異，相當具有學術價值。

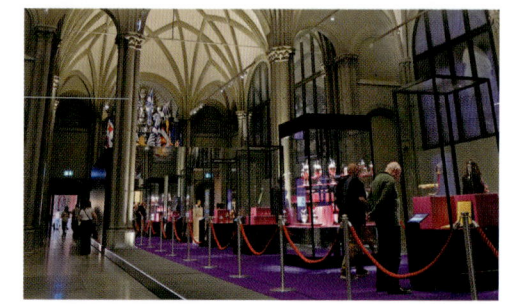

▲博物館內部的展覽

▲博物館裡面的花窗 　　▲早期瑞士的傳統服飾

班霍夫大道
Bahnhofstrasse

MAP P.61

位於火車站正前方的班霍夫大道，自火車站落成後就開始發展起來。19世紀開始，蘇黎世市政府決定整頓火車站前的交通，規畫一條直通湖畔的購物街，直到一次世界大戰前，班霍

夫大道才從住宅區蛻變成繁華的購物商圈。

　　班霍夫大道的起點矗立著一座阿佛雷德‧艾夏(Alfred Escher)的噴泉雕像。他被稱為瑞士的鐵路大王，曾經成立瑞士信貸銀行(Credit Suisse)、葛達鐵道公司(Gotthard railway)、瑞士保險公司(Swiss Life)等，是瑞士經濟領域及政治發展的過程中都具有強大影響力的人物。

　　從中央火車站延伸至湖畔的布克利廣場(Bürkliplatz)，路上徐徐駛過的電車和熙熙攘攘的人群，讓全長1.4公里的大道顯得熱鬧非凡。道路兩旁林立著各式各樣的精品店、鐘錶店、珠寶店和銀行，不管是富豪還是平民都被吸引來逛街購物，是瑞士最熱鬧、最昂貴的精品街。

▲火車站前 Alfred Escher 的雕像

Beyer鐘錶博物館
Uhrenmuseum Beyer

Bahnhofstrasse 31 ｜ 14:00～18:00 ｜ 休週六、日 ｜ 10CHF，學生5CHF，12歲以下免費 ｜ 搭6、7、11、13號電車，在Paradeplatz站下車 ｜ P.61

　　來到以鐘錶產業聞名於世的瑞士，除了買手錶當紀念之外，當然也不能錯過鐘錶博物館。位於班霍夫大道和遊行廣場交界的拜爾鐘錶店，成立於西元1760年，販售多種款式的高級鐘錶。地下室的博物館內收藏了自16世紀以來世界各地的鐘錶，許多造型奇特的鐘錶更是平常難得一見的珍藏，包括木齒鐘、沙鐘、航海計時鐘錶，以及各式各樣的精緻懷錶。

博物館內部所展示的鐘錶堡▶

蘇黎世／德語區　67

林登霍夫
Lindenhof

🚋 從班霍夫大道一直走到Bally旗艦店,由Bally旁邊那條路沿斜坡走上去即可抵達 | 🗺 P.61

位於利馬河畔的林登霍夫,德文意指「菩提樹中庭」;考古學家曾經在這裡挖掘出古羅馬時期的堡壘遺跡,顯示其地點的重要性。這個地勢微高的小山丘,種植了許多菩提樹,是蘇黎世人散步休閒的熱門場所,韓劇《愛的迫降》也有來這裡取景。

遍布小砂石的廣場上,平日有圍觀下棋的居民,也有牽手漫步的情侶;任何人來到這邊,都會被浪漫悠閒的氣氛所感動。廣場的另一頭,是鳥瞰利馬河和舊市區的最佳地點,尤其在黃昏時刻,夕陽照耀在整排老舊房舍上,和河水餘波相互輝映,景色更是迷人。

▲秋天的林登霍夫廣場

☕ Take a Break

奧古斯丁街 (Augustinergasse)

位於班霍夫大道和鑄幣廣場 (Münzplatz) 之間的奧古斯丁街,飄揚的國旗和老屋精美的凸窗,流露出非常繽紛的色彩,是蘇黎世市區很有味道的一條老街。這條街根據奧古斯丁教堂 (曾經是修道院) 來命名,街道盡頭廣場上的噴泉建於西元1537年,在古代是提供居民生活的水井。

奧古斯丁教堂 (Augustinerkirche)

這座教堂最早興建於西元1270年,是一座哥德式風格的建築。它曾經是蘇黎世最重要的5座教堂之一,當時隸屬於修道院的一部分並緊鄰著城牆。在宗教改革期間,教堂被禁止做禮拜等活動,結果被當作鑄幣廠並儲放壓模機器,中殿還用來壓榨葡萄酒,因此外頭的廣場又被稱為鑄幣廣場。

▲奧古斯丁街

聖母大教堂
Kirche Fraumünster

📍 Fraumünsterstrasse ｜ 🕙 10:00～18:00，冬季會提早1小時關閉 ｜ 休 中午和週日早上不對外開放 ｜ 💲 免費 ｜ 🚋 搭4號電車，在Helmhaus站下車，然後步行前往 ｜ 🗺 P.61

　　隔著利馬河和大教堂相望的是聖母教堂；這座聖母教堂的前身，是日耳曼皇帝魯德偉格二世(LudwigII，查理曼大帝的孫子)在西元853年為其女兒希德嘉爾(Hildedgard)所建的修道院，同時他也任命其女兒為修道院院長。當時的修道院長擁有崇高的權力和地位，這也是聖母教堂名稱的由來。

　　目前所看到的教堂外觀為西元1250年所重建，至於細長擎天的鐘塔，則是到西元1732年才增建的。教堂內部的彩繪玻璃窗，是馬克‧夏爾高(Marc Chagall)在西元1970年的作品；有藍色、綠色和黃色的彩繪玻璃，分別描繪教宗和基督等的神蹟。值得一看的還有拱廊下的濕壁畫，闡述了修道院的創建故事。

蘇黎世湖畔
Zürichsee

🚋 沿著班霍夫大道走到底 ｜ 🗺 P.61

　　從火車站沿著班霍夫大道走到底，就是蘇黎世湖的湖畔。如果時間足夠，不妨順著湖畔的步道輕鬆漫步，你會體驗到蘇黎世柔情詩意的一面。沿途不時可以看見鑽進水中覓食、兩足倒立的天鵝，或是兩兩依偎的情侶；走累了可以找張長凳，甚至直接坐在湖岸的岩石上，靜靜地望著湖光山色。

　　湖岸盡頭有座中國公園，是蘇黎世在中國的

▲從大教堂的塔頂遠眺蘇黎世湖

姊妹市「昆明」贈送所建的禮物，也是目前歐洲最重要的中國式公園之一。

蘇黎世／德語區　69

舊城區
Altstadt

🚉 由蘇黎世中央火車站走路前往，約5分鐘 | 🗺 P.61

　　舊城區泛指蘇黎世理工大學下方到利馬河之間的區域。舊城區裡林立著各式各樣的餐廳、酒吧和俱樂部；遍布鵝卵石的小巷弄中，入夜後有各行各業的霓虹燈閃爍、人聲雜沓，讓蘇黎世夜生活顯得多采多姿。不論你是來尋歡作樂，還是單純三五好友相約來此小酌一杯，大家都只是為了放鬆身心，抒解工作上的壓力；上酒吧儼然是蘇黎世的夜間文化之一。想要體驗舊城區的懷舊氣息，沿著Niederdorfstrasse這條街走一趟就對了。

▲舊城區裡的露天酒吧

▲餐廳林立的 Niederdorfstrasse

蘇黎世美術館
Kunsthaus Zurich

🌐 www.kunsthaus.ch | 📍 1 Heimplatz, 8001 Zurich | 🕙 10:00～18:00，週四至20:00 | 休 週一 | 💲 成人24CHF，14歲以下兒童免費 | 🚋 搭 3、5、8、9 號電車，在Kunsthaus站下車 | 🗺 P.61

　　一抵達蘇黎世市立美術館，便可看見羅丹的雕塑作品《地獄之門》矗立在門口。成立於西元1787年的蘇黎世美術館，是瑞士藝術與文化的精髓所在，館方全年都會舉辦不同主題的藝術展，豐富的畫作收藏更居瑞士之冠。主要收藏為19～20世紀時期之繪畫及雕塑品，包括印象派及達達藝術。

　　此外，還有豐富的瑞士藝術家作品，並長年

展示莫內、畢卡索、馬蒂斯等大師的作品，非常值得參觀。

蘇黎世大教堂
Grossmünster

🕙 10:00～17:00，夏季延長至18:00 ｜ 💲 登上塔頂參觀5CHF ｜ 🚋 搭4或15號電車，在Helmhaus站下車，然後步行前往 ｜ 🗺 P.61

坐落於利馬河畔的大教堂，其直指天際的灰白色雙塔，是蘇黎世著名的地標之一。這座大教堂據說為羅馬帝國的查理曼大帝於西元9世紀所建，目前所看見的外觀則是經12世紀後來多次修建的模樣。由於經過多次整修，因此融合了羅馬式、哥德式等多樣化建築風格。大教堂最著名的歷史事蹟，就是16世紀宗教改革之時，神父蘇文利(Huldrych Zwingli)在此大教堂擔任主教，宣揚新教，並將此地作為蘇黎世宗教改革的據點。

豆知識：歐洲宗教改革

中古時期，大部分歐洲民眾信仰的是羅馬公教(除了東歐地區信仰希臘正教以外)。不過到16世紀初期，由於教會腐化及政教間的衝突，加上文藝復興的影響，大家對於舊有的體制和觀念，漸漸感到不滿；種種不合理之處讓人民痛心疾首，決心改革；自此整個歐洲陷入戰亂之中，這就是所謂的宗教戰爭及宗教改革運動。

大教堂扮演重要角色

瑞士當然也被捲入這場紛爭中。法國人喀爾文在法國提倡宗教改革遭到反對，於是到瑞士日內瓦擔任首席牧師，成立喀爾文教派。而當時在蘇黎世推動新教的人士則是蘇文利，當時這項運動的據點就在今日的蘇黎世大教堂。

宗教改革之影響

在新教徒如火如荼地提倡教義的同時，羅馬公教教會也開始著手改革，想要藉此恢復之前的威望。其中最重要的就是西班牙傳教士羅耀拉所組成的耶穌會，這也是目前歐洲天主教的前身。

經過宗教改革之後，因為新舊教競相興辦許多學校的關係，使得歐洲的教育水準提升不少。除此之外，宗教改革也促進了歐洲資本主義的興起，並且啟發了民主思想的萌芽。

◀ 直指天際的雙塔是蘇黎世著名的地標之一

蘇黎世聯邦理工學院
Eidgenössische Technische Hochschule

◎ Rämistrasse 71 ｜ ⏰ 每天 ｜ $ 免費 ｜ 🚋 搭搭5、6號電車，在Platte站下車 ｜ 🗺 P.61

　　西元1864年創校的蘇黎世聯邦理工學院，新古典式的主大樓是由建築系教授哥佛列德·森普(Gottfried Semper)所設計。歷年來培育出許多位諾貝爾獎得主，可說是歐洲相當出色的大學。在眾多名人中，最為人所知的首推愛因斯坦。愛因斯坦曾就讀並任教於蘇黎世聯邦理工學院，這當然更添增了人們前來一探究竟的好奇心。

　　除了它的古典建築物外，校園內的植物園也是民眾享受日光浴和親近綠地的絕佳地點。

特里貝卡區
Tribeca

🚋 由火車站前搭乘前往Werdhölzli方向的4號電車，或是前往Frankental方向的13號電車，在Escher-Wyss-Platz站下車 ｜ 🗺 P.61

　　位在蘇黎世西邊，由於地價便宜，所以在二次大戰之後吸引了許多勞工階級前來此地開設工廠，形成倉庫林立的工業區。到了90年代，政府進行大力整頓，邀請許多設計師為這一塊區域注入新面貌：舊倉庫搖身一變成為商店；釀酒廠變成了霓虹閃爍的餐館；就連不起眼的造船工廠，也變成時尚前衛的藝術中心。

　　這個新興的夜生活圈，被當地民眾稱為西區(Zuriwest)；一棟棟看起來不怎麼起眼的建築物，白天放眼望去看似頹廢的舊工廠，一到夜間好像灰姑娘一般，化身為繁華熱鬧的餐廳酒吧。這些利用舊廠房再生的建築物，在許多年輕人眼中是種很夯、很酷的風格，也因此成為時下最時髦的晚間活動地點。

▲舊鐵道橋改建成商圈

▲由舊倉庫改建的餐廳

約特立丘
Uetliberg

🚋 從火車站搭乘10號S-Bahn前往Uetliberg的火車，在終點站Uetliberg下車，順著指標走，約十幾分鐘便可抵達山頂｜MAP P.61

海拔8百多公尺高的約特立丘，是蘇黎世西郊的一座小山丘；每逢週末又天氣晴朗的日子，許多附近的居民都會來這邊健行，可說是非常熱門的景點。山頂上的景觀塔，於西元1990年重建，爬上鐵塔除了要有體力也要具備膽識；從塔頂可以鳥瞰蘇黎世市區全景，波光瀲灩的湖泊和白雪覆蓋的阿爾卑斯山，也都一併映入眼簾。

▲ 10月中從約特立丘眺望的景色

瑞士蓮巧克力工廠
Lindt Home of Chocolate

🔗 www.lindt-home-of-chocolate.com/de｜📍 Schokoladenplatz 1,8802 Kilchberg｜🕙 10:00～19:00｜🚫 1/1、12/25～26及維修期間不開放｜💲 成人17CHF，8～15歲兒童10CHF，7歲以下免費，需事先上網預訂門票

興建於西元1899年的瑞士蓮巧克力工廠，位於風景秀麗的蘇黎世湖畔。前幾年整修過後，規畫包括有巧克力博物館、咖啡店和零售門市等等，成為蘇黎世近年來一處新興的景點。尤其是高達9公尺的巧克力噴泉，是整間工廠的焦點所在。有機會來到蘇黎世的朋友，不妨抽空來參觀，順便採購巧克力當伴手禮。

蘇黎世／德語區　73

深度特寫 班霍夫大道購物指南

Swatch

📍 Bahnhofstrasse 69 ｜ 📞 +41-(0)44-221-2866 ｜ 🕐 週一～五10:00～20:00，週六09:00～20:00 ｜ 🚉 由火車站步行前往，約2分鐘 ｜ MAP P.61

瑞士出產的Swatch手錶，以多樣化造型的塑膠錶最為聞名。五花八門的造型和百變色系，既富新鮮感又跟得上潮流的腳步，廣受大眾歡迎。在瑞士各款名錶中，Swatch的價格是最平易近人的。因為有出色的品質和低廉的價格，所以無論在奧運或許多國際性比賽中，Swatch都經常入選為官方的計時器。

近年來Swatch逐漸轉型，已經不是大家傳統印象中廉價的塑膠錶，追求更時尚和前衛大膽的設計風格。不但推出卡通辛普森家庭(The Simpsons)的聯名款系列，還有奧運系列、行星系列都是很多人收藏的錶款。

▲ Swatch 的行星系列

Läderach

📍 Bahnhofstrasse 106 ｜ 📞 +41-(0)44-211-5372 ｜ 🕐 週一～五09:00～20:00，週六09:00～18:00 ｜ 🚉 由火車站步行前往，約1分鐘 ｜ MAP P.61

瑞士知名的巧克力Läderach，於西元1962年成立於德語區的格拉魯斯(Glarus)。集團剛開始以販賣糖果、咖啡、茶和巧克力為主，現今多種不同的巧克力口味，都相當受民眾的喜愛。2004年推出的片裝巧克力(Frisch Schoggi)，是目前最熱門的商品，顧客們可以直接購買盒裝的巧克力，或是用秤重的方式挑選，送禮或自己吃兩相宜。在瑞士各大城鎮，都可以發現這家巧克力專賣店的蹤影。

74

Rituals

🌐 www.rituals.com | 📍 Bahnhofstrasse 100 | 📞 +41-(0)44-221-9354 | 🕐 週一～六09:00～20:00 | 🚇 由火車站步行前往，約2分鐘 | 🗺 P.61

Rituals是全世界第一家結合護理和家居的荷蘭品牌，在歐洲各大城市都有門市。強調產品都在歐洲製造，以東方傳統為靈感，尤其以沐浴、乳液和香氛系列的產品最受大眾喜愛，許多酒店和航空公司也採用此品牌的產品。

H&M

📍 Bahnhofstrasse 92 | 🕐 週一～五09:00～20:00，週六08:30～20:00 | 🚇 由火車站步行前往，約1分鐘 | 🗺 P.61

成立於西元1947年的瑞典品牌H&M，單是在這條班霍夫大道上，便有3家分店；每季都會推出流行尖端的服裝飾品，包括童裝和男女服飾。雖然擁有自己的專屬設計師，H&M服飾的價位卻相當平易近人，每個人都可以在這裡找到適合自己的個人風格。

Swarovski

📍 Bahnhofplatz 7 | 🕐 週一～六09:00～20:00 | 🚇 由火車站步行前往，約1分鐘 | 🗺 P.61

世界知名水晶品牌，是丹尼爾·施華洛世奇在西元1895年於奧地利所成立。由當時的人工切割和鑲嵌水晶技術，演變至今日的時尚水晶飾品，璀璨透明的水晶魅力，絕對讓人無法抵擋。

Manor

📍 Bahnhofstrasse 75 | 🕐 週一～五08:00～21:00，週六09:00～20:00 | 🚆 由火車站步行前往，約3分鐘 | 🗺 P.61

這是有百年歷史的瑞士百貨公司，西元1902年成立於琉森，目前在全國各城市都有據點。這裡所賣的商品從服飾到家具及電器產品，幾乎日常所需的任何東西，都可以在Manor買到，同時店內也販賣許多印有瑞士國旗的紀念品。Manor跟瑞士人的生活可說是絕對密不可分的。

Globus

📍 Schweizergasse 12 | 🕐 週一～五10:00～20:00，週六09:00～20:00 | 🚆 由火車站步行前往，約2分鐘 | 🗺 P.61

西元1907年成立於蘇黎世的瑞士本土品牌Globus，優良的商品品質為來此購物的顧客提供最佳保證。從Globus超市到Globus服飾或百貨公司，其精美的包裝和多元化的選擇，讓來Globus消費的民眾，很容易就會荷包大失血。

OMEGA

📍 Bahnhofstrasse 48 | 📞 +41-(0)44-216-9000 | 🕐 週一～五10:00～19:00，週六10:00～18:00 | 🚆 由火車站步行前往，約7分鐘 | 🗺 P.61

由路易‧布蘭特(Louis Brandt)在法語區創立的鐘錶公司，該公司在西元1894年推出了Omega 19 line的自製機蕊，震撼了當時的瑞士鐘錶業，成為各家工廠競相模仿的典範。也因如此，該公司正式取名為Omega，躍升為世界上知名的鐘錶品牌之一。

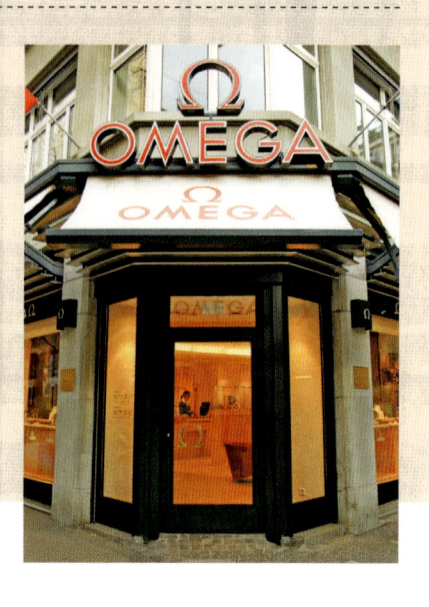

Cartier

📍 Bahnhofstrasse 47 | ☎ +41-(0)44-211-1141 | 🕐 週一～五10:00～18:30，週六10:00～17:00 | 🚇 由火車站步行前往，約7分鐘 | 🗺 P.61

來自巴黎的的精品品牌，成立於1847年，一開始以鑽石珠寶成為世界上頂級的設計品牌，後來又相繼推出手錶、皮件和香水等產品。高貴典雅的款式再結合藝術的風格，讓百年來不計其數的時尚名媛為之瘋狂。

Louis Vuitton

📍 Bahnhofstrasse 30 | ☎ +41-(0)44-221-1100 | 🕐 週一～五10:00～19:00，週六10:00～18:00 | 🚇 由火車站步行前往，約7分鐘 | 🗺 P.61

西元1854年成立於巴黎，是最受國人喜愛的歐洲品牌。由製造皮箱起家，其別具匠心的設計及精密的手工藝，是廣受民眾歡迎的主要原因。

Hermès

📍 Bahnhofstrasse 28A | ☎ +41-(0)44-211-4177 | 🕐 週一～五10:00～19:00，週六09:30～17:00 | 🚇 由火車站步行前往，約7分鐘 | 🗺 P.61

法國知名品牌，在19世紀創業時以生產高級馬具產品為主，包括拿破崙三世和蘇俄皇族都是愛用者。到了20世紀，Hermès推出衣服、皮包和香水等，並以優雅的絲巾和手提包為其經典象徵。近年來推出的柏金包(Birkin)與凱莉包(Kelly)，更是女性爭相想要擁有的包款。

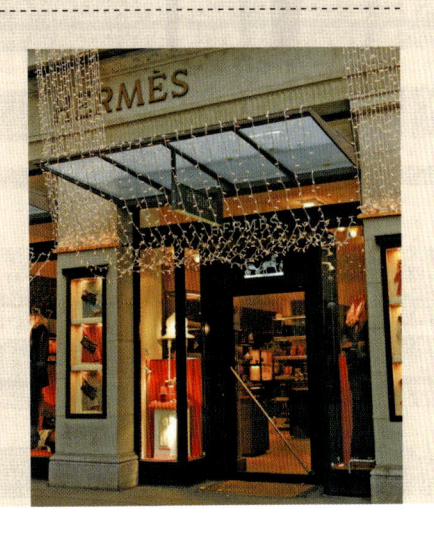

Schweizer Heimatwerk

📍 www.heimatwerk.ch | 📍 Bahnhofstrasse 2 | 🕐 週一～六10:00～19:00 | 🚉 由火車站步行前往，約15分鐘 | 🗺 P.61

　　這間商店販售來自瑞士各地的手工藝品，囊括每個地區的特色，包括傳統服飾、木雕、玩具和紀念品等等，其中很多都是純手工製造，因此價錢也比較昂貴。除了在蘇黎世之外，茵特拉肯的大街上也有分店。

Bvlgari

📍 Bahnhofstrasse 25 | ☎ +41-(0)44-212-53 03 | 🕐 週一～六10:00～18:30 | 🚉 由火車站步行前往，約10分鐘 | 🗺 P.61

　　成立於西元1884年的義大利品牌，引領全世界的時尚潮流；商品包括珠寶、香水和服飾配件，奢華璀璨與高貴氣息一直是Bvlgari的經營目標。目前除了這些流行文化之外，Bvlgari還在世界各城市建立了旅館及度假飯店。

Confiserie Sprüngli

📍 Bahnhofstrasse 21 | ☎ +41-(0)44-224-47 11 | 🕐 週一～五07:30～18:30，週六08:00～18:00 | 🚉 由火車站步行前往，約5分鐘 | 🗺 P.61

　　Sprüngli於西元1836年成立，是瑞士知名巧克力品牌瑞士蓮(Lindt)的姊妹店。除了巧克力之外，店裡精緻美味的糕點和甜食，不知觸動了多少人的味蕾；每天慕名而來的遊客不計其數，常常處於一位難求的狀況。

餐廳推薦 GOURMET

Swiss Chuchi

http www.swiss-chuchi.ch | ◎ 10 Rosengasse, am Hirschenplatz | ℂ +41-(0)44-266-9666 | ⏱ 11:30～23:15 | $ 約30CHF起 | MAP P.61

　這家位於舊城區裡的餐廳，提供相當出色的瑞士傳統料理。光是走經過餐廳大門外的瞬間都會聞到濃郁的起士香味，還夾帶著陣陣酒香味。瑞士廚房最夯的餐點便是起士鍋，吃法是撕下一小塊麵包放在叉子上，然後沾著火鍋內融化的起士一起食用。

　不過要提醒大家一點，起士鍋對多數亞洲遊客來說比較吃不習慣，建議多人點一份共享嘗鮮就好。我們經常說起士鍋「不吃會遺憾，吃了會後悔」。

Zeughauskeller

http www.zeughauskeller.ch | ◎ Bahnhofstrasse 28A, 8001 Zurich | ℂ +41-(0)44-211-2690 | ⏱ 11:30～23:00 | $ 套餐約35CHF，麵包需要另外計費 | 🚋 搭乘2、6、7、8、9、11、13號電車，在Paradeplatz站下車 | MAP P.61

　這間內部裝飾復古的餐廳是蘇黎世的前軍械庫，從天花板的梁柱到四周的牆垣，都是有數百年歷史的「古蹟」，壁櫥上還懸掛著步槍；在這邊用餐，彷彿回到數百年前的時光。幾乎來到蘇黎世的遊客，都會來這家餐廳朝聖。最重要的一點，這間餐廳有提供中文菜單！

　推薦美食：這裡的豬腳套餐滿適合台灣人的口味，因為有點類似我們的滷豬腳。如果你是因為肥嫩嫩的豬皮而不敢吃豬腳的人，那麼點軍火庫餐廳所供應的去皮豬腳最為合適，這可是一點肥肉都沒有，任何人都可以大膽享用。

蘇黎世／德語區

Lotus Garden

[http] lotus.garden | [📍] Grabenstrasse 6, 8952 Schlieren | [🕐] 週二～六11:30～14:00，週日 12:00～21:00 | [MAP] P.61

由台灣人經營的蓮花園餐廳，是住瑞士的台灣人公認最好吃的中餐館之一。餐廳不但提供牛肉麵、三杯雞、蔥油餅等道地的家鄉味，Ricky也超推薦他們家的辣子雞和乾鍋肥腸，都是我每次來必點的菜色。

▶ 餐廳也有台灣口味的三杯雞

▲ Ricky 每次來都必點的乾鍋肥腸

O i Shi

[http] o-i-shi.ch | [📍] Marktgasse 1, 8302 Kloten | [📞] +41-(0)44-803-2888 | [🕐] 週一～五 11:00～14:00、17:00～22:00，週六18:00 ～22:00 | [休] 週日 | [$] 壽司一盤(6個)約 8CHF | [🚌] 自蘇黎世機場搭乘731、733號公車在Kloten站下車。或自蘇黎世中央車站搭S7火車在Kloten站下車，車程約15分鐘 | [!?] 建議事先訂位 | [MAP] P.61

位於蘇黎世機場附近的壽司餐廳，是Ricky在瑞士吃過最好吃的日本料理之一。餐廳的壽司都是由師傅在你面前現場製做，新鮮的處理過程，吃起來的口感相當美味，你可以直接從迴轉吧檯拿取食物，或是直接點餐都很隨意。

zum Kropf

[http] www.zumkropf.ch | [📍] Inn Gassen 16, 8001 Zürich | [📞] +41-(0)44-211-1805 | [🕐] 週一～六11:30～14:00、18:00～23:00 | [休] 週日 | [$] 主餐約35～40CHF | [🚋] 搭乘2、6、7、8、9、11、13號電車，在Paradeplatz站下車 | [MAP] P.61

這家位於軍火庫旁邊的餐廳，也是一棟百年歷史建築，內部奢華的巴洛克風格裝潢，彷彿是一座古代宮殿。餐廳主要提供蘇黎世的傳統菜肴，會不定期更換菜單內容。

La Rôtisserie

🔗 storchen.ch | 📍 Weinplatz 2, 8001 Zürich | 📞 +41-(0)44-227-2727 | 🕐 週一～六午餐11:45～14:00、晚餐18:00～22:00，週日早午餐11:30～15:00、晚餐18:00～22:00 | 🗺 P.61

這家位於利馬河畔的La Rôtisserie，就在Storchen飯店的2樓，透過餐廳的窗戶還能欣賞對岸的大教堂，不但氣氛佳、景觀也很讚。被評為米其林一星、GaultMillau 17分(滿分20)的餐廳。

▲精緻米其林等級的餐點

▲餐廳典雅的內部風格

Felix Café am Bellevue

🔗 cafefelix.ch | 📍 Bellevueplatz 5, 8001 Zürich | 🕐 09:00～19:00，週六至23:00 | 🗺 P.61

這間咖啡廳位於舊城和湖畔的交界處，是蘇黎世地區知名的老牌咖啡店。戶外的露天座椅或室內擺設皆散發著歐式典雅的裝潢風格，櫃檯櫥窗內琳瑯滿目的甜點和精美的蛋糕，讓人垂涎欲滴，是許多居民來吃下午茶的小天地。

Tips 用瑞士旅行通行證搭Polybahn纜車

蘇黎世地區的公共交通系統，除了路面電車外，Polybahn 纜車是最特別的。造型可愛的 Polybahn 小纜車，是連接舊城區和蘇黎世大學間的捷徑，遊客只要持有瑞士旅行通行證(Swiss Travel Pass)便可以搭乘，不需要另外買票。

由星巴克旁的門進入▶

蘇黎世／德語區 81

住宿推薦 HOTEL

St. Gotthard

★★★★ | http www.hotelstgotthard.ch | @ reservation@hotelstgotthard.ch | ⊙ Bahnhofstrasse 87, 8001 Zürich | ℂ +41-(0)44-227-7700 | $ 232～500CHF | MAP P.61

　St. Gotthard旅館位於班霍夫大道上，距離火車站約100公尺，交通非常便利，新穎乾淨的環境頗受好評。

Sheraton Zürich Hotel

★★★★ | http www.marriott.com | ⊙ Pfingstweidstrasse 100, Zürich | ℂ +41-(0)44-285-4000 | $ 235～519CHF | 從蘇黎世中央火車站搭乘4號電車，在Toni-Areal站下車 | MAP P.61

　蘇黎世的這家喜來登飯店，坐落於蘇黎世很新潮的西區，旅館的樓下就是電車站，搭乘電車到市中心大約10分鐘，地點非常方便。房間的設備新穎，自助式早餐也很豐盛。

Radisson Blu Hotel

★★★★ | http www.radissonblu.com | @ info.zurich@radissonblu.com | ⊙ Rondellstrasse, 8058 Zürich | ℂ +41-(0)44-800-4040 | $ 190～384CHF | MAP P.61

　緊鄰蘇黎世機場的Radisson Blu Hotel，是一家四星級的連鎖飯店，是距離機場最近的飯店，從飯店裡面便有通道直接通往機場的大樓。對於需要搭乘早班飛機的旅客，這間飯店的位置是最便利的選擇。

Renaissance Zurich Tower Hotel

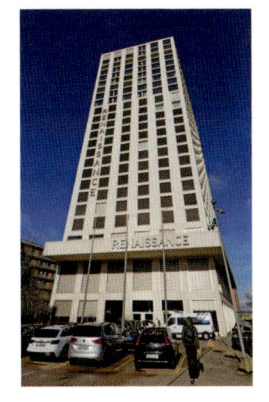

★★★★★ | http www.marriott.com | ⊙ Turbinenstrasse 20, 8005 Zürich | ℂ +41-(0)44-630-3030 | $ 280～480CHF | MAP P.61

萬麗酒店是知名五星級萬豪集團旗下的連鎖飯店，獨棟的摩天大樓位於蘇黎世西區，客房擁有絕佳的景觀。走到Hardbrücke火車站大約只需要5分鐘，地點非常便利。

Royal Hotel Zurich

★★★ | http www.royalhotelzurich.ch | @ reservation@royalhotelzurich.ch | ⊙ Leonhardstrasse 6, 8001 Zürich | ℂ +41-(0)44-222-0404 | $ 190～425CHF | MAP P.61

緊鄰舊城區的三星級飯店，有許多不同主題的房間設計。旅客可以自行線上或用手機辦理入住，飯店門口就是電車站，距離蘇黎世中央車站步行約10分鐘以內，交通機能相當便利。

圖片提供：Royal Hotel Zurich

Fred Hotel

★★★ | http leoneck.top-hotels-switzerland.com | ⊙ Leonhardstrasse 1, 8001 Zürich | ℂ +41-(0)44-442-6800 | $ 178～275CHF | MAP P.61

典型瑞士鄉村風格裝飾的旅館，每一個房間都有設計師所繪的不同壁畫，讓旅客住在房間裡就能體驗瑞士風情。鄰近蘇黎世舊城區，飲食及交通都很方便。

Trip Inn Zurich Hotel

★★★ | http tripinn-hotels.com/zurich | @ uerich@tripinn-hotels.com | ⊙ Hohlstrasse 18, 8004 Zürich | ℂ +41-(0)44-555-3800 | $ 169～289CHF | MAP P.61

位於市中心，地理位置優越，是重新裝修過的飯店。飯店裡有亞洲美食餐廳TAVTAI – Mongolian Barbecue & Sushi。

圖片提供：Trip Inn Zurich Hotel

蘇黎世／德語區 83

沙夫豪森
Schaffhausen

歐洲最大瀑布所在地

　　位於萊茵河畔的沙夫豪森(Schaffhausen)，由於其優越的地理位置，自古以來便是經濟繁華的商業重鎮。在古羅馬文化的長期薰陶下，舊城區裡不乏數百年歷史的古蹟，古羅馬式的大教堂、輝煌的市政廳、還有染著壁畫的房舍，在在讓人看得目不轉睛。此外，歐洲最大的萊茵瀑布也是不容錯過的景點，遊客們可以乘船登上矗立於瀑布中間的岩石，感受一下那充沛的水流和磅礡的氣勢。

由蘇黎世中央火車站搭車前往，約1小時左右 | MAP P.13 / E1

沙夫豪森市區地圖

慕諾古堡
Festung Munot

http www.munot.ch｜夏季08:00～20:00，冬季09:00～17:00｜免費｜由火車站步行前往，約15分鐘｜MAP P.84

坐落於小山丘上的圓形慕諾古堡，建於西元1565～1585年間。現今為沙夫豪森舊城區的地標，每年有許多文化活動和音樂表演在這裡舉行。城堡中目前還維持來自中古世紀的傳統：每天晚上9點，住在城堡內的管理員會準時用雙手搖鐘，意指就要關閉城門了。堡內的葡萄園，每年可產5,000～7,000公升的「Munötler」，是沙夫豪森居民引以為傲的專屬葡萄酒。

▲慕諾古堡及其下方的葡萄園

▲從古堡頂端眺望周邊的葡萄園

▲從慕諾古堡鳥瞰舊城區

沙夫豪森／德語區

騎士之屋
Haus zum Ritter

Vordergasse 65, 8200 Schaffhausen｜由火車站步行前往，約15分鐘｜P.84

漫步在沙夫豪森的舊市區，可以看見許多保存完善的文藝復興式房舍。這些自中古世紀遺留至今的老屋，是由當時的富豪所建立，他們並請來當地的藝術家，在房子外牆上彩繪鮮豔瑰麗的濕壁畫，以突顯豪華的氣派，並以凸出的窗戶作為點綴；其中就是以這棟騎士之屋最為知名。

騎士之屋是由托比亞斯‧史提姆(Tobias Stimmer)所畫，描繪了羅馬史蹟和希臘神話故事。因為這類作品廣受好評，所以在外牆塗

▲騎士之屋牆上鮮豔瑰麗的濕壁畫

繪濕壁畫的風氣，在西元16～18世紀蔚為流行，有的屋主甚至連屋內都繪上多彩多姿的壁畫來裝飾。由這些精雕細繪的房屋裝飾，不難看出沙夫豪森昔日的奢華風采。

IWC鐘錶博物館
IWC Schaffhausen Museum

Baumgartenstrasse 15, 8200 Schaffhausen｜+41-(0)52-635-6565｜週二～五15:00～17:00，週六09:00～15:30｜成人6CHF，12歲以下兒童免費｜由火車站步行前往，約10分鐘｜P.84

西元1868年成立的IWC名錶，是由美國工程師佛羅倫汀‧瓊斯(Florenine A. Jones)在沙夫豪森市所創立。他在這裡建了一間瑞士最早期的機械製錶工廠，採用大膽新穎的新構想—用機械取代部分人工，製造出更精確的零件。從那時起，IWC在瑞士的鐘錶業便獲得相當重要的地位，同時也在世界鐘錶製造業界扮演著舉足輕重的角色。

IWC的專業人員，以完美的手工藝呈現出極佳的品質。精湛的技術，加上堅持不大量生產的原則，讓IWC在豪華鐘錶業打出一片市場。若遊客想對IWC有更進一步的認識，可藉由參觀IWC博物館，達到深入了解的目的。

▲瀑布中央的山丘

萊茵瀑布
Rheinfall

🌐 rheinfall.ch｜🕐 全年開放，4～10月有遊船行程：4、10月11:00～17:00，5～9月09:30～18:30｜💲 Rock Experience搭1號小船Rock Ride No. 1 Yellow Line前往瀑布中央的岩石，成人20CHF、6～16歲10CHF｜🚌 自沙夫豪森火車站前搭2或9號公車，於Rheinfall站下車，約10分鐘左右的車程。或是搭火車到Schloss Laufen火車站｜🗺 P.84

萊茵瀑布是歐洲最大、最壯觀的瀑布，這裡也是蘇黎世州和沙夫豪森州的分界點。此瀑布形成於16,000年前，高約23公尺，寬約150公尺，最多水量時每秒高達600立方公里，磅礴的氣勢可想而知。若你膽子夠大的話，可以搭船坐到瀑布正中央，再步行到小山丘上。每年的8月1日瑞士國慶日在這裡還會施放煙火，絕對不會讓到訪遊客失望而歸。

從Schloss Laufen火車站往下走，可到達觀景台，每位來訪者絕對會被眼前景觀所震懾住；在瀑布正下方的景觀台，幾乎人人都在那兒呆望許久。水流下衝的速度感，讓人有快被磅礴大水沖走的感覺。順著人行步道往上，有幾個小觀景台，可以從不同的角度來觀賞萊茵河瀑布，這是相當令人難忘的經驗。

▲氣勢磅礴的萊茵瀑布

▲從平台上就能體驗萊茵瀑布的壯觀

拉裴斯威爾
Rapperswil

玫瑰花城

位於蘇黎世湖東岸的拉裴斯威爾，瑞士人稱之為玫瑰城，是個充滿浪漫氛圍的小鎮。拉裴斯威爾在中古時代就已經是相當重要的村莊，且因曾是歸屬奧地利的領地，還跟蘇黎世開過戰。拉裴斯威爾舊城區是徒步區，所以來到這個中古世紀小城，最好是以步行的方式來仔細品味，才能體驗到她動人的美態。

由蘇黎世中央火車站搭車前往，約40分鐘 | P.13 / E2

拉裴斯威爾城堡
Schloss Rapperswil

www.schloss-restaurant.ch | Lindenhügel, 8640 Rapperswil | 由火車站步行前往，約10分鐘

根據文獻記載，拉裴斯威爾城堡大約建於西元13世紀初。這棟建築物原本是座監獄，到了19世紀時，來自波蘭的雷第司拉·普拉特(Ladislaus Plater)公爵帶領著波蘭移民，將它改建成波蘭博物館。

現在城堡的門口有一座建於西元1868年的紀念碑，就是紀念波蘭奮鬥獲得獨立的自由象徵；紀念碑前方有一片被菩提樹覆蓋的廣場，可以眺望蘇黎世的湖景，另一邊則是養了梅花鹿的公園。

▲聳立於市區上方的城堡

除此之外，城堡內的餐廳口碑極佳，並提供民眾在此舉行婚禮或是生日派對的服務；來到這邊的遊客可以品嘗這裡美味的餐點。

木橋
Holzbrücke / Holzsteg

📍 40 Binningerstrasse | 🚉 在火車站內即可看到標示，照著箭頭往Holzsteg的方向走

　　這座跨越蘇黎世湖的木橋，始建於14世紀，連接了拉裴斯威爾和赫登(Hurden)兩個小鎮。由於長度達841公尺，因此木橋以湖中一處岩礁小島為中繼點；小島附近的水域吸引了大批的禽鳥前來棲息，因而被列為自然保護區，保存完整的自然風景。

　　現在的木橋於西元2001年重新整修過，在夏日午後，經常可以看到情侶儷影雙雙在橋上漫步，享受著夕陽與湖泊交融的浪漫情懷。

▲通往赫登的木橋

▲冬日的木橋景觀

肯尼兒童動物園
Knies Kinderzoo

🌐 www.knieskinderzoo.ch | 📍 Oberseestrasse 8640 Rapperswil | 📞 +41-(0)55-220-6760 | 🕐 2月10:00～16:00，3～10月09:00～18:00 | 💲 成人22CHF，4～16歲兒童8CHF | 🚉 從Rapperswil火車站步行約10分鐘

　　肯尼原為瑞士家喻戶曉的馬戲團名，他們不但訓練動物，並在拉裴斯威爾成立了一個動物園，是家長和子女同樂的理想地點。這個動物園是由肯尼(Knie)兄弟於西元1962年所成立的，目的是讓民眾有機會跟3百多種動物近距離接觸。在這個動物園裡，遊客們可以親自餵食物給大象、斑馬和許多其他種類的動物吃，還能體驗騎驢子或是駱駝的樂趣；當然精采的動物表演秀更不能錯過。

拉裴斯威爾／德語區 89

史坦
Stein am Rhein

萊茵河畔的寶石

「Stein am Rhein」德文直譯為「萊茵河的寶石」，史坦的風光正如其名，會讓來訪的遊客們為之驚豔。舊城區離火車站步行約10分鐘，過橋後就是市政廳廣場，位於舊城區的中心。整座廣場周圍的房屋，完整地保存著中世紀的壁畫和凸窗，餐廳也各具特色。若不趕時間，不妨坐在著名的日光餐廳Sonne的露天座位，喝杯咖啡配個甜點，仔細地欣賞這裡獨特的建築物。

活潑生動的濕壁畫在古典凸窗的點綴下，顯得格外華麗動人。每一幅濕壁畫的背後都存在相當精采的故事，主要描繪的多是聖經故事或歷史典故，以及當地祖先們的生活情況，可看出當年居民過著相當富庶的生活。

由蘇黎世中央火車站搭車前往，約1小時車程 | P.13 / E1

市政廳廣場
Rathausplatz

由火車站步行前往，約10分鐘

位於舊城區中心的市政廳廣場，是史坦鎮最美麗的角落。整座廣場周圍的房屋，都繪上了活潑生動的濕壁畫，繽紛鮮豔的壁畫在古典凸窗的點綴下，顯得格外華麗動人。

仔細瞧瞧這些濕壁畫，畫中有葡萄園、有節慶活動、也有日常生活中的動物；主要描繪的多是聖經故事或歷史典故，及當地祖先們的生活情況。每一幅畫作的背後，都存在相當精采

▲舊城區裡如童話故事般的房舍

的故事，也可據此看出當年居民過著相當富庶的生活。

艾因西德倫
Einsiedeln

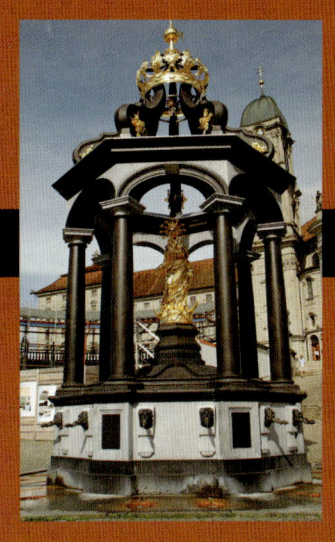

朝聖者的旅程

　　這個小鎮只有1萬多人口，自中古世紀就以茂密的「黑森林」聞名，附近許多村落的名字也都和林木有關。這裡有瑞士最大的修道院，院內供奉的「黑聖母」自古盛傳非常靈驗，因此吸引大批民眾前來朝聖，連已故的教宗若望保祿二世也曾於1984年來此參訪，艾因西德倫遂成為這片黑森林地區最重要的城市。

　　修道院源於9世紀，以精巧堂皇的洛可可式裝飾聞名，鍍金的雕塑和瑰麗斑斕的壁畫令人嘆為觀止。一走進內部，映入眼簾的是一座以黑色大理石建成的禱告堂，裡面供奉的便是歐洲著名的「黑色聖母瑪麗亞」。「黑聖母」並非自然形成，而是數百年來長期在香柱和蠟燭的煙燻之下才逐漸變黑。19世紀時，修道院決定把臉部和手等外露的部分也漆成黑色，因為這樣看起來比較協調。

　　每年12月，在艾因西德倫的市區會舉辦聖誕市集，主要販售應景的聖誕節禮品、蠟燭、玩具，以及各種食物和飲料。這種市集攤位通常是臨時以木材搭建而成，聖誕節過後就會拆除，歐洲的商店向來晚上是不營業的，但是聖誕市集則是越夜越High，人潮也越多，一般持續到晚上10:00左右。若是遇到下雪，會更有聖誕節的氣氛，皓白的雪花從空飄降，沿路店家播放著溫馨的歌曲，整條街道都洋溢著過節的熱鬧氛圍，非常應景。

▲修道院 　　　　　　　　　▲後方的院區

由蘇黎世中央火車站搭車前往，約1小時車程，需在Wädenswil換車　｜　P.13 / E2

史坦、艾因西德倫／德語區　91

聖加侖
St. Gallen

富麗堂皇的中世紀圖書館

　　跟許多的瑞士鄉鎮一樣，聖加侖是以宗教為核心所發展出來的城市。傳說中大約在西元612年之際，一位從愛爾蘭來的傳教士加盧(Gallus)在此地建造一座修道院，並和隨行的幾個傳教士設立了圖書館。這個以圖書館和修道院為軸心的文化聚所，漸漸吸引了民眾前來附近居住，進而發展成一個小村落，這就是聖加侖的由來。為了紀念這位傳教士加盧，聖加侖便以他的名字來命名。

　　到了13世紀，聖加侖已是個經濟相當繁榮的商業小鎮，再加上它學術與文化上的聲譽，奠定其日後發展的基礎。後來紡織業興起，靠高品質的麻布和刺繡在歐洲闖出一片天下，甚至和法國里昂及德國的紐倫堡有貿易往來，許多外國人紛紛前來此地定居，所以中古世紀的聖加侖便已經是個非常國際化的城市了。

由蘇黎世中央火車站搭車前往，約1個小時車程 | P.13 / F1

聖加侖市區地圖

92

市區
Stade

🚉 由火車站步行前往約5～10分鐘　📍 P.92

聖加侖的舊城街道為行人徒步區，花俏豔麗的房舍及五花八門的商店，呈現傳統與現代融會結合的新氣象；這個瑞士東北第一大城，的確能帶給旅人另一番獨特的體驗。自火車站往舊市區的方向走去，約莫5分鐘左右，便會看見整個地面，包括一旁的座椅，全都染上了鮮紅色，街道彷彿披上一件紅色大衣；堂皇華麗的獨特景象，讓每位來訪的遊客驚豔不已。

這塊紅色的街道區，是由瑞士知名銀行Raiffeisen所出資，聘請藝術家琵皮洛提‧瑞斯特(Pipilotti Rist)和卡洛斯‧馬汀尼茲(Carlos Martinez)所完成。走在整片紅色的街道上，讓人有走在紅地毯上的錯覺，好像每個人都變成了大明星。由於附近是銀行及各大公司企業的所在地，許多上班族會利用閒暇時，坐在街上或露天酒吧休息片刻，這兒也因此獲得了「世界上最大戶外客廳」的封號。

聖加侖／德語區　93

聖加侖主教座堂
Kathedrale St. Gallen

Klosterhof 6a, 9000 St.Gallen｜+41-(0)71-227-3381｜09:00～18:00｜週日早上不開放參觀｜由火車站步行前往，約10分鐘｜MAP P.92

位於聖加侖市區的大教堂，建於西元1755～1767年間，僅耗費12年便完工。這座外觀有兩座雙塔的教堂，是屬於巴洛克晚期的建築；明亮的內部，添增了教堂莊嚴肅穆的氣氛。往頭頂上望去，天花板上生動寫實的壁畫，精美而不造作；圖畫旁鑲上的金邊，又為整體增添一份高貴典雅的氣息，如此細膩的工法，讓人印象深刻。

AFG購物中心
AFG Shooping Arena

www.shopping-arena.ch｜Zürcherstrasse 464, 9015 St. Gallen｜週一～五09:00～19:00，週四至21:00，週六09:00～17:00｜由火車站搭151號公車前往，約10分鐘｜MAP P.92

這間新成立的購物中心，位在可容納近2萬人的足球場樓下，寬敞舒適的大廳內擁有超過50家以上的專櫃及美食餐廳，若遊客在聖加侖市區內逛得不過癮，就應該來這裡滿足自己的購買慾。

▲購物中心內的寬敞大廳

聖加侖修道院圖書館
Abbey Library of Saint Gall

- www.stiftsbezirk.ch | Klosterhof 6d, 9000 St. Gallen | +41-(0)71-227-3416 | 10:00～17:00 | 休11月3個星期，12月24、25 | 成人18CHF、學生12CHF | 由大教堂雙塔正面左側的入口進入 | P.92

建於8世紀的聖加侖修道院，曾經是中古世紀歐洲的學術殿堂；現在雖然已經不再作為修道院，不過圖書館內仍完整保存許多中古世紀的藏書，其中還包括了許多珍貴的手抄本和印刷刊物，因而被列為世界文化遺產。

在進入圖書館參觀前，每位遊客都必須穿上特大號的特製拖鞋，以免刮傷木質地板。一踏進圖書館大廳，似乎感覺來到一座豪華的宮殿內；金碧輝煌的洛可可裝飾風格及天花板誇張生動的壁畫，絢麗華彩的程度，簡直讓人有置身於皇宮般的奢靡感，難怪被大家公認是現今瑞士境內最偉大的巴洛克式廳堂。

圖書館目前分成兩個樓層，琳瑯滿目的書架上擁有約10萬冊自中古世紀留傳下來的藏書，包括天文學、歷史記載等各種不同種類的書籍。除此之外，圖書館內還有一具源自西元前700年左右的木乃伊，遊客可以自由地在1樓參觀，並隔著玻璃觀賞到古代的拉丁文手稿，以上都是遊客不能錯過的景點。

▲進入圖書館要套上拖鞋（圖片提供／Jenny）

圖片提供／聖加侖修道院圖書館

聖加侖／德語區

巴塞爾
Basel

三國交界之城

以工業著名的瑞士第三大城巴塞爾，向來不會是觀光客們所安排的旅遊重點，但是它的重要性卻不容小覷。因為巴塞爾位於德、法、瑞3國的交界，有著絕佳的地理位置；而流貫市區的萊茵河，更是瑞士貨櫃及船運藉由水道直通大西洋海港的唯一門路。

想在瑞士巧遇網壇球王費德勒（Roger Federer）嗎？那非得來巴塞爾一趟不可了，因為這裡正是他的故鄉，而且每年10月底所舉辦的巴塞爾男子網球賽，也是球王必參加的比賽之一。市區內有的店家裡，還可看到費德勒的簽名，運氣好的話，路上的電車還能看見球王的影像！

圖片提供／巴塞爾旅遊局

🚆 由蘇黎世中央火車站搭車前往，約1小時的車程 ｜ 🗺 P.12 / C1

Aeschengraben大道
Aeschengraben

🚆 自火車站大門出來，直走經過電車站即是 ｜ 🗺 P.97

在巴塞爾火車站正前方，是聯繫火車站和市中心的街道，Aeschengraben大道起點的左側是座公園，往右側的方向看過去，圓筒形的建築大樓是國際結算銀行(Bank for International Settlements)，原本為第一次世界大戰後處理德國的戰爭賠償問題，後來成為協調世界上各國之間的貨幣及財政政策的金融機構。

Aeschengraben大道路面寬敞，路肩設有行人徒步專區。伴隨馬路中央緩緩行駛過的電車，漫步在鬱鬱蔥蔥的林蔭下，顯得特別愜意悠閒，尤其沿路種植了來自世界各地的樹木，因品種的差異，秋季時營造出楓紅泛黃的繽紛色彩，是一場視覺上的極致饗宴。

▲ 巴塞爾火車站

▲ 10月的 Aeschengraben 泛著濃濃秋意

巴塞爾市區地圖

地圖標示：

- Universitätsbibliothek
- Herbelstrasse
- Botan. Garten
- Peterskirche
- Petersplatz
- Petersgraben
- Petersgasse
- Spiegelg
- Nadelberg
- Stadthaus
- Pharmaz. histor. Museum
- Universität
- Spalentor
- Spalenvorstadt
- Museum für Gestaltung
- Martinskirche
- Rheinsprung
- Les Trois Rois
- Mittlere Brücke
- 往三國交界碼頭、萊茵購物中心
- 市集廣場 Marktplatz
- 市政廳 Rathaus
- Freie strasse
- Gerbergasse
- Natur-und-Volkskunde Museum
- Münsterplatz
- Münsterfähre
- 萊茵河 Rhein
- 往 Hyperion Hotel Basel
- Jüd. Museum
- Feuerw. Museum
- Schützengraben
- Kohlhausg.
- Leonhardsgraben
- Heuberg
- Holbeinplatz
- Eulerstrasse
- Synagoge
- Steinergraben
- Musikinstr. Sammlung
- St. Marien
- Leonhardskirche
- Kohlenberg
- Barfüsserplatz
- Casino
- Histor. Museum
- 巴塞爾大教堂 Basler Münster
- Rittergasse
- Antikenmuseum
- St.-Alban-Gr.
- Karikaturen-Sammlung
- 巴塞爾美術館 Kunstmuseum Basel
- Wettsteinbrücke
- Dufourstrasse
- Leimenstrasse
- Austrasse
- Byfangweg
- Holbeinstrasse
- Bahnhof BTB
- Hallenbad
- Viaduktstrasse
- Birsigstrasse
- Heuwaageviadukt
- Steinenvorstadt
- 機械噴泉 Tinguelybrunnen
- Steinenberg
- Kunsthalle
- Stadttheater
- Komödie
- Elisabethenkirche
- Kirchgarten Museum
- Aeschenplatz
- Elisabethenstr.
- Acqua Restaurant
- Elisabethen schanze
- Markthalle
- Aeschengraben 大道
- St. Jakobs-Strasse
- Gartenstrasse
- 巴塞爾動物園 Zoologischer Garten
- Binningerstrasse
- Centralbahnstrasse
- Nauenstrasse
- 火車站 (往法國及瑞士境內) Bahnhof SBB
- Rosenfeldpark
- 北

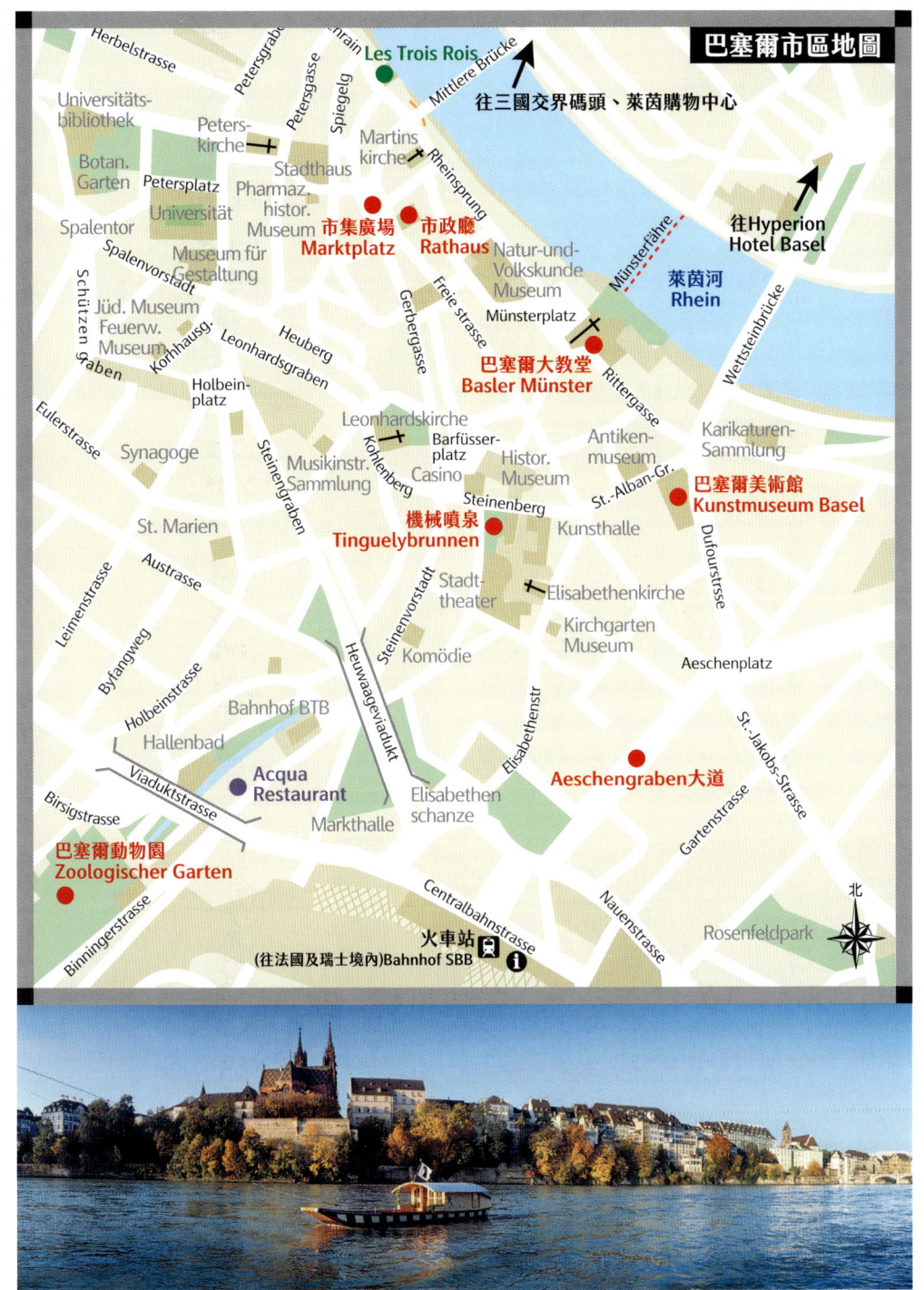

圖片提供／巴塞爾旅遊局

巴塞爾／德語區　97

市集廣場
Marktplatz

🚋 搭乘1號或8號電車,在Marktplatz站下車
🗺 P.97

　　市集廣場,顧名思義就是市集的所在地。每天清晨破曉之際,各式各樣的蔬果攤位,開啟了這個廣場一天的序幕。這邊是巴塞爾市區的心臟地帶,也是參觀這個城市的最佳起點。一旦商家開門營業,整個廣場就是人山人海,非常熱鬧;周圍街道上往來頻繁的電車和熙熙攘攘的民眾,都可以讓你感受到此地是個相當重要的購物商圈。

　　來到這裡的遊客,絕對不會錯過廣場前一棟顯眼的橘紅色建築物,它就是巴塞爾的市政廳。建於16世紀初的市政廳,是哥德式建築晚期的作品;除了其豔麗的外觀和幾何圖案的屋頂,繪於17世紀的中庭壁畫也是維妙維肖、令人驚歎。遊客們可以藉由參觀這座富麗堂皇的市政廳,來緬懷巴塞爾的過去歷史。

▲市集廣場

▲鮮紅色的巴塞爾市政廳

▲巴塞爾市政廳內部景觀

巴塞爾美術館
Kunstmuseum Basel

www.kunstmuseumbasel.ch｜16 St Alban-Graben, 4010 Basel｜10:00～18:00(週三延長到20:00)｜週一｜20歲以上成人26CHF、20～30歲學生13CHF、13～19歲8CHF、13歲以下&持有Swiss Travel Pass免費｜搭乘1、2、6、8、14、15號電車，在Kunstmuseum站下車｜MAP P.97

▲美術館的入口處

成立於1662年的巴塞爾市立美術館，是歐洲最古老的公立美術館。在入口處可以看見法國現代主義雕塑大師羅丹的著名作品——《加萊市民》(Les Bourgeois de Calais)。因為當初美術館是集合許多市民的心血而成立，所以只要民眾表決想收購某件藝術品，市政府便會出面收購，因此館內收藏極為豐富，包括梵谷、雷諾瓦、畢卡索等大師級的畫作。

一走進美術館內部，馬上可以感受其素樸高雅的氣質：灰色的大理石地板、挑高的廳堂、以及雄偉堂皇的樓梯走道。如此莊嚴的氣氛，讓民眾在還沒看到展示的藝術作品前，便已經陶醉在美術館本身所散發的文化氣息中。館內除了收藏19～20世紀間的繪畫和雕塑品外，也會定期舉辦不同主題的藝術展覽。

▲羅丹的著名作品《加萊市民》

機械噴泉
Tinguelybrunnen

位於市立劇場前｜免費｜1.搭乘3、6、10、11、14號電車，在Theater站下車。2.搭乘1、2、3、6、8、10、11、14、15號電車，在Bankverein站下車｜MAP P.97

圖片提供／巴塞爾旅遊局

由巴塞爾的著名藝術家Jean Tinguely於1977年所設計。他在巴塞爾歌劇院的舊址所在地，以簡單的幾何造型建造了機械式的噴泉。這些活動式的機械噴泉，看似一群張牙舞爪的外星人，四處轉動並噴射泉水，機械噴泉已成為巴塞爾的地標之一，平時經常會有居民帶著小朋友來這裡玩耍戲水。

巴塞爾／德語區　99

巴塞爾大教堂
Basler Münster

📍 Münsterpl. 9, 4051 Basel｜🕙 夏季10:00～17:00、冬季11:00～16:00｜🚫 週日早上不開放｜🚊 搭乘1、2、6、8、14、15號電車,在Kunstmuseum站下車,再沿著Rittergasse步行約5分鐘｜🗺 P.97

　　巴塞爾大教堂初建於12世紀,不過隨即在西元1356年的大地震中震毀,目前所看到的外觀是多次整修後的樣貌。大教堂的外牆採用紅色砂岩為建材,暗紅的顏色使得這座教堂極為顯眼。文藝復興的先驅Erasmus of Rotterdam的墓園就在教堂內;而教堂後院牆上掛滿了許多碑文,則是用以紀念16～17世紀期間巴塞爾地區的重要家族。

　　走廊上刻滿了浮雕,內容主要是闡述聖經的故事;因為古時候識字的人不多,於是教堂以這種方式來傳達教義。教堂後方有一片廣場,

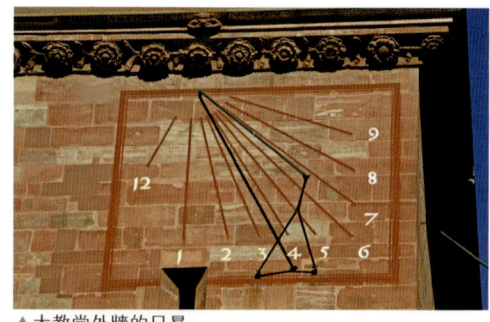

▲大教堂外牆的日晷

▲走廊的浮雕

從這裡可以一覽萊茵河風光,提供了巴塞爾居民涼爽舒適的休憩場所。每年的聖誕市集,大教堂前的廣場便是市集的中心。

巴塞爾動物園
Zoologischer Garten

http www.zoobasel.ch | 140 Binningerstrasse, 4011 Basel | 08:00〜18:00，5〜8月至18:30 | 20歲以上成人22CHF，16〜19歲16CHF，6〜15歲10CHF，64歲以上20CHF | 由火車站步行前往，約10分鐘 | P.97

印象中大部分的動物園好像都設立於郊區，但是巴塞爾動物園卻位在火車站附近，從火車站步行約5分鐘即可抵達。這個位置在古代曾是死刑處決場，後來才改建成動物園。來參觀動物園的民眾，有推著嬰兒車的媽媽，也有帶著整群學生的老師。多虧了這群活潑的小朋友們，使整個動物園無時無刻都生氣蓬勃，好不熱鬧。

室內的水族爬蟲館裡，有圓圓胖胖的企鵝，也有咬牙切齒的鯊魚；有面目猙獰的蜥蜴，也有安靜沉睡的蟒蛇。到了戶外的野生動物區，則洋溢著另一番風情：行動輕巧的猴子攀爬於樹枝間，肥碩慵懶的河馬橫躺在陽光下，色彩豔麗的紅鶴佇立於池塘畔，還有那展翅爭食的鵜鶘，牠們滑稽的動作常常引得遊客們哄然大笑。很適合安排進親子、家庭旅遊行程。

圖片提供／巴塞爾旅遊局

三國交界碼頭
Dreiländereck

🚋 搭乘8號電車於Kleinhüningen站下車後，步行約15分鐘 | MAP P.97

巴塞爾處於法國、德國和瑞士3國交界之處，所以如果想一次把這3個國家的景色收入眼底的話，位於萊茵河畔的「三國交界紀念碑」無疑是最佳地點。萊茵河——多麼柔情詩意的一個名字，不知道有多少人對它滿懷憧憬；沿著河岸一直走，便可看見矗立在萊茵河畔的銀色流線型紀念碑。在此紀念碑上還畫上3個國家的國旗，清楚地指出每個國家的方位；萬一有人想偷渡，才不會跑錯了國家。

圖片提供／巴塞爾旅遊局

▲聯繫德、法兩國的人行橋梁

☕ Take a Break

萊茵購物中心（Rheincenter）

因為緊鄰法國和德國的交界處，不少居住在巴塞爾地區的民眾經常去鄰國血拼。這間萊茵購物中心位於萊茵河畔，雖然在德國境內，但是從巴塞爾市區搭電車就能到，其實也挺方便。購物中心內還設有旅館及餐廳，熱銷商品如德國的藥妝類產品，以及百靈油、DM發泡錠、美容用品等等。在德國購買的商品若要退稅，回程的時候拿退稅單去電車站旁邊的海關蓋章即可。

🌐 www.rheincenter.com | 📍 Hauptstraße 435, 79576 Weil am Rhein(德國) | 🕐 週一～六09:00～20:00 | 休 週日 | 🚋 搭乘8號電車，在Weil am Rhein, Dreiländerbr站下車，旁邊的黃色大樓建築就是購物中心 | ❓ 記得攜帶護照，抵達德國之前會有海關上電車檢查證件 | MAP P.97

餐廳推薦 GOURMET

當地非常受歡迎的義式餐廳，舒適的lounge bar，結合了古典及現代的設計潮流，讓許多人喜歡到這兒來聊天聚會。這裡的牛排套餐採用上等的肉質部位，嫩度恰到好處。價位並不便宜，但卻是值得前來一嘗的餐廳。

Acqua Restaurant

http www.acquabasilea.ch | Binningerstrasse 14, 4051 Basel | +41-(0)61-271-6300 | 12:00～24:00 | 休 週一、六 | $ 約30CHF起 | MAP P.97

圖片提供／Acqua Restaurant

住宿推薦 HOTEL

Hyperion Hotel Basel

★★★★ | http www.h-hotels.com | Messeplatz 12, 4058 Basel | +41-(0)61-560-4000 | $ 365～1,252CHF | MAP P.97

Hyperion Hotel Basel曾是瑞士最高的大樓，所以房間的景觀都不錯；在旅館的房間裡，可以由透明落地窗欣賞市區的黃昏美景。這家飯店的所在地位於巴塞爾國際展覽館旁，而且電車的車站就在門口，相當便利。

Les Trois Rois

★★★★★ | http www.lestroisrois.com | Blumenrain 8, 4001 Basel | +41-(0)61-260-5050 | $ 528～4,500CHF | MAP P.97

建於西元1844年的老字號旅館。房間內部古典的裝潢，號稱能讓旅客感受到天方夜譚的真實情境，體驗住在宮殿中的生活。

圖片提供／巴塞爾旅遊局

巴塞爾／德語區 103

伯恩
Bern

童話故事般的噴泉城市

被列為世界文化遺產的伯恩(Bern)，德文為「熊」的意思，因此熊也是這個城市的象徵。伯恩古城自16世紀至今，並沒有太大的改變，幾乎是維持著中古世紀的模樣。拱廊騎樓是伯恩舊城的最大特色之一，不但有小巧可愛的商家，林立在石板道路兩旁，連路面的木板掀起來，都是一間間讓人驚喜的小店鋪。

漫步於舊城內，隨處可見高聳的鐘樓和造型特殊的噴泉，三不五時就有輛色彩鮮豔的電車緩緩穿越市區。緩步走在伯恩的街坊中，隨時都感受到濃郁的文藝氣氛；一切的結合，宛如穿越時空，回到過去；這種情景，只有在童話故事的場景裡才可能看見。

▲伯恩市區的電車

這樣充滿文藝氣息的城市，雖然只有十幾萬居民，不過卻出了許多大人物。科學家愛因斯坦當初就住在伯恩的老街上，並在此地發展出他著名的「相對論」；其他諸如藝術家保羅‧克立(Paul Klee)，也是伯恩本地人呢！

▲被阿雷河所環繞的伯恩市區(拍攝地點：熊公園上方)

P.12／C3

伯恩市區地圖
往Hotel-Pension Markhahaus方向
往Hotel Ambassador方向
玫瑰花園 Rosengarten
傳令噴泉
溫塔特橋 Untertorbrücke
熊園 Bärengraben
旗手噴泉
薩森噴泉
市政廳 Rathaus
正義女神噴泉
愛因斯坦故居
伯恩大教堂 Berner Münster
摩西噴泉
哲林根噴泉
食童噴泉
Restaurant Brasserie Anker
Kornhauskeller餐廳 (Kornhaus地下室)
Backpacker Bern
鐘樓 Zeitglockenturm
射擊手噴泉
Hotel Bern
安娜薩萊噴泉
Käfigturm牢塔
Best Western Hotel Baeren
Hotel Bellevue Palace
國會大樓 Bundeshaus
利弗立噴泉
火車站 Haupt-Bahnhof
Hotel Schweizerhof
吹笛者噴泉
伯恩歷史博物館 Bernisches Historisches Museum
駐瑞士台北文化經濟代表團
北
LÄNGGASSE
Universität
RBS Bahnhof
Autobus-bahnhof
Schanzenpost
Bürgerspital
Helliggeistkirche
Botanischer Garten
Kunstmuseum
Polizeikaserne
Stadttheater
Französische Kirche
Kornhaus
Kornhausplatz
St. Peter-und-Paul
Theater 1230
Stadtbibliothek
Antonierkirche
Nydeggkirche
ALTENBERG
MATTE
LÄNGGASSE
Dreifaltigkeitskirche
Alpines- und Post-museum
Kunsthalle
Helvetia-platz
Naturhistorisches Museum
KIRCHENFELD
Landesbibliothek
Eidgenössische Münze
Bundesarchiv
Lorrainebrücke
Kornhausstrasse
Rabbentatstrasse
Schänzlistrasse
Altenbergstrasse
Hodlesrstrasse
Speichergasse
Langenmauerweg
Schüttestrasse
Nägeligasse
Aarbergasse
Neuengasse
Waisenhausplatz
Zeughausgasse
Brimmgasshalde
Brimmgasse
Rathausgasse
Postgasshalde
postgasse
Gerechtigkeitsgasse
Nydegg-Gasse
Nydeggbrücke
Marktgasse
Kramgasse
Münstergasse
Amthausgasse
Schauptatzgasse
Bundesplatz
Bubenbergplatz
Laupenstrasse
Gerberngasse
Schifflaube
Badgasse
Aarstrasse
Grosser Murstalden
Bundesfasse
Bundestain
Kirchenfeldbrücke
Aarstrasse
Monbijoustrasse
Brückenstrasse
Dalmaziquai
Weststrasse
Englische Antagen
Marienstrasse
Gryphenhübellweg
Kotterweg
Thunstrasse
Jungfraustrasse
Kirchenfelderasse
Monbijoubrücke

舊城區
Altstadt

由火車站步行前往，約15分鐘 | MAP P.105

瑞士的首都伯恩是12世紀所建的古城，哲林根公爵(Berchtold V, duke of Zähringen)選擇了被阿雷河環繞的半島，在其上建立並逐步向外擴張。西元1405年的大火燒毀了多數的房屋，基於防火和保護的新規定，整座城市的房屋一律改用砂岩來建造，這點成為伯恩的最大特色。

被列為世界遺產的舊城區裡，長達6公里的拱廊騎樓環繞著這座充滿中古風味的城市。放眼望去，街頭巷尾盡是琳瑯滿目的特色小店，有服飾店、古董店、精品店，還有露天咖啡座和各式各樣的餐館林立其間。

街道上每隔幾步之遙，便有一座裝飾得美侖美奐的噴泉。市區裡這些噴泉林林總總加起來共有1百多處，這是因為早期供水系統不發達，於是興建許多大小不一的蓄水池供附近的住戶取用，後來演變成今日的噴泉，因此伯恩也有「噴泉城市」的美稱。

其中有11座噴泉，是16世紀時由漢斯・金格(Hans Gieng)所設計，不但個別和伯恩的歷史有密不可分的淵源，每座噴泉的造型也都別具心裁，是造訪伯恩絕對不容錯過的景點。

▲伯恩市區街景

▲伯恩市區街景

▲伯恩市的露天市集

鐘樓(時鐘塔)
Zeitglockenturm

🌐 www.zeitglockenturm.ch | 🚇 由火車站步行前往，約10分鐘 | 🗺 P.105

位於克拉姆街(Kramgasse)有個裝飾華麗的大鐘樓，這是伯恩的著名地標之一。這個鐘樓有上下兩個時鐘，其中下方的天文鐘建於西元1218～1220年間。原本鐘樓僅用木材建造，作為西城門的屏障。後來城市擴建，城門跟著西移到了Käfigturm，於是這個本來當作城門的鐘樓，一度變成囚禁犯人的監獄。

直到西元1405年的一場火災後，鐘樓才以石材重建，並由製槍師傅卡斯帕‧布魯嫩(Caspar Brunner)，於西元1530年設計了一組多功能的時鐘，使之成為兼具顯示時間、季節和觀測星象等多項用途的天文鐘。

如今鐘樓主要分為3個部分，最上方為三角形紅磚瓦屋頂，中間為時鐘及天文鐘，底部仍然保存著拱門通道。塔面的天文鐘設立於13世紀，顯示了時間、月曆及星象，在每小時整點

▲ Käfigturm 牢塔，伯恩市第二大塔

前的幾分鐘還會有金雞及小熊木偶的報時秀，吸引大批的遊客駐足欣賞。

豆知識
伯恩鐘樓圖解

1.黃道12宮／2.目前時間(12小時制)／3.每日時間(24小時制)／4.陽曆月曆／5.平面天體圖／6.陰曆月曆／7.星期／8.時針／9.鐘樓玩偶秀

伯恩／德語區　107

伯恩大教堂
Berner Münster

🌐 www.bernermuenster.ch｜🕐 夏季：週一～六10:00～17:00，週日11:30～17:00；冬季：週一～五12:00～16:00，週六10:00～17:00，週日11:30～16:00。上塔參觀需提前30分鐘｜💲 成人5CHF，7～16歲兒童2CHF｜🚉 由火車站步行前往，約15分鐘｜🗺 P.105

佇立在悠悠蕩蕩的阿雷河岸上方，大教堂的尖塔直指天際，這是伯恩大教堂的最佳寫照。在西元1421年時的伯恩，已有超過5,000位民眾定居於此，原本舊的小禮拜堂無法繼續容納該市的居民，於是便在當年3月11日動工興建新的大教堂。它是採用當地的綠色砂岩為石材而興建，不過由於工程耗大，因此前後耗費了將近500年才完工。

這個屬於哥德式後期建築的大教堂，無論就外觀或是內部裝飾而言，都是極為精美的傑作。教堂門面的雕塑是描繪「最後審判」中238個角色，每座雕塑的表情刻劃得維妙維肖，各個人物都逼真傳神。左邊是天堂、右方是地獄，潔白的上帝和猙獰的亡魂形成強烈的對比。

如果想從高處眺望伯恩市區的全景，那101公尺高的大教堂尖塔頂端，絕對是最佳的地點。雖然要爬上254階的迴旋窄梯，實在相當累人，不過從高塔俯瞰遍布市區的中古街道和此起彼落的紅磚屋時，就會覺得這番辛苦是絕對值得的。

▲灰褐色的大教堂

▲教堂大門上方的雕像，左方象徵天堂，右方代表地獄

國會大樓
Bundeshaus

🕐 週一～五09:00～11:00、14:00～16:00 | 💲 每天都有免費導覽，請洽詢旅遊中心 | 🚶 由火車站步行前往，約10分鐘 | 🗺 P.105

來到瑞士的首都伯恩，當然不能錯過決策瑞士國事的國會大樓。瑞士是世界上最早實施直接民主的國家，再加上是聯邦制，所以這棟樓房也稱為聯邦大廈，是瑞士非常重要的指標性建築。瑞士聯邦像美國一樣是兩院制，由每州依照人口比例選出聯邦委員會，代表各州的人民在國會中發聲。

國會大廈興建於西元1848～1902年間，由

▲國會大廈前方廣場的水舞噴泉

建築師漢斯‧奧爾(Hans Auer)設計，採用當時流行的新文藝復興風格，外觀高貴典雅又不失氣派。國會大廈前方的聯邦廣場(Bundesplatz)上設有水舞噴泉，每逢天氣好的日子便會有許多小孩在這裡戲水。

伯恩歷史博物館
Bernisches Historisches Museum

🌐 www.bhm.ch | 📍 Helvetiaplatz 5, 3005 Bern | 🕐 週二～日10:00～17:00 | 🚫 週一、12/25聖誕節 | 💲 成人16CHF，6～16歲兒童8CHF | 🚌 從伯恩火車站搭6、7、8號電車到Helvetiaplatz下車，約5分鐘車程 | 🗺 P.105

這間外觀看似城堡的博物館，是瑞士境內最重要的歷史博物館之一，蒐藏品從石器時代到近代皆有，包括各種古文物、中古世紀的盔甲、貝殼和聖伯納犬等動物標本，以及伯恩地區不同時期的展示品等等，讓人們瞭解地球上包羅萬象的歷史演進。

除此之外，博物館還特別規畫愛因斯坦展覽區(Einstein Museum)，透過70部影片來介紹他旅居伯恩的日子及相關成就。館內更貼心地提供中文的語音導覽解說，不論大人或小孩都能輕易地瞭解每一項展覽品。

▲博物館內的展示文物

愛因斯坦故居
Einstein Haus

🌐 www.einstein-bern.ch｜📍 Kramgasse 49｜🕙 2/1～12/20每天10:00～17:00｜🚫 復活節、週一及8/1｜💲 成人7CHF，兒童及學生5CHF｜🚉 從火車站步行前往，約10分鐘｜🗺 P.105

外觀不起眼的克拉姆街49號，雖然看起來跟旁邊的其他房舍沒有任何差異，不過這裡卻是知名物理學家亞伯特·愛因斯坦(Albert Einstein)曾經住過的地方。他從蘇黎世聯邦理

▲愛因斯坦故居入口處

工學院畢業後，曾經於西元1902～1909年間住在伯恩，是當地最有名氣的人物之一。

初抵伯恩時，他還只是專利局的助理鑑定員，從事電磁發明專利申請的技術鑑定工作，這段期間他發表了《物理年鑑》等數篇論文，內容包括狹義相對論及質能方程式 $E = mc^2$，對物理學界有著深遠的影響。他的故居裡依然保持著原本的家具擺設及樣貌，並展示了照片及文獻，讓遊客能更深入認識這位傳奇人物。

▲故居內介紹愛因斯坦的生平事蹟

溫塔特橋
Untertorbrücke

🚉 由火車站步行前往，約20分鐘｜🗺 P.105

建於西元1468年的溫塔特橋，是伯恩最古老的橋梁；從市區沿著克拉姆街往阿雷河的方向一直走到底，便可以抵達這座橋。早年這附近曾經是碼頭工人和手工藝匠的聚集地，因此房舍的建築風格有別於市區那種規畫整齊的風貌，當地居民稱之為馬特區(Matte)。靜靜地走

▲溫塔特橋是許多泳客消暑的地方

在河畔的巷弄間，依稀還能感覺到那種古色古香的傳統意境。

至於穿越橋下的阿雷河，現在可是伯恩居

110

民創造出來的夏季水上樂園。源自少女峰山區的阿雷河，河水呈現出如玉石般碧綠泛藍的色彩。在酷夏時分，許多人會從上游隨著流水漂浮而下，或是從溫特塔橋上縱身跳水；這種刺激的水上活動，經常讓來往的眾多遊客看得目瞪口呆。

熊園
Bärengraben

http www.tierpark-bern.ch ｜ Grosser Muristalden 6, 3006 Bern ｜ 全年24小時開放 ｜ 免費 ｜ 從火車站搭乘開往Paul Klee Centre的12號公車，在Bärenpark站下車，車程約6分鐘 ｜ MAP P.105

▲位於阿雷河畔的熊園

創建伯恩的哲林根(Zähringen)公爵，當時想用狩獵到的動物替此地命名，捕獲到熊的他，便將這座城市命名為Bern(熊的諧音)，所以伯恩自西元1513年以來一直養著熊，成為象徵伯恩的吉祥動物。

▲熊園內的熊

位在阿雷河畔坡地上的熊園，是在2009年10月才對外開放的新熊園，擁有極佳的視野及天然的綠地，還有專屬的池塘，簡直稱得上五星級的度假村。目前熊園裡共有4隻熊，可欣賞牠們自然活潑的生活舉動，是造訪伯恩不能錯過的行程！

伯恩／德語區 111

玫瑰花園
Rosengarten

[http] www.rosengarten.be | [◎] Alter Aargauerstalden 31b, 3006 Bern | [◉] 全年24小時開放 | [$] 免費 | [🚋] 從火車站Stop L搭乘10號公車往Ostermundigen，在Rosengarten站下車，車程約10分鐘 | [MAP] P.105

玫瑰花園位於舊城區盡頭的山坡上，隔著阿雷河和市區遙遙相望，這裡也是遠眺伯恩最佳的位置，可以將大教堂及市區的景觀一覽無遺。這座公園在18～19世紀原是公墓，西元1913年才改建成公園，數年後開始種植玫瑰。目前除了超過200種玫瑰花之外，還有杜鵑花及鳶尾花等花卉爭奇鬥豔。

花園內還設有兒童遊戲區和圖書館，許多居民喜歡來這裡放鬆片刻，把市區繁忙的環境拋諸腦後。每年3月底春天的時候，玫瑰花園的山坡地綻放著一整片櫻花，吸引許多民眾前來賞花拍照。

▲從玫瑰花園眺望伯恩市區的景色

▲玫瑰花園曾經是墓地

前衛藝術家：保羅·克立 Paul Klee

[豆知識]

[http] www.paulkleezentrum.ch
[◎] Monument im Fruchtland 3, 3000 Bern
[☎] +41-(0)31-359-0101
[$] 從成人20CHF，6～16歲兒童7CHF，學生10CHF

西元1879年出生於伯恩郊區的Münchenbuchsee，是瑞士著名的前衛藝術家。他在一個喜愛音樂的家庭中成長，父親是音樂老師，母親則是瑞士的職業歌手，因此他從小就對音樂和藝術充滿了濃厚的興趣。長大後他前往慕尼黑，就讀於慕尼黑藝術學院，涉足的領域包括繪畫、音樂和詩歌，作品結合了抽象意境與現實生活。

受迫害後返回瑞士

在一次世界大戰之後，保羅·克立的藝術遭到希特勒的納粹政權嚴詞批評，指其繪畫是墮落的象徵，他因而潛逃回瑞士，但仍繼續他的繪畫創作。晚年時由於病痛纏身，他的作品風格轉變為對戰爭和死亡等做悲觀的描述，最後病死在瑞士南部義大利語區的羅卡諾。目前在伯恩郊區設立了保羅·克立文化中心，收藏著許多他的作品。

深度特寫

舊城區噴泉之旅 MAP P.105

利弗立噴泉
Ryfflibrunnen

離火車站最近的利弗立噴泉，建造於西元1545年；從雕像身穿的衣服，可判斷出他並不是個普通武士，而是階級更高的權貴；在他右手上有支像短劍的器具，是輔助弓箭上膛的工具。在西元1846年這條街重新修建，當時這蓄水池還因為過大會擋路，而遭到拆毀，後來才耗資1,680法郎，重新訂做了留至現今的較細長蓄水池。

安娜薩萊噴泉
Anna Seiler Brunnen

安娜薩萊噴泉是紀念伯恩第一間醫院的創辦人：安娜薩萊女士；西元1354年，她在遺囑中表示將所有的財產捐贈給醫院。噴泉中她的雕像手裡拿著金壺，將水倒入盆中，有著濟世的寓意。

吹笛者噴泉
Pfeiferbrunnen

這個吹著笛子的雕像建造於1545年。靠在樹上的吹笛者，他的褲子有破洞、鞋子也壞了，而他演奏樂器是為了賺取生活費，反應出當時居民的貧苦生活。在樹上有隻猩猩，以及雕像腳邊有隻鵝，這都是當時樂手會飼養的動物，樹枝上掛的則是樂手隨身攜帶的水壺。

伯恩／德語區

射擊手噴泉
Schützenbrunnen

這個穿著戰袍的噴泉建造於西元1527年，但是上頭的射擊手是到了1543年才加上去的。射擊手的神情充滿著驕傲及自信，他右手上的旗子，畫有兩隻紅色交錯的槍枝及3把金色的火苗；左手握著長劍，頭上戴著裝飾編帽；這頂編帽也代表著此射擊手並不是為了戰爭而佩戴武器，而是為了比賽做準備。

哲林根噴泉
Zähringenbrunnen

哲林根噴泉建造於西元1535年，目的是紀念伯恩的創建者──哲林根家族貝爾希特爾特五世(Berchtold von Zähringen)。雕像本身就是一隻熊，而它腳底還有一隻深情款款的熊，因為熊即是代表著伯恩(Bern)。

食童噴泉
Kindlifresserbrunnen

這個噴泉建於西元1545～1546年間，原本是個木製的噴水池，因位於科倫豪斯廣場(Kornhausplatz)上，所以又叫做「廣場噴泉」。泉中雕像是個面目猙獰的彪形大漢，袋子裡裝著好幾個小孩子，右手正抓起一個兒童張口準備吞食，所以叫做食童噴泉。據說在噴泉附近曾經發生兒童掉入壕溝的意外，所以建了這個食童噴泉，讓小孩子不敢靠近。

傳令噴泉
Läuferbrunnen

靠近溫塔特橋的傳令噴泉，在16世紀時只是一個蓄水槽，供應附近的居民自來水使用，直到西元1824年才建成噴泉的模樣。

摩西噴泉
Mosesbrunnen

位於大教堂正前方的是摩西噴泉,這是西元1790～1791年間重建後的模樣。摩西雕像手中所持的便是聖經的「十戒」,他頭上那兩片像翅膀的造型,則是代表摩西遇見上帝之後,整個人變得光芒四射所散發的光線。

薩森噴泉
Samsonbrunnen

薩森噴泉是引據聖經中薩森殺獅子的故事而建造。當時薩森愛上了沒有文化教養的腓尼基女子,不顧家庭的反對,決定隻身前往迎娶愛人;在途中遭到獅子的攻擊並殺了它;薩森噴泉雕像便是描述薩森和獅子搏鬥的情況。

旗手噴泉
Vennerbrunnen

坐落在市政廳前方的旗手噴泉,是代表維護城市和平的象徵。中古世紀的瑞士,旗手(Venner)是軍隊的官階之一,主要的任務是保護領地人民的安全並捍衛家園;這個噴泉顯示了古代伯恩旗手的至高地位。

正義女神噴泉
Gerechtigkeitsbrunnen

這個建於西元1543年的噴泉,是個身著金黃色盔甲,眼睛和耳朵都被蒙住的女戰士——她就是正義女神。她右手持正義長劍,左手拿天秤,腳底踩著皇帝和統治者化身的雕像,象徵著無畏任何權力,都要維持真理和公平。

餐廳推薦 GOURMET

Restaurant Brasserie Anker

[http] www.roestischweiz.ch ｜ [◎] Kornhaus-eplatz 16, 3011 Bern ｜ [☏] +41-(0)31-311-11 13 ｜ [⌚] 週一～六11:00～22:00 ｜ [休] 週日 ｜ [$] 主菜20CHF起，起司鍋一人29.5CHF，馬鈴薯煎餅17.5CHF起 ｜ [MAP] P.105

位於舊城區食童噴泉旁，在此可品嘗到道地的馬鈴薯煎餅、伯恩大盤等傳統瑞士家常菜；餐廳內以瑞士傳統房舍的擺設裝飾，且因應遊客的需求，菜單有各種語言，還有很大的對照圖片，就算看不懂，看照片也不會點錯！煎好的馬鈴薯煎餅，上面鋪著豐富的佐料後灑上起士，直接連鍋入烤箱，好吃到不行；另外奶汁燉小牛肉也值得大力推薦：香濃的醬汁燴上鮮嫩的肉塊，和煎餅、麵條，甚至米飯都是絕配。**推薦美食**：各式口味組合的馬鈴薯煎餅、奶汁燉小牛肉。

Kornhauskeller

[http] kornhaus-bern.ch ｜ [◎] Kornhauseplatz 18 ｜ [☏] +41-(0)31-327-7270 ｜ [⌚] 週一～六11:30～14:30、17:30～23:30 ｜ [休] 週日 ｜ [$] 前菜14CHF起，主菜39CHF起 ｜ [?] 建議事先上網訂位 ｜ [MAP] P.105

這間位於地下室的餐廳，是由18世紀時伯恩政府用來儲存穀倉的建築物所改建。內部挑高呈拱圓形的天花板和繪畫，彷彿走進一間巴洛克風格的教堂。牆上畫著穿著傳統伯恩服飾的婦女，拱頂有美人魚、神話人物的裝飾畫作，周圍環繞著穿著文藝復興時期服裝的音樂家，彷彿置身於另一個時空之中。

在蠟燭微光的映襯下，十分高雅浪漫，餐廳提供瑞士傳統料理，依照季節變化多種菜肴，是伯恩的知名餐廳，當地許多會議、晚宴都會選擇在這裡舉辦，2樓則是酒吧。

住宿推薦

Hotel Bellevue Palace

★★★★★ | www.bellevue-palace.ch | @ info@bellevue-palace.ch | 3-5 Kochergasse, 3000 Bern | +41-(0)31-320-4545 | 505～2,400CHF | P.105

這間位於國會大樓旁的旅館，有百年的歷史，是伯恩最高檔的飯店；內部宮殿式的裝潢，散發著典雅華麗的氣質。

Hotel Schweizerhof

★★★★★ | www.schweizerhof-bern.ch | @ info@schweizerhofbern.com | Bahnhofplatz 11, 3001 Bern | +41-(0)31-326-8080 | 378～2,530CHF | P.105

坐落於伯恩火車站旁的五星級Schweizerhof旅館，交通相當便利，而且所有的房間都有冷氣設備。除此之外，旅館內餐廳所提供的精緻餐點，更是吸引了各地的老饕前來享用美食。

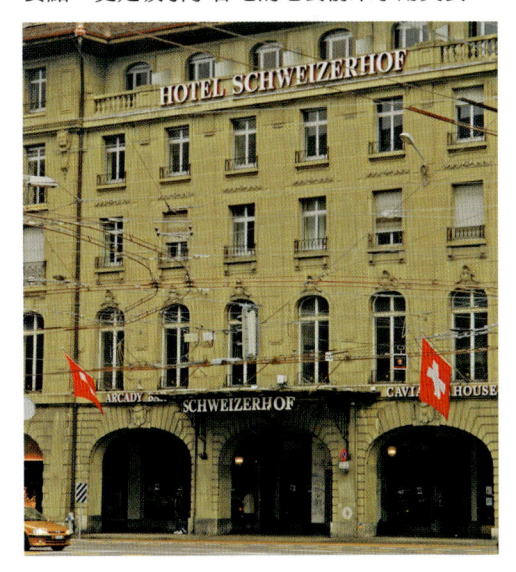

Best Western Hotel Baeren

★★★★ | www.baerenbern.ch | @ reception@baerenbern.ch | Schauplatzgasse 4, 3011 Bern | +41-(0)31-311-3367 | 205～340CHF | P.105

隸屬Best Western，中價位的商務旅館。

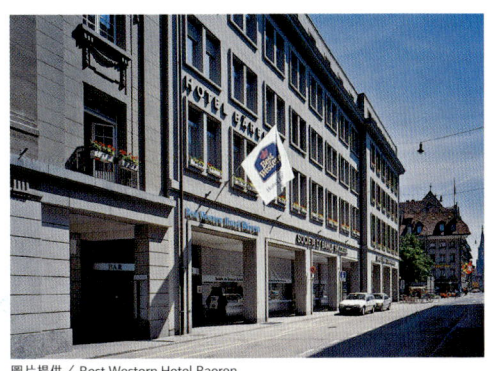

圖片提供／Best Western Hotel Baeren

Hotel Ambassador

★★★★ | www.ambassadorbern.ch | @ambassador@fhotels.ch | Seftigenstrasse 99, 3007 Bern | +41-(0)31-370-99990 | 181～255CHF | P.105

擁有現代化設備的高級旅館，所有房間都有空調、有線電視及無線網路等設施。旅館內附有Spa，可讓旅客舒解身體的疲憊。

圖片提供／Hotel Ambassador

Backpacker Bern

www.chilisbackpackers.com | @info@bernbackpackers.com | Rathausgasse 75, 3007 Bern | +41-(0)31-311-3771 | 120～164CHF | P.105

這家旅館的樓下是酒吧，所以雖然價位便宜，但怕吵鬧的人宜多加考慮。

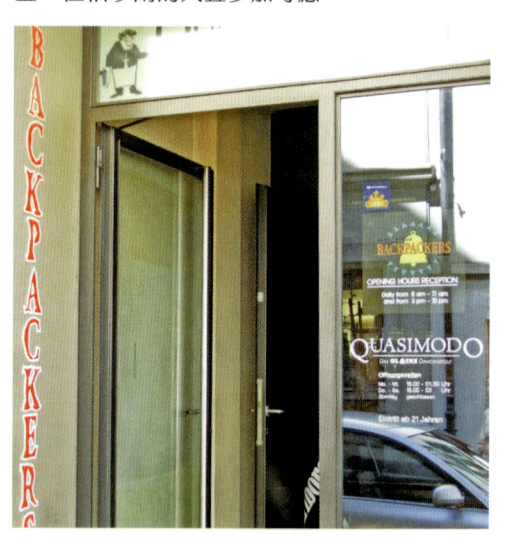

Hotel Bern

★★★★ | www.hotelbern.ch | @reception@hotelbern.ch | Zeughaus 9, 3011 Bern | +41-(0)31-329-2222 | 249～350CHF | P.105

位於伯恩市區，旅館建築物的外觀設計，以古典廊柱及雕刻結合而成；房間內部則是現代化新穎的裝潢，以簡單明亮的風格為訴求，非常舒適。旅館內有無線網路設備，對於出差或是旅遊的住客都很方便。

Hotel-Pension Marthahaus

www.marthahaus.ch | @info@marthahaus.ch | Wyttenbachstrasse 22a, 3013 Bern | +41-(0)31-332-4135 | 137～189 CHF | P.105

坐落於伯恩安靜的住宅區，靠近舊城區及BEA-Expo展覽中心。有網路及廚房可以免費使用。

琉森
Luzern

走訪中古世紀歷史遺跡

　　位在瑞士中心點的琉森，居於琉森湖的頂端，因為湖周圍的4個州是最早加入瑞士聯邦的州，所以相傳琉森是瑞士的發源地。它兼具了古老與現代的特質：從冰河時期的遺跡，到圍繞在舊城區旁的城牆，甚至穿梭於石板小巷中可看見的房屋外牆壁畫；市區內林立的古蹟，在在都可以讓遊客輕易便感受到琉森散發出來的文化氣息。

　　由於琉森有很多歷史遺跡，吸引了眾多知名人士前來拜訪，例如美國小說家馬克·吐溫、德國音樂家華格納、英國詩人拜倫等藝術家，都曾慕名前來一遊。除了古蹟和藝術，琉森也融入了現代的流行元素；舊城區裡開設的精品店、湖畔林立的小餐館，以及簡潔造型的會議中心，都為這懷舊的古城注入了一股新生命。

MAP P.13 / E2

琉森火車站
Luzern Bahnhof

MAP P.120

　　建位於瑞士中心位置的琉森，是聯絡各語區的交通轉乘站，因此琉森火車站可說是相當地重要。這個火車站曾於西元1971年發生大火，目前所看到的模樣，是在1984至1991年間重建的。車站的地面樓層有寄物櫃和許多小攤販，地下樓層則主要是商店和酒吧；車站流線型的外觀，是由西班牙建築師聖地牙哥·卡拉特拉瓦(Santiago Calatrava)所設計，新穎的環境與設施，能讓往來的旅客感受到非常舒適便捷的體驗。

　　火車站外的大廣場上，有一座獨特的大拱門，這是原本舊車站的大門遺跡。古典的造型和前衛新潮的火車站形成強烈對比，許多遊客都會在此拍照留念。車站旁邊則是公車總站和搭乘電車之處。

琉森／德語區　119

琉森市區地圖

- 冰河公園 Gletschergarten
- 獅子紀念碑 Löwendenkmal
- IMI Beauty Concent Store
- 聖萊奧德伽爾教堂 Hofkirche St. Leodegar
- 莫賽格城牆 Museggmauer
- Macchi
- Hotel Schweizerhof
- Hotel Falken
- Boutique Hotel KARL Lucerne
- 雄鹿廣場 Hirschenplatz
- Stadtkeller
- 寶嘉爾鐘錶店 Bucherer
- Barabas Hotel
- 穀物廣場 Kornmarkt
- Hotel Krone
- Hotel Pickwick
- 葡萄酒廣場 Weinmarkt
- 市政廳 Altes Rathaus
- 斯普洛伊橋 Spreuerbrücke
- Hotel des Balances
- 麵包和甜點協會 Zunfthausrestaurant Pfistern
- 卡貝爾橋 Kapellbrücke
- Lucide
- 耶穌會教堂 Jesuitenkirche
- 琉森文化會議中心 KKL
- Hotel Waldstätter
- PACIFICO
- 琉森火車站 Luzern Bahnhof
- Alte Suidtersche Apotheke
- Hotel Continental
- The Hotel Lounge
- The Hotel
- Hotel Alpha
- 琉森湖 Vierwaldstättersee

120

琉森文化會議中心
KKL

| 全年 | 免費 | 從火車站步行前往，約1分鐘 | MAP P.120

位於火車站旁的文化會議中心，是由法國名建築師尚‧努維(Jean Novel)所設計，於西元2000年開幕，為近年來琉森的地標。這間建築物的外觀方正，並以大片的玻璃帷幕裝飾，白天在陽光和湖水照耀下，大樓的玻璃窗和湖水閃爍的絲狀光芒相互輝映；晚間一連串的霓虹燈光開啟後，更是瀰漫著神祕的色彩。中心內部有音樂廳、美術館、會議廳，可以容納1,800人，是世界上數一數二的會議中心。

卡貝爾橋
Kapellbrücke

| 從火車站步行前往，約5分鐘 | MAP P.120

卡貝爾橋最早建於14世紀，曾是歐洲最古老的人行木橋；不過西元1993年發生的一場大火，幾乎燒燬了整座橋梁和橋上的畫作；目前的橋梁是火災後按照原貌所重建的模樣。橋上的橫梁原本有1百多幅17世紀的畫作，描繪著瑞士歷史和中古世紀民眾生活情況，現在僅剩下火災後倖存的少數幾幅畫，有些隱約還可以看出被大火燻黑的痕跡。橋旁有一座34公尺高的八角形石塔，也是建於14世紀，原為古城牆的一部分，後來做為檔案室及牢房使用，目前則是開設了一家紀念品商店。

琉森／德語區

耶穌會教堂
Jesuitenkirche

| 🕐 全年 | 💲 免費 | 🚶 從火車站步行前往，約5分鐘 | 🗺 P.120 |

聳立於河畔的耶穌會教堂，建於西元1666～1677年間，是瑞士相當著名的巴洛克式教堂。教堂的天花板為金碧輝煌的彩繪圖畫，大理石柱上絢麗奪目的裝飾和鍍金的橫梁，都讓人讚歎不已。教堂旁有一棟建於西元1557年的文藝復興式建築，昔日是琉森市長Lux Ritter的私人住宅，後來又曾做為耶穌會傳教士的宿舍，現在則是州政府的所在地。

▲羅伊斯河畔的耶穌會教堂

豆知識
巴洛克式建築
流行時期：16世紀末～18世紀初

　　巴洛克一字源於葡萄牙文barroco，意指「變形的珍珠」，這是18世紀崇尚古典藝術的人，對於17世紀所風行，不同於文藝復興風格之巴洛克藝術的帶貶抑稱呼。起初巴洛克文化的興起，是反對支配文藝復興晚期那種制式化的矯飾主義，因此巴洛克藝術風格是較少複合式，更注重在現實與情感上的藝術表現。

　　大體而言，巴洛克式的建築以富麗堂皇和精美華麗著稱，它打破文藝復興所強調的對稱與均衡的概念，採用誇張奔放的圖畫和鍍金多彩的浮誇裝飾，具有強烈的凹凸感，並用大量曲線代替直線，在在都反應出當時歐洲君王的奢華炫耀心態。

斯普洛伊橋
Spreuerbrücke

◯ 全年 ｜ $ 免費 ｜ 🚉 從火車站步行前往，約10分鐘 ｜ MAP P.120

　　斯普洛伊橋，德文意指「麥糠橋」。在中古世紀時，斯普洛伊橋是琉森地區惟一能將麥糠倒入河中的地方，因而得名。這是琉森的第二座木橋，於西元1408年完工，目前的外觀是19世紀重新整修過的模樣。跟卡貝爾橋一樣，斯普洛伊橋的屋梁下方懸掛著67幅版畫裝飾，是由琉森本地畫家卡斯芭‧梅葛林格(Kaspar Meglinger)於西元1626～1635年間所繪製，取名為「死亡之舞」，描繪著死神環伺在人們周遭。藉由這些畫作，可以看到中古世紀民眾的生活情況。

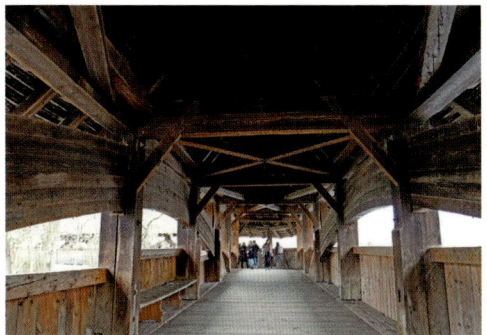

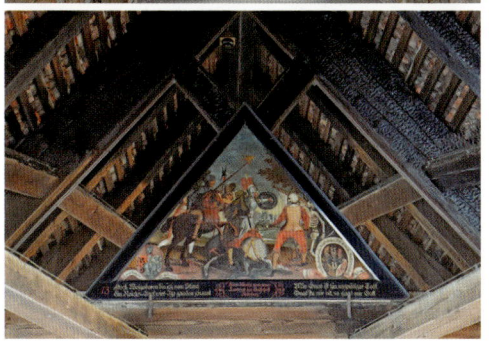

羅伊斯河針壩 Reusswehr Needle Dam（豆知識）

　　這座位於羅伊斯河(Reuss)上的小水壩，簡單來說就是河上的堰，又被稱為針壩。由法國建築師夏瑞(Chuaree)在西元1859年設計建造，他採用木板為主要建材，方便隨時增加或減少木板來控制水量，以調節河流和湖水。

　　羅伊斯河針壩不僅為琉森湖和羅伊斯河提供更好的防洪保護，並改善河裡的天鵝、鴨子和植物的生活環境。近年來，瑞士政府利用這水壩進行水力發電，每年發電430萬千瓦，足以供應琉森市區1,500個家庭的用電。

琉森／德語區　123

獅子紀念碑
Löwendenkmal

🕐 全年 | 💲 免費 | 🚌 從火車站步行前往，約20分鐘；或是搭乘1號公車，在Löwenplatz站下車 | 🗺 P.120

這座獅子紀念碑是為了紀念法國大革命時期，為了保衛法國國王路易十六和瑪麗·安娜涅特王妃，因而全數在巴黎犧牲的786名瑞士傭兵。丹麥雕塑家Bertel Thorvaldsen從山壁中雕刻而成的石獅子，趴在盔甲和盾牌旁倒地垂死的模樣，擬人化的藝術手法象徵著戰士們奮不顧身、視死如歸的精神。

美國著名小説家馬克吐溫曾經形容這個雕刻得維妙維肖的獅子，是「世界上最感人肺腑的紀念碑」。獅子上方還刻有一句拉丁語HELVETIORUM FIDEI AC VIRTUTI，意指「瑞士人的忠誠和勇敢」。

冰河公園
Gletschergarten

📍 Denkmalstrasse 4, 6006 Luzern | 🕐 夏季10:00～18:00，冬季10:00～17:00 | 💲 成人22CHF，6～16歲12CHF，持有Swiss Travel Pass免費 | 🚌 從火車站步行前往，約20分鐘；或是搭乘1號公車，在Löwenplatz站下車 | 🗺 P.120

冰河公園位於獅子紀念碑旁，在西元1872年被發掘出土。園內目前所展示的冰壺和冰川

侵蝕的遺跡，是琉森在數萬年前被冰河所覆蓋的最佳證據。為了防止這些冰河遺跡受到天氣和雨水的破壞，因此在其上方加蓋了帳篷式的屋頂，以確保能將最完整原始的一面呈現於遊客眼前。

博物館內除了以圖片及模型闡述冰河演進的過程外，還有瑞士傳統木屋和家具的展示樣品。一旁的鏡子迷宮，是西元1896年日內瓦萬國博覽會的作品，非常適合全家大小齊來參觀遊玩。

◀ 冰河公園內的鏡子迷宮

聖萊奧德伽爾教堂
Hofkirche St. Leodegar

www.hofkirche.ch｜St. Leodegarstrasse 6, 6006 Luzern｜07:00～19:00｜從火車站步行前往，約15分鐘；或是搭乘1號公車在Luzernerhof站下車｜P.120

這間教堂位於琉森湖畔和獅子紀念碑的中間位置，最早興建於西元735年，目前的外觀是西元1633年舊的古羅馬教堂被燒毀後重建的。由於經歷過多次火災，每次重建時都會注入當時流行的元素，因此這間教堂擁有哥德式的雙塔、文藝復興時期的立面，以及巴洛克風格的山形牆等多元化建築風格。

這座教堂的守護聖人是萊奧德伽爾(Leodegar)和模里西斯(Mauritius)，在入口處拱門上方的裝飾是他們手持旗幟和盾牌紋章，木門上的浮雕也是他們的雕像。教堂的周邊有規畫墓園，地面上鋪著紀念墓碑，許多琉森的貴族都長眠於此。

▲ 教堂外觀融合多種建築風格　　▲ 教堂木門上的浮雕　　▲ 教堂北側的墓園

琉森／德語區　125

舊城區
Altstadt

MAP P.120

　　琉森的舊城區位於羅伊斯河(Reuss)和莫賽格城牆之間。這一區充滿了精品商家和石板巷道，是居民平日逛街購物的地方。自街頭到巷尾，從房舍設計到牆壁上的繪畫，光是漫步走在舊城區，就能夠體會琉森的古典美。

市政廳
Altes Rathaus

　　西元1370年這裡還是百貨商場，後改建成市政廳，西元1602～1606年由義大利建築師安通·伊瑟曼(Anton Isenmann)所設計。屋頂採伯恩地區紅磚瓦式的傳統建築，底部是和諧對稱的拱廊，呈現典型文藝復興的建築風格。

　　每週二、六06:00～13:00會有小攤販來到拱廊下擺起攤位，感覺像回到中世紀的場景。2003年時，頂樓增設了讓野生鴿子遮風擋雨的空間，可在屋簷內繁殖或休息，並設計洞孔讓鴿子自由進出覓食。

葡萄酒廣場
Weinmarkt

　　葡萄酒廣場是西元1332年琉森和烏里(Uri)、施威治(Schwyz)、下瓦爾登(Unterwalden)宣示加入瑞士聯邦的地方。曾經這裡是交易麵包、皮革的室內市場，在1481年時拆除2層樓高的木製樓房，並於同年建造現今的噴泉。

　　廣場上的房子是舊時公會的所在地，也是當時上演耶穌受難記之劇場所在；周圍每間房屋外牆上都繪了華麗的濕壁畫，描述加入瑞士聯邦宣示時的情況。

雄鹿廣場
Hirschenplatz

雄鹿廣場自古代時便是當地居民聚會的場所，以中世紀便存在的Hirschen小酒館命名，德國的作家歌德(Göthe)曾在此投宿過。廣場周邊仍然保存著眾多老房舍，這些房屋的建築及外牆精美的壁畫，都是值得欣賞的重點。

莫賽格城牆
Museggmauer

建於西元1386年的莫賽格城牆，是中古世紀防禦琉森市區最重要的屏障。城牆保存得非常完善，目前所看到的外觀，幾乎跟數百年前一模一樣。遊客可以沿著城牆行走，而且Schirmer、Zyt和Mannli三個塔在夏季會開放，可讓民眾爬到塔頂，瀏覽琉森市區的風光。Zyt塔上的大鐘，是西元1535年由漢斯·路特(Hans Luter)所建，為琉森最古老的時鐘；由於這個緣故，它的時間比市區其他的時鐘快了1分鐘。

▲Zyt塔上的大鐘是琉森最古老的時鐘

穀物廣場
Kornmarkt

位於市政廳後方的穀物廣場，距離羅伊斯河只有幾步之遙。平時這個廣場上經常舉辦一些活動及展覽。

麵包和甜點協會
Zunfthausrestaurant Pfistern

這間房屋的歷史可以追溯至西元1408年，當年是麵包公會的所在地。這裡不僅是行會成員的聚集地，還是決議麵粉、麵包價格，以及討論新成員的會議場所。多年來，這棟房子幾經轉賣，直到西元1977年才被賣給琉森麵包和甜點協會。

購物推薦 SHOPPING

Alte Suidtersche Apotheke

www.suidter.ch | Alte Suidtersche Apotheke, Bahnhofstrasse 21, 6003 Luzern | +41-(0)41-210-0923 | 週一～五08:00～12:15、13:30～18:30，週六08:00～16:00 | MAP P.120

琉森地區最古老的百年藥局，西元1833年開業，內部的家具和裝潢幾乎是當年沿用至今。藥局除了販售各式各樣的現代藥品，最熱門的商品就是他們家的草藥Marienbad脫脂茶和母子藥膏(Balsam Cream)。

母子藥膏外觀是一對母子，許多當地居民從小用到老，很多瑞士朋友都說是神奇藥膏，它主要的成分是北美金縷梅

Bucherer

Schwanen Platz, 6005 Luzern | +41-(0)41-369-7700 | 由火車站步行前往，約10分鐘 | MAP P.120

這是瑞士知名鐘錶珠寶品牌Bucherer的總店，款式齊全，且有會講中文的店員。不過要跟大家說明一點，遊客在瑞士要買到熱門的勞力士錶款機會很低，因為多數的款式只開放給當地居民排隊，想要買錶的話就得靠運氣了。

和天然草藥，不管是燒燙傷、刀傷、蚊蟲咬傷或是濕疹等任何的皮膚問題，都非常有效。

IMI Beauty Concept Store

Löwenstrasse 12/14 6004 Luzern | 位於獅子紀念碑附近 | MAP P.120

這間商店販售瑞士的藥妝產品，包括各種美容產品、土撥鼠油等等。老闆是台灣鄉親，透過熟悉的中文介紹，讓大家更瞭解來瑞士能夠買哪些伴手禮。憑此書或是報上Ricky的名字，都能享有9折優惠。

餐廳推薦 GOURMET

Lucide

🔗 www.kkl-luzern.ch | 📍 Europaplatz 1, 6005 Luzern | 🕐 週一～五13:00～18:30 | 🗺 P.120

文化會議中心裡面的餐廳，內部裝潢典雅，且能透過玻璃窗欣賞琉森湖的景色，主廚Michèle Meier被Gault Millau評選為2021年的冠軍，餐廳還獲得16分的高分。

照片提供／Lucide

照片提供／Lucide

Macchi

🔗 www.macchi-baeckerei.ch | 📍 Hertensteinstrasse 22, 6004 Luzern | ☎ +41-410-9860 | 💲 2.5CHF | 🗺 P.120

琉森特產的巧克力圓麵包，Ricky吃過很多家，就屬這家最鬆軟綿密好吃、非常適合我們口味，而且巧克力甜度適中，吃兩三個都不會膩。

▲Macchi巧克力麵包

Stadtkeller

🔗 www.stadtkeller.ch | 📍 Sternenpl. 3, 6004 Luzern | ☎ +41-(0)41-410-4733 | 🕐 11:30～21:30 | 🗺 P.120

這間餐廳提供傳統的瑞士菜肴，包括起士鍋、馬鈴薯煎餅等等，到了晚上8點左右，現場還會有阿爾卑斯號角等民俗樂器的演奏。如果喜歡熱鬧氣氛的人，不妨安排來這裡吃晚餐，享受一次難忘的用餐回憶。

PACIFICO

🔗 www.pacifico-luzern.ch | 📍 Sempacherstrasse 14, 6002 Luzern | ☎ +41-(0)41-226-8787 | 🕐 週一～四11:30～14:00、18:00～24:00，週五11:30～14:00、18:00～02:00，週六12:00～02:00，週日17:00～22:00，酒吧每天17:00開始營業 | 🗺 P.120

位於五星級旅館The Hotel的1樓，有一家墨西哥餐廳和Pacifico酒吧，有皮製的沙發，設計簡潔，很多當地人週末會來這裡聊天聚會。

琉森／德語區

住宿推薦 HOTEL

The Hotel

★★★★★ | http www.the-hotel.ch | @ info@the-hotel.ch | ⊙ Sempacherstrasse 14, 6002 Luzern | ℂ +41-(0)41-226-8686 | $ 561～988CHF | MAP P.120

這家五星級的旅館外觀雖然普通，內部卻以時尚前衛的設計引領潮流，每一間房間都有不同主題的風格。

Hotel Schweizerhof Luzern

★★★★★ | http www.schweizerhof-luzern.ch | ⊙ Schweizerhofquai 3, 6002 Luzern | ℂ +41-(0)41-410-0410 | MAP P.120

這間位於琉森湖畔的飯店建於西元1845年，目前由Hauser家族第五代經營，是間悠久歷史的老飯店，內部大廳依然保存著當年奢華的洛可可建築風格。曾經接待過許多名人入住，包括德國作曲家李察‧華格納(Wilhelm Richard Wagner)、俄國作家列夫‧托爾斯泰(Lev Nikolayevich Tolstoy)等，每間房間還會專門介紹有誰住過。

Hotel Continental

★★★★ | http www.continental.ch | @ hotel@continental.ch | ⊙ Murbacherstrasse 4, 6002 Lucerne | ℂ +41-(0)41-228-9050 | MAP P.120

這間四星級的飯店位於琉森火車站旁邊，步行到卡貝爾橋約3分鐘，到舊城區約5分鐘，地點非常方便。早餐和晚餐的餐點都不錯。

Hotel des Balances

★★★★ | http www.balances.ch | @ info@balances.ch | ◎ Weinmarkt, 6004 Luzern | ℅ +41-(0)41-418-2828 | $ 260～480CHF | MAP P.120

　　這間四星級的飯店位於琉森的舊城區內，緊鄰葡萄酒廣場，另一邊則是面向羅伊斯河，從火車步行前來大約10分鐘。飯店前身就是一間12世紀的古老會館，目前的飯店於西元1836年落成開幕，包括荷蘭女王和許多知名人士都曾經來訪。

Hotel Krone

★★★ | http www.krone-luzern.ch | @ info@krone-luzern.ch | ◎ Weinmarkt 12, 6005 Luzern | ℅ +41-(0)41-419-4400 | MAP P.120

　　位於舊城區葡萄酒廣場上的連鎖旅館，設有餐廳。除了一般房間之外，還有4間附家具的公寓式套房出租，所有的房間都可以免費使用無線網路。

Hotel Waldstätter

★★★ | http www.hotel-waldstaetterhof.ch | @ info@hotel-waldstaetterhof.ch | ◎ 4 Zentralstrasse, 6003 Luzern | ℅ +41-(0)41-227-1271 | $ 234～428CHF | MAP P.120

　　距離火車站很近，設有餐廳，裝潢相當新潮現代化。

Hotel Alpha

★★ | http www.hotelalpha.ch | @ info@hotelalpha.ch | ◎ Pilatusstrasse 66, 6003 Luzern | ℅ +41-(0)41-227-1271 | $ 80～200CHF | MAP P.120

　　位於市區，走路到火車站約10分鐘，到舊城區約5分鐘，簡單乾淨的平價旅館。

琉森／德語區

Hotel Pickwick

★★ | http www.hotelpickwick.ch | @ hotel pickwick@gastrag.ch | 📍 Rathausquai 6, 6004 Luzern | ☏ +41-(0)41-410-5927 | 💲 雙人房155CHF起 | MAP P.120

位於羅伊斯河畔的飯店，可以看見卡貝爾橋和河景，距離火車站步行約5分鐘。飯店樓下是酒吧和餐廳，生活機能非常方便，但如果怕吵鬧的人則需要考慮一下。

Barabas Hotel

http www.barabas-luzern.ch | 📍 Löwengraben 18, 6004 Luzern | ☏ +41-(0)41-417-0199 | 💲 124～240 CHF | MAP P.120

這棟古老的建築物興建於西元1862年，原本是座監獄，一直到西元1998年才改建成旅館。所有的房間都是依照原來的模樣改建，讓旅客能夠體驗當犯人的滋味，比較像青年旅館的味道。飯店取名為Barabas，是源於西元1975年一位名為Hugo Siegrist的藝術家因為拒絕服兵役，在此被拘留了3個月，服刑期間，他在監獄內畫了一幅壁畫並署名Barabas。

Hotel Falken

http www.hotel-falken.ch | @ hotel@hotel-falken.ch | 📍 Falkengasse 6, 6004 Luzern | ☏ +41-(0)41-410-3737 | 💲 雙人房一晚169CHF起 | MAP P.120

這間三星級的飯店位於琉森舊城區內，樓下就是餐廳，地點非常方便。飯店採取自動辦理入住的方式，沒有人工櫃檯，也沒有提供早餐的服務，若要入住，需留意這兩點。

Boutique Hotel KARL Lucerne

http www.hotel-karl.ch | @ info@hotel-karl.ch | 📍 St. Karli quai 12, 6004 Luzern | ☏ +41-(0)41-410-2474 | 💲 185～268 CHF | MAP P.120

位於莫賽格城牆和河畔之間的位置，有單人房到多人房等各種不同型式的房間，對於團體或家庭遊客是不錯的選擇。

琉森近郊景點

玻璃工廠
Glasi Hergiswil

🌐 www.glasi.ch | 📍 12 Seestrasse, 6052 Hergiswil | 🕘 週一～五09:00～17:00(玻璃迷宮12:00～13:30休息)，週六09:00～16:00 | 🚫 週日 | 🚆 從琉森搭乘火車前往Hergiswil，約10分鐘的車程，往湖邊的方向再步行約5分鐘 | 🗺 P.137

Glasi Hergiswil是瑞士相當著名的玻璃手工製品，在各大百貨公司都可以買到，可是販售的價格並不便宜。位於琉森湖畔的玻璃工廠原產地，有家Glasi Hergiswil的瑕疵品店，價錢比正品便宜些；雖然號稱是瑕疵品，可是用肉眼幾乎看不出瑕疵。對於喜歡玻璃飾品的遊客而言，直接到這個工廠的商店採購，絕對是值回票價的。

此玻璃工廠還設有博物館，可以免費參觀玻璃工廠的歷史演進和玻璃的製造過程；參觀完博物館後，遊客們也能現場直擊工廠內製造玻璃的實況。如果你有興趣的話，花20CHF就可以自己動口吹個玻璃紀念品帶回家喲！

關於Glasi Hergiswil二三事 〈豆知識〉

這家玻璃工廠是Siegwart兄弟於西元1817年所創立，以純手工製造的玻璃物品聞名；不過到了20世紀，瑞士的工資上漲，製作玻璃的成本大幅提高，此玻璃工廠難以與鄰國的低價競爭，在西元1975年遭遇嚴重財務危機。後來經過全體員工和政府的協助，再加上Roberto Niederer將工廠重新整修，並為玻璃製造工業注入了更具藝術性的創意元素，成功地將玻璃工廠從倒閉邊緣拯救回來，也造就了今日Hergiswil在玻璃產業的地位。

利基山
Rigi

www.rigi.ch | 全年開放 | 來回票78CHF，持Swiss Travel Pass & Day Pass免費，持半價卡享有半價優惠 | 1.自琉森搭船到Vitznau，再轉搭登山火車到Rigi Kulm。2.自琉森搭火車到Arth-Goldau，再轉搭登山火車到Rigi Kulm | P.13/E2

▲前往利基山的齒軌火車

西元17世紀時，利基山腳下的Kalt-Bad是許多民眾前來治療病痛的朝聖之地，因而也帶動了利基山的名氣。不過在那個年代，還沒有纜車或登山火車等現代化的設施，人們只能靠步行或騎著驢子上山。到了西元1863年，來自法國阿爾薩斯的鐵路工程師雷根巴哈(Niklaus Riggenbach)，設計了一條從威茲瑙(Vitznau)通往利基山頂(Rigi-Kulm)的登山火車，但在當時卻換來許多其他工程專家的冷嘲熱諷，斥之為無法興建的無稽之談。不過為了讓民眾能夠從高處欣賞到壯麗的湖光山色，雷根巴哈克服了萬難，讓鐵路終於在西元1871年正式營運，奠定了利基山今日的觀光地位。

幾乎整座山都被琉森湖所環繞的利基山，有「群山之后」的美稱。除了可以居高臨下，飽覽被冰河侵蝕而形成的琉森湖景色之外，遠眺壯觀的阿爾卑斯山，更是讓人體會到大自然的鬼斧神工；山頂上雲霧飄渺，遠望籠罩在濃霧間的山群，彷彿置身於仙境一般。山上的Rigi Kulm Hotel，是有200年歷史的老旅館，有露天咖啡廳，並供應美味的餐點，讓上山的旅客可以在此休憩片刻，享受眼下的旖旎風光。

這裡夏季是健行的好地方，冬季則提供數條雪橇滑道，遊客可以從利基山頂一路滑到山腳下的Rigi Klösterli。

施圖斯
Stoos

[http] stoos-muotatal.ch | [$] 全票22CHF | [圖] 搭火車到Schwyz火車站後，轉搭往Muotathal Hölloch的1號公車，在Schwyz Stoosbahn站下車，公車車程約22分鐘。建議從琉森或貝林佐納當天來回

於2017年12月正式營運的施圖斯纜車，最陡處的爬升坡度高達110%，是世界上最陡的纜車。外觀設計為前衛的黃色圓桶狀，在上坡的途中會依照坡度隨時調整位置，也就是說，原本是4個橫向的圓桶纜車，行駛到垂直的峭壁上時，纜車會旋轉變成4個直立的車廂。這樣的設計巧思能讓乘客隨時保持平衡的狀態，完全不會害怕。

來到施圖斯村莊後，不妨再往上搭一段纜車到克林根施托克(Klingenstock)，然後一路健行到弗羅納爾施托克(Fronalpstock)。這段長度4.7公里的Stoos Ridge Hike 87號健行路線，是瑞士很美的步道之一，官方表訂健行時間約2個小時，沿著山脊稜線的步道，沿途可欣賞琉森湖的美景。

不過根據Ricky實際走過的經驗，沿途幾乎都是上上下下的階梯，需要點體力，尤其是最後即將抵達弗羅納爾普史托克前，會有段幾乎垂直上升的陡坡。但是全程走完後，回憶著這樣的美景，絕對會認為辛苦是值回票價。

Tips　腳力不好可直接搭纜車

如果是帶小孩前來的家庭旅行，多數小朋友應該無法走87號健行路線。Ricky會建議腳力不好的人，直接搭纜車前往弗羅納爾普史托克(Fronalpstock)，從山頂欣賞琉森湖的美景就好。山上有規畫小朋友的遊樂園，在暑假的時候也有小動物園，是適合親子前來的景點。

▲4節車廂連在一起的滾筒纜車

▲從弗羅納爾普施托克眺望琉森湖的景觀

皮拉圖斯山
Pilatus

[http] www.pilatus.ch | ⓘ 5月中～11月中 | [$] 金色環遊一等艙132CHF、二等艙115CHF(不包括公車)，從Kriens/Alpnachstad上山的票價80CHF，持有半價卡、Swiss Travel Pass享有半價折扣 | 由琉森搭乘火車到Alpnachstad，再轉乘齒輪火車上山 | [⁉] 從Luzern出發搭乘渡輪到Alpnachstad，轉搭齒軌火車到皮拉圖斯山頂，然後從另一邊下山到Kriens，再搭公車返回Luzern市區，這樣繞一圈的路線為「金色環遊」 | [MAP] P.137

位於琉森南方的皮拉圖斯山，是琉森附近的熱門登山景點之一。旅客可從琉森市區搭乘火車到Alpnachstad，再轉乘世界上最陡的齒輪火車前往。此齒輪火車沿著崖壁而建，而且以48度的陡峭傾斜角度攀登山岩而上；建議遊客在搭乘此火車時，選擇背對山壁的位子，這樣就不用扭曲著身子觀賞美景了。

海拔2,132公尺的山頂上附設觀景台，讓遊客可以用各種角度俯瞰這令人屏息的湖光山色，有時也會有瑞士傳統技藝或音樂表演者在此表演。天氣晴朗時，亦可看到許多飛行傘的愛好者就從你的眼前一躍而下，在藍天白雲下悠閒地往山下飛行而去，著實令人羨慕。遊客亦可利用山頂上幾條簡易的健行步道，沿途可悠閒觀賞美景。

回程可選擇搭乘高空纜車下山；遊客需在Fräkmüntegg轉乘另一小型的包廂纜車前往克林恩斯(Kriens)，再步行10分鐘前往公車站，搭乘1號公車，約15分鐘可回到琉森市區。

▲從皮拉圖斯山上所看到的琉森湖景觀

▲上皮拉圖斯山的另一選擇：高空纜車

皮拉圖斯山路線圖

皮拉圖斯山 Pilatus Kulm 2,132m
皮拉圖斯山Pilatus Kulm 到Fräkmüntegg 5min
Fräkmüntegg 1,416m
Fräkmüntegg到Krienseregg 15min
Krienseregg 1,026m
Krienseregg到克林恩斯Kriens 10min
克林恩斯 Kriens
Alpnachstad 登皮拉圖斯山的齒輪火車站到皮拉圖斯山Pilatus Kulm 40min
玻璃工廠 Glasi Hergiswil
琉森市區 Luzern
琉森湖

皮拉圖斯山：龍的傳說

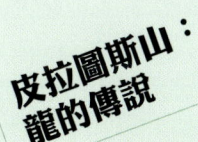

豆知識

瑞士民間有很多關於皮拉圖斯山的傳說。在中古世紀，人們相信在皮拉圖斯山一帶住了對人類很友善的龍和精靈們，並認為它們有治癒百病的神奇魔力。

據說西元26～36年間的羅馬猶太總督皮拉圖斯(Pontius Pilatus)，就是將耶穌送上十字架的人；但是當時的羅馬皇帝生了病，要求皮拉圖斯將耶穌送到羅馬為他治病，結果皇帝聽到耶穌已經被釘死在十字架上的消息後，勃然大怒，下令逮捕皮拉圖斯；最後皮拉圖斯在監獄裡自殺，結束了生命。

天氣惡劣該怪幽靈？

當皮拉圖斯死亡，遺體被扔進台伯河中時，馬上刮起一陣風暴，直到他的屍體被撈出來後才停止；之後他的屍體被丟入法國另一條河中時，又發生同樣的情況；最後因為找不出解決的辦法，決定把皮拉圖斯的屍體丟棄於皮拉圖斯山的湖中。所以對此地經常出現的狂風呼嘯惡劣天氣，當地居民認為就是皮拉圖斯幽靈作祟。也因為這個緣故，曾有一段時間皮拉圖斯山是禁止人們攀登的，就是為了避免打擾到皮拉圖斯的魂魄。

龍血之石

另一則故事發生於西元1421年，傳說當時有條龍在飛越皮拉圖斯山的時候，不小心撞昏了一名農夫。農夫甦醒過來後，發現身邊有塊石頭沾了飛龍的血液，於是這塊石頭便擁有治療疾病的功效。目前這塊沾了龍血的石塊存放在琉森的自然歷史博物館內，有興趣的民眾可以前往瞧瞧它的神祕之處。

▲前往鐵力士山的旋轉纜車

鐵力士山
Titlis

🌐 www.titlis.ch｜🕗 08:30～17:00，通常11月會維修停駛，出發前請查詢官網｜💲 來回纜車106CHF，持有Swiss Travel Pass或半價卡享有半價優惠，歐洲火車聯票享有25%優惠；山上吊椅(高空滑索)12CHF｜🚆 從琉森搭火車到英格堡，再換乘纜車上山｜🗺 P.13/E3

海拔3,239公尺高的鐵力士山，是瑞士中部最高的眺望點，這裡曾經是非常熱門的旅遊景點，早些年的旅行團幾乎都會安排來這裡。欲前往鐵力士山的遊客必須先從琉森搭火車前往英格堡(Engelberg)，然後再換乘兩段不同的纜車前往山頂，路線是Engelberg→Stand→Titlis，全程約34分鐘。

其中從Stand到Titlis這一段的Rotair纜車，是全世界唯一的空中旋轉式纜車。在緩緩地往山頭攀升的同時，纜車本身也會旋轉360度，讓遊客可以從不同的角度欣賞到白雪皓皓的阿爾卑斯山群。在晴朗無雲的日子裡，甚至可以看得到德國的黑森林。

▲鐵力士山上的冰洞

不論是夏季或是冬天，上山的遊客一定要充分做好保暖的準備。山頂上的冰洞(Ice Grotto)是由冰河開鑿而成，在各種不同顏色燈光的點綴下，搭配著柔和動聽的音樂旋律，呈現出令人陶醉的虛幻夢境；遊客還可按鈕選擇自己想聽的音樂，甚至是中華民國國歌也可在此大聲播放呢！

在海拔3,041公尺高的山上，有座聯繫兩座山頭的吊橋(Titlis Cliff Walk)，是歐洲地區海拔最高的吊橋，走過吊橋，能感受到和雪山的距離是如此貼近。還有一座冰河公園，適合各種程度的滑雪者遊玩，有平衡滑雪車、雪橇、橡皮圈滑雪等多元化的玩法，遊客們可以在此盡情地享受雪上飆速的快感。

▲從鐵力士山看到的阿爾卑斯山群

▲鐵力士山上的吊橋

琉森／德語區

圖片來源／John Yu

德語區
阿爾卑斯山區

少女峰區
Jungfrau Region

登山健行者的最愛

　　終年積雪的少女峰區，向來都帶著那麼一點神祕的色彩。由於擁有少女峰、僧侶峰和艾格峰等數座高於4,000公尺的巍峨高山，因此這裡也有「歐洲屋脊」之稱。少女峰區向來都是登山健行者的最愛，多條登山路線自山腳下密布綿延而上，加上周遭完善的交通網和纜車系統，更讓旅客有便利和多元化的選擇。在世界遺產阿雷奇冰河下方健行，呼吸著阿爾卑斯山的新鮮空氣；走累了，選塊綠地席地而坐，不管是野餐或是做日光浴，都可説是人生一大樂事。

少女峰交通資訊

　　少女峰車站(Jungfraujoch)海拔高於3,000公尺，天氣狀況難以預測。如果天候不佳時上山，除了一片白濛濛的雲霧，幾乎什麼都看不到，因此前一天先確認天氣好壞，再去車站買票就好。

　　自從2020年艾格快線落成後，許多人都想來體驗這條新穎的纜車。Ricky建議大家從格

費爾斯特
Grindelwald First
2,168m

格林德瓦
Grindelwald

Grindelwald
Grund

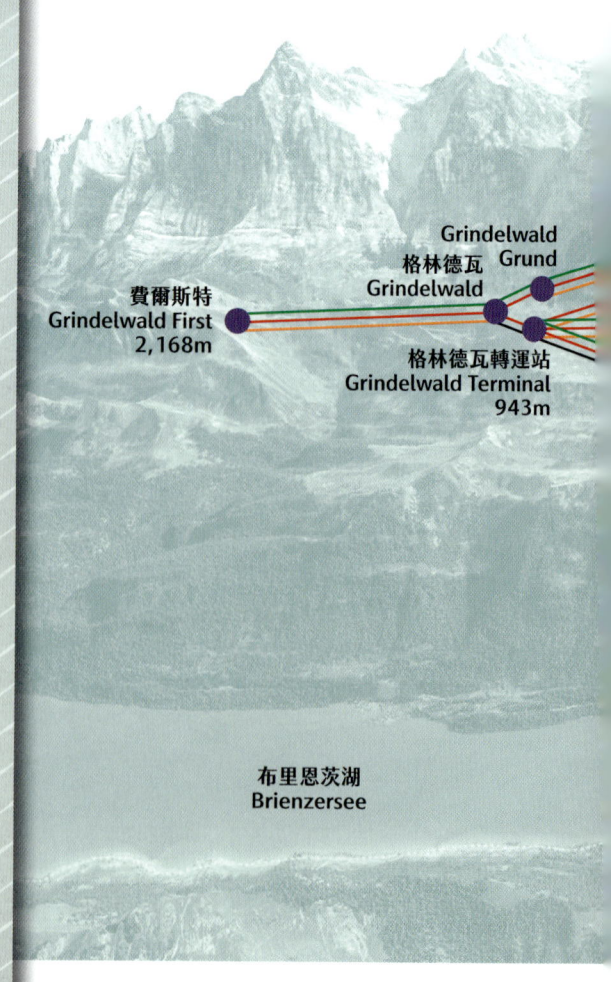

格林德瓦轉運站
Grindelwald Terminal
943m

布里恩茨湖
Brienzersee

林德瓦轉運站(Grindelwald Terminal)搭乘艾格快線上山，再搭火車下山到冰海站(Eismeer)，然後健行到小雪德格(Kleine Scheidegg)，如此便能體驗到不同的交通工具。

線條標示說明

- 持半價卡可有半價優惠
- 持瑞士旅行通行證(Swiss Travel Pass)可免費搭乘
- 持瑞士旅行通行證(Swiss Travel Pass)可享購票75折
- 持瑞士旅行通行證(Swiss Travel Pass)可享購票半價
- 少女峰VIP Pass包括的路線

艾格峰 Eiger 3,970m

僧侶峰 Mönch 4,107m

少女峰車站 Jungfraujoch (歐洲之巔) 3,454m

少女峰頂 Jungfrau 4,158m

艾格冰海站 Eigergletscher 2,320m

Alpiglen

小雪德格 Kleine Scheidegg 2,061m

艾格快線

曼利申 Männlichen 2,230m

溫根 Wengen

勞特布魯嫩 Lauterbrunnen 798m

徐尼格觀景台 Schynige Platte 1,967m

Zweilütschinen

茵特拉肯東站 Interlaken Ost 567m

哈德昆 Harder Kulm 1,322m

圖恩湖 Thunersee

少女峰區／德語區：阿爾卑斯山區　143

路線1：最節省時間

格林德瓦轉運站 Grindelwald Terminal → 艾格冰海站 Eigergletscher → 少女峰車站 Jungfraujoch

　　格林德瓦轉運站結合了纜車和火車，且有許多商店進駐，就像一座小型的購物商圈。從轉運站搭乘艾格快線只要15分鐘就能抵達艾格冰海站，大型的新穎纜車能搭載的旅客很多，不會浪費太多時間排隊。

路線2：傳統經典路線

格林德瓦 Grindelwald → Grindelwald Grund → 小雪德格Kleine Scheidegg → 艾格冰海站Eigergletscher → 少女峰車站Jungfraujoch

　　這是艾格快線落成前，前往少女峰最普遍的途徑，被少女峰官網稱為傳統路線。從格林德瓦搭車前往小雪德格後，需換車後再上到少女峰車站，總車程時間比較久。如果住在格林德瓦可以考慮由此路線上山。

路線3：下山路線首選

勞特布魯嫩 Lauterbrunnen → 溫根Wengen → 小雪德格 Kleine Scheidegg → 艾格冰海站 Eigergletscher → 少女峰車站 Jungfraujoch

　　這條路線適合住在勞特布魯嫩(瀑布鎮)或是溫根的遊客，這樣上山會比較快。也有很多人會選擇路線1或2上山，下山則選路線3，這樣剛好繞一圈，不會走重複的路線。

▲溫根是少女峰山區最美的村莊之一

▲歐洲海拔最高的車站——少女峰車站

> **Tips　小心扒手**
>
> 少女峰地區遊客很多，自然吸引小偷覬覦。Ricky 在瑞士帶團時，就多次在茵特拉肯火車站、勞特布魯嫩遇到扒手。他們通常是集體行動，尤其是在月台上候車、拉著大行李上下火車的時候，他們會佯裝幫你拿行李，這時最容易讓扒手有機可趁，尤其會主動幫你拿行李的女生，99% 都是扒手。務必多留意身上貴重財物。

少女峰交通票價

出發地點	來回票價 (CHF) 旺季	來回票價 (CHF) 淡季及其他月分	備註
茵特拉肯東站 Interlaken Ost	頭等艙 263.8 二等艙 249.8	頭等艙 237.8 二等艙 223.8	■經由勞特布魯嫩或格林德瓦上山 ■列車在勞特布魯嫩 或格林德瓦之後不分艙等
勞特布魯嫩 Lauterbrunnen	239.6	213.6	■無艙等分 ■經由小雪德格 ■下山方向從 格林德瓦價位會略微不同
格林德瓦 Grindelwald Grund	227	201	■無艙等分 ■經由小雪德格 ■下山方向從勞特布魯嫩價位會略微不同
溫根 Wengen	228	200	■無艙等分 ■經由小雪德格
米倫 Mürren	頭等艙 269.8 二等艙 263.2	頭等艙 243.8 二等艙 237.2	■經由勞特布魯嫩
小雪德格 Kleine Scheidegg	166	138	■無艙等分

※ 旺季 為 6～8 月，淡季為 11～12 月中，其他月分為 12 月底～5 月、9～10 月
※ 10 人以上享有團體票優惠
※ 車票定期調漲，最新價位以官網公告為準 www.jungfrau.ch

少女峰交通優惠

優惠卡別	優惠內容
半價卡 Half Fare Card	全部路線享半價優惠
瑞士旅行通行證 Swiss Travel Pass	免費搭乘至格林德瓦或溫根，之後路段享 75 折優惠
少女峰 VIP Pass	免費搭乘至艾格冰海站，以及整個區域的登山纜車 (2025 年開始營運的雪朗峰纜車沒有優惠)

※ 2025 年起，5/01～8/31 所有時段都要再加收 CHF10 訂位費
※ 2025 年的少女峰早安票只有常規票價的 85 折，且不能合併其他優惠一起使用
※ 資訊時有異動，以官網公告為準

少女峰區／德語區：阿爾卑斯山區

茵特拉肯
Interlaken

兩湖之間的登山起點

　　茵特拉肯(Interlaken)，德文之意為「兩湖之間」，因位於圖恩湖和布里恩茲湖之間而得其名。此鎮過去以繪畫、織物及製錶聞名於世，現今則是遊客前往少女峰前的落腳處之一，旅遊事業相當發達；在20世紀初的歐美，如果能夠來到茵特拉肯度假，那可是最令朋友稱羨的時髦高級享受了。走在茵特拉肯市區內，隨處都能取得許多當地的旅遊資訊，例如飛行傘、滑翔翼、攀岩、泛舟等等各類五花八門的冒險活動。

　　來到茵特拉肯的觀光客，絕大多數都是為了一睹少女峰的風采而慕名前來。當地居民只有6,000人左右，但卻有東站及西站兩個火車站，就是為了要因應龐大的遊客量，並且易於連接附近各景點。這兒有便利的火車路線及四通八達的公車，完善的交通網絡是旅客的最佳幫手，能夠讓大家輕易抵達附近的各觀光地，在此待上幾天絕對值回票價。

由琉森搭火車前往，約2小時 | P.12 / D3、P143

茵特拉肯東站
Interlaken Ost

📍 P.143、P.146

茵特拉肯東站是通往伯恩高山區的起點，不論你從瑞士哪個地方前來，要上到少女峰車站就得先在這裡換車，再轉往格林德瓦(Grindelwald)或勞特布魯嫩(Lauterbrunnen)等地。車站外廣場周圍有酒吧、Coop超市和紀念品店，販賣商品從高貴的名錶到廉價的鑰匙圈都有。值得一提的是站前廣場那座獨特的大型水池，現代前衛的造型，完全突破大家對瑞士傳統小噴泉的舊有概念，這也是個值得留念拍照的地方。

How to 如何前往格林德瓦和勞特布魯嫩

從茵特拉肯東站搭火車前往格林德瓦或是勞特布魯嫩(瀑布鎮)，要特別注意，在東站出發時是同一個月台，當火車行駛到Zweilütschinen後，前半段的列車和後半段會分別開往不同方向，搭車前要留意。在茵特拉肯東站的月台上，或是火車車廂外都會標示，搭車前千萬要仔細看清楚。

▲月台上會有提醒搭車的方向

▲火車的車廂外會有標示牌

Tips 妥善保管財物和行李

少女峰地區是瑞士最熱門的觀光區，吸引世界各地的人前來造訪，街上到處都是華人、印度人、韓國和西方的旅客。不論是在茵特拉肯的東站(Ost)或是西站(West)搭火車時，Ricky都有好幾次遇到小偷的經驗。

尤其是在月台上等火車以及上下火車的時候，旅客會因為要拉行李而分身乏術，讓宵小有機可趁，所以需要特別注意自身的財物，將貴重物品收好，讓有心之人不能輕易竊取。除此之外，這邊火車站的寄物櫃通常很難找到空位，建議大家不妨將行李寄放在飯店，安排行程的時候要考慮到這一點。

少女峰區：茵特拉肯／德語區：阿爾卑斯山區　**147**

茵特拉肯西站
Interlaken West

MAP P.146

位於茵特拉肯市中心的西站，由東站沿著Höheweg大道步行過去約30分鐘左右。西站主要是聯絡往蘇黎世或是伯恩的交通路線，這裡也是遊覽圖恩湖的起點。附近有銀行、郵局和餐廳，相當熱鬧。

哈德昆
Harder Kulm

🕐 纜車每30分鐘一班車，運行時間依季節而異動，請查詢官網 | 💲 19～22CHF，持有Swiss Travel Pass或半價卡享有50%優惠，持有少女峰VIP Pass免費 | 🚶 由茵特拉肯東站步行前往，約10分鐘 | MAP P.143、P.146

從茵特拉肯東站沿Höheweg大道走到Beau Rivage飯店，右轉後過橋，走到底就是前往哈德昆的纜車站。鮮紅的纜車和車頂透明的車窗，讓上山的遊客能從車內欣賞到茵特拉肯市區的明媚風光。

只需短短10分鐘，便能抵達海拔1,322公尺高的山頂哈德昆，不但和少女峰、僧侶峰和艾格峰遙望相對，還可看到東西兩側的圖恩湖和布里恩茨湖，以及連繫兩湖的阿雷河，在這裡可以非常清楚地一覽整個伯恩高地的形勢。

▲前往哈德昆的景觀纜車

赫艾維大道
Höheweg

 P.146

　這條連接茵特拉肯東站和西站的赫艾維大道，沿途盡是高級飯店、餐廳、賭場及名牌商家，沿著這條路走一趟就能逛完茵特拉肯的景點。你可以在這裡買到琳瑯滿目的紀念品，也能吃到世界各地的美食，甚至到附近的賭場豪賭一場，體驗茵特拉肯吸引遊客的氛圍。

赫艾維公園
Höhematte Interlaken

 P.146

　位於茵特拉肯市中心的赫艾維公園是一片占地廣闊的綠地，自西元1864年起便被規畫成保護區，禁止蓋任何建築物。在春夏季節，公園的步道旁種滿了花卉，一側緊鄰著赫艾維大道和維多利亞大飯店，往另一邊望去，連綿不絕的雪山是少女峰山群。經常能看見滿天的飛行傘降落在這塊草坪上，成為茵特拉肯的特殊景觀。

▲公園上方有很多玩飛行傘的人

賭場
Casino Interlaken

www.congress-interlaken.ch | Strandbadstrasse 44, 3800 Interlaken | 12:00～03:00 | 入場費5CHF，需年滿18歲以上(請攜帶有效證件) | P.146

　這間賭場興建於西元1858年，是非常具有歷史性的建物，算是見證19世紀瑞士的旅遊業開始蓬勃發展的鐵證。沒想到賭場的營業許可證沒發下來，水療中心又因為衛生條件不佳，最終在西元1898年被迫關閉。後來這棟房屋重新整修，建築師Paul Bouvier在設計的時候，融入伯恩地區的傳統弧形山牆和脊狀塔樓等元素，內部裝飾則使用木雕等手工技術。

少女峰區：茵特拉肯 / 德語區：阿爾卑斯山區

餐廳推薦 GOURMET

住宿推薦 HOTEL

Aare Korean BBQ Restaurant

📍 Strandbadstrasse 15, 3800 Interlaken | 🕐 11:30～15:00，17:00～22:30 | 🗺 P.146

這家韓式料理由韓國人經營，非常道地又美味，還免費提供小菜。Ricky最愛的是他們家的韓式烤肉，雖然一份得兩個人一起點，但是以瑞士的價位來說算滿合理的，且分量相當足夠，吃過的人都說好吃。

Victoria Jungfrau

★★★★★ | 🌐 www.victoria-jungfrau.ch | @ info@victoria-jungfrau.ch | 📍 41 Höheweg, 3800 Interlaken | ☎ +41-(0)33-828-2828 | 💲 759～1,599CHF | 🗺 P.146

距離火車站步行約10分鐘，是少女峰地區最高檔的五星級旅館。除了位於市中心的便利位置外，從房間的陽台就可以直接看到少女峰，景色非常壯觀。韓劇《愛的迫降》也有來這裡取景。

Lindner Grand Hotel Beau-Rivage

★★★★★ | 🌐 www.lindnerhotels.ch | @ info@grandbeaurivage.ch | 📍 211 Höheweg, 3800 Interlaken | ☎ +41-(0)33-826-7007 | 💲 531～1,109CHF | 🗺 P.146

位於河岸旁，距離東站約5分鐘，擁有室內游泳池、三溫暖等設備，是茵特拉肯的高級旅館之一。

茵特拉肯最古老的飯店，可以回溯到西元1491年，當時是隸屬修道院的旅舍，專門接待僧侶和修女為主。近年來經過多次整修，成為一間四星級的飯店，還有提供經濟型的共用衛浴房間。

Hotel Royal St Georges Interlaken

★★★★ | http all.accor.com | @ h8983@accor.com | ⊙ Höheweg 139, 3800 Interlaken | ☎ +41-(0)33-822-7575 | $ 288～460CHF | MAP P.146

這間是Accor集團的連鎖飯店，從東站前往步行僅不到10分鐘。飯店最早興建於19世紀，是茵特拉肯觀光業正起步的年代，後來因發生火災而燒毀。目前的建築主體建於西元1908年，外觀為新古典風格，被列為瑞士保護級古蹟飯店之一。

Hotel du Nord

★★★★ | http www.hotel-dunord.ch | @ info@hotel-dunord.ch | ⊙ Höheweg 70, 3800 Interlaken | ☎ +41-(0)33-827-5050 | $ 雙人房248～468CHF | MAP P.146

位於茵特拉肯東站和市區的中間，不論是搭車、餐廳吃飯還是要逛街購物，整體生活機能相當便利。旅館旁就是一望無際的赫艾維公園，可說是鬧中取靜的絕佳位置。

Hotel Interlaken

★★★★ | http hotelinterlaken.ch | @ info@hotelinterlaken.ch | ⊙ Höheweg 74, 3800 Interlaken | ☎ +41-(0)33-826-6868 | $ 220～480CHF | MAP P.146

少女峰區：茵特拉肯／德語區：阿爾卑斯山區

Metropole Swiss Quality Hotel

★★★★ | www.metropole-interlaken.ch | @ mail@metropole-interlaken.ch | Höheweg 37, 3800 Interlaken | +41-(0)33-828-6666 | 雙人房295～648CHF | P.146

這間四星級的旅館位於茵特拉肯市中心，是市區唯一的摩天高樓，因此高樓層的房間擁有絕佳的視野，從房間的陽台就可以直接眺望前方的少女峰山群。飯店樓下就是購物商圈，距離西站步行不到10分鐘，生活機能相當方便。

▲房間正前方就能看見雪白的少女峰

Happy Inn Lodge

www.happyinn.com | @ info@happyinn.com | 17 Rosenstrasse, 3800 Interlaken | +41-(0)33-822-3225 | 30～60CHF | P.146

步行至茵特拉肯西站約5分鐘的路程，是間規模相當大的背包客住宿旅館，廣受許多歐洲年輕人的喜愛。

圖片提供／Happy Inn Lodge

Backpackers Villa Sonnenhof

www.villa.ch | @ contact@villa.ch | 16 Alpenstrasse, 3800 Interlaken | +41-(0)33-826-7171 | 35～126CHF | P.146

有親切的工作人員和乾淨舒適的住宿，很受背包客的歡迎。

圖片提供／Backpackers Villa Sonnenhof

茵特拉肯近郊景點

懸空纜車
Gelmerbahn

🔗 www.grimselwelt.ch/en/transport-lift/gelmer | 📍 Grimselstrasse, 3864 Guttannen | 🕐 6～10月中09:00～16:00，7、8月延長至17:00 | 💲 成人來回票36CHF，6～15歲兒童18CHF（半價卡或Swiss Travel Pass不適用）| 🚌 自Meiringen搭火車到Innertkirchen Grimseltor，轉搭前往Handegg Gelmerbahn的公車。或是自Meiringen火車站搭乘前往Oberwald Bahnhof的公車，在Handegg Gelmerbahn 站下車，車程約40分鐘 | ⁉️ 因為每次上山只有24個座位，上網買票的時候，就得預定上山及下山的時間，臨場買票就得碰運氣了。下山時通常比較沒關係，有座位就可以提早下山

▲彷彿在坐海盜船的 Gelmerbahn

瑞士中部這條驚險刺激的懸空纜車Gelmerbahn，最陡的斜度高達106%，曾經是歐洲最陡的纜車。在西元1920年的時候，為了在山上蓋人工水壩湖泊葛梅湖(Gelmersee)，於是建造了這條纜車線來輸送材料，在2001年才改建成觀光客使用的纜車。

有別於瑞士其他的纜車，這條纜車線的最大賣點，就是座位前方沒有窗戶等任何遮蔽物，感覺像是在坐海盜船一樣，當纜車行駛到最陡的地方，幾乎就是人垂直往下看，尤其坐第一排的人會感到非常刺激。被群山環繞的水壩也顯得超級美，還能繞著湖泊健行一圈，約莫2～3個小時的時間。

◀ 葛梅湖水壩

少女峰區：茵特拉肯／德語區：阿爾卑斯山區 153

阿雷河峽谷
Aareschlucht

http www.aareschlucht.ch | Aareschlucht, 3860 Meiringen | 4月中～10月底08:30～17:30，7、8月延長至18:30 | 成人12CHF，6～16歲兒童7.5CHF | 自Meiringen搭火車到Aareschlucht Ost(車程約5分鐘)，再步行約5分鐘便可抵達入口處。回程可以從Aareschlucht West搭火車返回Meiringen | 兩側入口開放的日期不同，出發前請務必上網查詢

貫穿瑞士中部的阿雷河(Aare)，是許多民眾戲水的天然樂園，這條河不但環繞伯恩市區，在它源頭附近的梅林根(Meiringen)，由於萬年前冰河時期融化的雪水流經了滿布石灰岩的山區，而將山脈切割成峽谷的地形。

阿雷河峽谷位自19世紀末便開放遊客參觀。峽谷分為東西兩處入口，全程走一趟大約

▲阿雷河峽谷東側的景觀

45～50分鐘可以完成，Ricky個人覺得景色頗像花蓮太魯閣的氛圍。西邊入口的那側比較美，峽谷比較險峻、而且寬度比較窄，大家不妨從東側走到西側，才會有漸入佳境的感覺。

▲峽谷頗有太魯閣的氛圍

格林德瓦
Grindelwald

世界上最美麗的村莊

▲格林德瓦的雪景

　　如果茵特拉肯是前往少女峰的門戶，那麼位居艾格峰山下的格林德瓦就是通向少女峰山區的隘口。緊鄰山區的格林德瓦廣受大眾青睞是有原因的，從市區放眼望去，四周盡是傳統的瑞士小木屋，零星散落在林木蔥鬱、綠意盎然的山野間。格林德瓦少了名牌店家商業化的觀光氣息，更容易讓遊客們體驗到阿爾卑斯山式的生活步調，因此也有「全世界最美麗村莊」之美稱。由於此地是多條健行路線的起點，許多前往少女峰區健行的旅人，會選擇在格林德瓦住宿，將此地當作旅途的休憩站。

自茵特拉肯車站搭火車前往，約36分鐘車程　|　P.12／D3、P.142

▲格林德瓦到處是零星散落的小木屋景觀

少女峰區：格林德瓦／德語區：阿爾卑斯山區　155

冰河峽谷
Gletscher Schlucht

🌐 www.grindelwaldsports.ch｜📍 Gletscherschlucht 1, 3818 Grindelwald｜🕐 5～11月中旬09:30～18:00，週五至22:00，開放時間受雪況影響｜💲 成人19CHF、6～16歲兒童10CHF

▼冰河峽谷的水晶礦

這個冰河峽谷是由上方冰河融化的雪水侵蝕而成，位於格林德瓦地勢較低的山谷中，所以當地人又稱之為「下冰河」。站在冰河峽谷的入口處，可以感覺到一陣陣凜冽的冷風迎面吹來，還沒走進峽谷就已經讓人不寒而慄了。順著山谷底部的人行步道走去，不但可以欣賞到湍急的河水及險峻陡峭的峽谷，沿途的石灰岩壁也值得仔細欣賞。這裡的石灰岩層中含有多種礦石，包括水晶、鐵礦等珍貴石材，因此峭壁岩石的紋路和色澤都非常奇特。

芬史特克
Pfingstegg

🌐 www.pfingstegg.ch｜🕐 5～6月中、9月中～10月中09:00～18:00，6月中～9月初08:30～19:00｜💲成人32CHF，6～15歲16CHF，5歲及持有家庭證兒童免費，持有半價卡及Swiss Travel Pass半價優惠，少女峰VIP Pass只有85折優惠｜🚌 由格林德瓦公車總站搭乘往Gletscher Schlucht的公車，在Pfingstegg站下車

如果想從高處鳥瞰格林德瓦的景觀，搭乘纜車前往芬史特克，是一處遊客比較少的私房景點。這裡擁有觀望艾格峰最佳的視野，也是熱門的登山健行起點；無論前往上冰河或是下冰河區，位居其間的芬史特克都相當方便。除此之外，還規畫了遊樂設施，有滑道、森林吊索等，山上的餐廳擁有絕佳的視野，很適合有小朋友的家庭前來。

▲從這裡眺望格林德瓦的景觀很美

▲前往芬史特克的纜車站

▲山上的景觀餐廳

少女峰區：格林德瓦／德語區：阿爾卑斯山區　157

費爾斯特山區
First

🕐 纜車運行期間：4～5月初09:00～16:30，5～10月08:00～18:00(10月初～月底至17:00)，11月底～12月中09:00～16:15，10月底～11月底維修期間不開放 | 💲 34～36CHF，持有半價卡或是Swiss Travel Pass享有半價優惠 | MAP P.142

格林德瓦最熱門的景點就屬費爾斯特山區，不僅風景讓人震撼，簡易平坦的健行路線更是老少咸宜，而且還規畫有高空飛索等多項遊樂設施，尤其韓劇《愛的迫降》播出後，因為有到這裡取景，讓費爾斯特更加炙手可熱，來到格林德瓦的遊客幾乎都會安排來此一遊。

天空步道
Cliff Walk

搭乘纜車來到費爾斯特山上之後，緊鄰纜車站旁的第一個景點便是天空步道。這座天空步道興建於2015年，沿著陡峭的峭壁向外延伸45公尺的景觀台，讓遊客能夠將周邊磅礡山勢和飛奔的小瀑布盡覽眼底。

▲由天梭錶(TISSOT)贊助興建的天空步道　　▲天空步道的前方便是艾格峰

巴克哈普湖
Bachalpsee

　　從費爾斯特到巴克哈普湖，是少女峰區最熱門的健行路線之一。因為這條路線平坦，只需要穿著普通的運動鞋，當作在山區休閒地散步就好。而且單程大約50分鐘的腳程，不論是男女老少都能輕易完成。在天氣好的時候，還能看見史瑞克峰(Schreckhorn)的倒影映在巴克哈普湖上，讓人看得如癡如醉。要提醒大家一點，6月之前這條步道還會有積雪，計畫健行的人要特別注意。

▲健行往巴克哈普湖的途中會遇到乳牛

▲史瑞克峰的倒影映在巴克哈普湖上

遊樂設施
First Activities

[http] www.jungfrau.ch | ⓒ 飛索(除了維修期間，全年可玩)，卡丁車、滑板車5～10月，視天氣情況調整 | [$] 飛索單趟31CHF，卡丁車及滑板車單次21CHF，需當天排隊購票 | [!?] 高空飛索(體重限制35～125公斤)，神鷹飛索(限制10歲以上、130cm以上、體重125kg以下)，卡丁車(限制身高135cm以上)，滑板車(限制身高125cm以上)

路線：費爾斯特(First)纜車站→高空飛索、神鷹飛索→史瑞克菲德(Schreckfeld)纜車站→山地卡丁車→波特(Bort)纜車站→滑板車→格林德瓦。

　　如果你覺得健行太過無聊，想來追求刺激的難忘體驗，費爾斯特山區規畫了數種遊樂設

▲高空飛索 First Flyer（圖片提供／少女峰旅遊局）

▲神鷹飛索 First Gliderr（圖片提供／少女峰旅遊局）

少女峰區：格林德瓦／德語區：阿爾卑斯山區

施，包括800公尺的高空飛索或神鷹飛索前往史瑞克菲德，然後換山地卡丁車，最後則是從波特騎滑板車沿著4.5公里長的山路返回格林德瓦，一路從山上玩到山下。

▲山地卡丁車 Mountain Cart（圖片提供／少女峰旅遊局）

▲滑板車 Trottibike（圖片提供／少女峰旅遊局）

住宿推薦

Romantik Hotel Schweizerhof

★★★★★ ｜ Swiss Alp Resort 1, 3818 Grindelwald ｜ +41-(0)33-854-5858 ｜ 350～860CHF

這間是格林德瓦唯一的五星級飯店，從火車站步行前往約5分鐘。飯店的外觀和內部裝飾都是阿爾卑斯山區的木屋風格，飯店裡面規畫三溫暖等設施，還有保齡球可以玩。

Hotel Spinne

★★★★ ｜ www.spinne.ch ｜ hotel@spinne.ch ｜ Dorfstrasse 136, 3818 Grindelwald ｜ +41-(0)33-854-8888 ｜ 300～340CHF

旅館位於格林德瓦的市區，步行到火車站或費爾斯特纜車站都在10分鐘的範圍內。房間裝潢是阿爾卑斯山區的風格，充滿溫馨的格調。

從陽台望出去，左側能看到少女峰山群的艾格峰，絕佳的景色讓人頓時忘記旅途的勞頓。

Belvedere Swiss Quality Hotel Grindelwald

★★★★ | Dorfstrasse 53, 3818 Grinelwald | +41-(0)33-888-9999 | 320～640CHF

Belvedere字面上的解釋就是「好的視野」，這間飯店就如它的名稱，是Ricky覺得格林德瓦景觀最佳的飯店。面向艾格峰那側的房間，從陽台望出去是整面在山坡上的小木屋，絕對是百萬景觀的視覺享受。

Chalet Hotel Alte Post

★★★ | www.altepost-grindelwald.ch | hotel@altcpost-grindelwald.ch | Dorfstrasse 175, 3818 Grindelwald | +41-(0)33-853-4242 | 260～340CHF

位於格林德瓦的市區，房間是溫馨的瑞士傳統山區裝潢風格。

Hotel Bernerhof Grindelwald

★★★ | www.bernerhofhotel.ch | info@hotel-bernerhof-grindelwald.ch | Dorfstrasse 89, 3818 Grindelwald | +41-(0)33-853-1021 | 304～426CHF

一走出火車站便可以看見Hotel Bernerhof，前面的廣場就是公車總站，交通非常便利。從飯店就能看得到艾格峰的景觀。

Derby Hotel

★★★ | www.derby-grindelwald.ch | info@derby-grindelwald.ch | Dorfstrasse 75, 3818 Grindelwald | +41-(0)33-854-5461 | 174～272CHF

距火車站僅約20公尺，交通方便，是不錯的選擇。樓下附設餐廳。

少女峰區：格林德瓦／德語區：阿爾卑斯山區

格林德瓦近郊景點

溫根
Wengen

🚋 **1.** 從Interlaken搭乘火車前往Lauterbrunnen，再換乘前往Kleine Scheidegg的火車，在Wengen站下車，車程約46分鐘。**2.** 從Grindelwald搭乘火車到Zweilütschinen，換乘火車到Lauterbrunnen，然後再轉車前往Wengen，車程約1小時 | 🗺 P.143

海拔1,274公尺高的溫根，在19世紀幾位著名的英國作家造訪之後，頓時聲名大噪，吸引大批英國籍遊客前往朝聖，許多旅館及滑雪俱樂部相繼成立。雖然這個村莊的人口僅有1千多人，但是由於地理條件的優勢和讓人嘆為觀止的景色，成為少女峰地區的著名滑雪勝地。

每年冬季舉辦的阿爾卑斯山滑雪競賽是溫根的年度盛會。

▲曼利申景觀台冬天的雪景

曼利申
Männlichen

🌐 www.maennlichen.ch | 🕐 6～10月中08:30～16:50，每20分鐘一班車；12～4月08:30～16:15，視天氣情況調整 | 💲 來回纜車成人46CHF，6～15歲兒童、持有Swiss Travel Pass或半價卡享有半價優惠 | 🚠 從Wengen旅遊中心旁的纜車站，搭乘纜車前往Männlichen，約16分鐘 | 🗺 P.143

坐落於峭壁上方的曼利申景觀台，海拔高達2,342公尺，一邊連繫著格林德瓦，另一側則是溫根小鎮。山上貼心地規畫兒童遊樂區，即使有小朋友同行也不會覺得無聊，適合有小孩的家庭親子旅行。正前方白雪靄靄的少女峰山群就近在眼前，拉近遊客們和少女峰的距離。夏季時分，這裡是好幾條健行路線的出發點；

▲曼利申景觀台和前方的少女峰群山

冬季的時候，則成為滑雪客滑雪的起點，任何季節都非常熱門。

少女峰區：格林德瓦／德語區：阿爾卑斯山區　163

深度特寫

少女峰地區推薦健行路線

不論你是否喜歡健行，Ricky強烈建議，若有機會來到少女峰地區，安排時間來健行一小段路，這樣才能深入感受瑞士的美。很多隱藏在山區的美景真的需要靠雙腳走出來，才能體會大自然的浩瀚。以下是幾條比較熱門，又不會太困難的健行路線。

▶ 前方的雪山依序是艾格峰、僧侶峰及少女峰

皇家健行路線
Royal Walk (47號步道)

🚠 1.從Wengen旅遊中心旁的纜車站，搭乘纜車前往Männlichen。2.從Grindelwald Terminal搭纜車前往

曼利申纜車站旁邊就是編號47的皇家健行路線，走到景觀台大約只需要半小時的腳程。雖然這條步道是約45%的斜坡，但是不需要花費太多的體力及時間，就能抵達山頂上皇冠造型的景觀台，可以看見U型山谷及360度全景的震撼美景，沿路上還能欣賞到滿山遍野的花卉，輕鬆地體驗阿爾卑斯山的風情。尤其從景觀台能將前方的少女峰群山一網打盡。

▲皇家健行路線的步道

▲皇冠造型的景觀台

全景健行路線
Panorama Trail (33號步道)

1. 從Wengen旅遊中心旁的纜車站，搭乘纜車前往Männlichen，出纜車站往右邊直走。**2.** 從Grindelwald Terminal搭纜車到 Männlichen後，跟著指標往Kleine Scheidegg方向走

海拔2,061公尺高的小雪德格，單程大約只需要1.5小時。由於步道平緩，走起來很輕鬆愜意，幾乎所有的人都能完成。在健行的同時，前方映入眼簾的便是險峻的艾格峰(Eiger)、僧侶峰(Mönch)及少女峰(Jungfrau)山群，飽覽浩瀚壯麗的山景，所以被稱為全景路線。

這條全景健行路線自海拔2,227公尺高的曼利申景觀台開始，一直延伸到少女峰山腳下

▲這條路線平坦好走

▲雪地健行的難度和體力需求會比較高

Tips　35號路線挑戰度較高

要提醒大家一點，不要走錯到左側的35號路線，雖然35號路線一樣能走到小雪德格，且前半段是緩下坡，但是在快要抵達小雪德格前，會銜接到34號步道，最後約有2公里長的60%陡坡，腳力不好的人會很辛苦，總健行時間大約會再多1.5小時。這條路線可以健行的季節大約是每年的6月中～10月初。

這裡也有規畫冬季的健行步道(63號)，大致上是沿著夏天的35號路線走，所以建議平常有在健行的人再來挑戰。如果打算冬季健行，最好要穿著雪靴或是熊掌鞋，搭配登山杖等裝備，才比較容易完成。

▲冬天這裡有規畫編號63的雪地健行步道

少女峰區：格林德瓦／德語區：阿爾卑斯山區

艾格小徑
Eiger Walk (37號)

🚠**1.**從Grindelwald Terminal纜車站，搭乘纜車前往Eigergletscher。**2.**從Kleine Scheidegg搭乘往少女峰方向的列車，在Eigergletscher站下車

艾格小徑從2,320公尺高的艾格冰海站(Eigergletscher)開始，往下走到小雪德格，全程不到3公里，下降坡度約260公尺，大約一個多小時便能走完。這條路線前半段到

▲左側是避難小屋Mitellegihütte，右方對面山頭的村莊是Mürren

Fallbodensee是比較陡的下坡路段，膝蓋不好的人需要衡量自身的能力。途中會經過西元1924年建造的避難小屋Mitellegihütte，然後再一路往右走到Fallbodensee。

　人工湖Fallbodensee是一座蓄水池，功能是用來冬天造雪。在夏季天氣晴朗的日子，壯觀的雪山倒映在湖面上，形成一幅讓人讚歎的景觀。另一個建議的走法是從小雪德格走到Fallbodensee，這樣可以避開比較陡的那段，而且走這個方向時，艾格峰和少女峰就在距離你咫尺的前方，更能感受到震撼感。

▲位於少女峰底下的艾格冰海站(Eigergletscher)

▲沿途的健行指標　　▲少女峰山群和 Fallbodensee 構成一幅絕美的畫面

勞特布魯嫩
Lauterbrunnen

瀑布鎮

「Lauter + brunnen」德文意指「大聲的水池」。位於U型山谷中的勞特布魯嫩小鎮，兩側山壁幾乎是垂直的光禿峭壁，這是典型冰河侵襲所展現的地形。由於地勢的高度落差，在小鎮附近形成許多瀑布，因此勞特布魯嫩又被稱為「瀑布鎮」。

🚆 由琉森搭黃金列車前往，約2小時；如果不是景觀列車，就不需要訂位 | MAP P.12 / D3、P.143

圖美巴哈瀑布
Trümmelbach Fälle

🌐 truemmelbachfaelle.ch | 📍 Trümmel-bach, 3824 Lauterbrunnen | 🕐 4～11月初09:00～17:00，7～8月08:30～18:00 | 💲 成人15CHF、6～15歲兒童6CHF

圖美巴哈瀑布離火車站約10分鐘的車程，是由少女峰、僧侶峰及艾格峰的冰雪融化後匯集而成，以每秒兩萬公升的水流量直流而下；如此豐沛的水量，所形成的聲響音量可想而知，勞特布魯嫩的鎮名是否據此而來？這也可為遊客帶來另一個想像空間。進入口處買票後，遊客可搭乘隧道內的電梯直接前往瀑布上游，再順著崖壁邊的步道往峽谷深處走去，10個瀑布的觀望點，分別帶來各種不同的震撼感受；深入山谷內部，將會有一連串驚喜呈現在眼前。

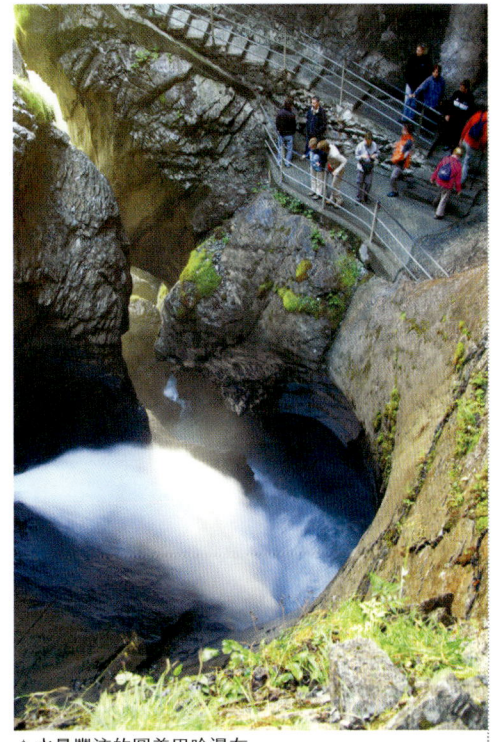

▲水量豐沛的圖美巴哈瀑布

少女峰區：勞特布魯嫩／德語區：阿爾卑斯山區

少女峰鐵道
Jungfrau Bahnen

巧奪天工的鐵道

少女峰鐵道是由鐵道工程師Adolf Guyer Zeller設計，於1896年動工。由於工程浩大再加上環境險惡，當時被許多人斥為無稽之談，認定是一項不可能的任務。在長達16年的施工後，終於在1912年8月1日瑞士國慶日當天通車，這條令人嘆為觀止的少女峰鐵道終造完成。

少女峰鐵道有四分之三的路段是從冰河底下的岩壁開鑿通過，因此大多數時間在隧道內行駛，去程時列車中途會短暫停靠冰海站(Eismeer)約5分鐘，讓遊客下車拍照。從崖壁上的透明玻璃窗，近距離觀賞到冰河的景觀，並體驗此工程的艱辛浩大。

▲冰海站(Eismeer)的透明景觀窗戶

http www.jungfrau.ch｜⏰ 全年行駛｜$ 茵特拉肯往少女峰車站原價249.8CHF，持半價卡可享半價優惠，持瑞士旅行通行證可享25%折扣｜🚆 自茵特拉肯東站搭前往格林德瓦或是勞特布魯嫩的火車，再換車前往Kleine Scheidegg，之後在Kleine Scheidegg還要換一次車，即是少女峰鐵道的起點｜MAP P.143

◀少女峰車站門口有歐洲海拔最高的郵筒

Tips　不同路線，不同體驗

從茵特拉肯東站出發前往少女峰，有兩條登山路線可以選擇：不論是往東經格林德瓦，或是往西到勞特布魯嫩，兩個方向的上山路線最終都會到小雪德格交會；從小雪德格再換車，即是少女峰鐵道的起點，建議大家從一邊上山、另一邊下山，體驗少女峰山區境內不同的風貌。

不過，自從2020年艾格快線通車後，大幅縮減上去少女峰的時間，同時也分散了從小雪德格上去少女峰的人潮。此外，從艾格冰海站到少女峰屬於私鐵的範圍，因此持任何票券的遊客都要另外買票，不過可享有優惠。

▲少女峰山上終年積雪，記得穿著雪靴前來

少女峰車站
Jungfraujoch

 P.12 / D4、P.143

　　海拔3,454公尺高的少女峰車站是歐洲最高的火車站，有「歐洲屋脊」(Top of Europe)之稱。車站本身結合了多種用途，有全世界最高的郵局、許多間餐廳，還設置了觀測氣象的天文台，具有觀光及學術研究的雙重價值。從少女峰車站的觀景台望出去，可見周圍巍峨壯麗的雪山，以及長達23公里的阿雷奇冰河，都是極致的美景。遊客可經隧道走到戶外，踩在終年積雪的雪地上，還能體驗哈士奇犬拉雪橇、夏季滑雪及雪板等各式雪上活動。

▲車站門口有鐵道工程師 Adolf Guyer Zeller 的雕像

▲少女峰車站的站牌標示海拔 3,454 公尺

少女峰區：少女峰鐵道／德語區：阿爾卑斯山區　169

How to 少女峰路線指南

　　造訪少女峰車站，只要跟著淺藍色的路線繞一圈，這樣就不會走回頭路。整體來說，仔細參觀需要安排至少半天的時間才足夠，這裡因為海拔高容易有高山症，建議大家前一晚住在格林德瓦或是勞特布魯嫩，這樣隔天上山海拔高度的落差才不會太大，能減少高山症的影響。

▲從史芬克斯戶外觀景台上，遠眺阿爾卑斯山

(1)少女峰車站
(2)寄物櫃
(3)少女峰全景 Jungfrau Panorama
(4)史芬克斯觀景台 Sphinx Terrace
(5)阿雷奇冰河－雪地樂園 Snow Fun
(6)僧侶峰高山小屋 Mönchsjoch Hut
(7)阿爾卑斯震撼體驗館 Alpine Sensation
(8)冰宮 Eispalast
(9)少女峰觀景台 Plateau
(10)餐廳和商店

少女峰全景
Jungfrau Panorama

　　進入車站大廳後，跟著藍色指標Tour的方向前進，依序去各景點參觀。少女峰全景是第一站，播放360度的4分鐘立體影片，搭配環繞的音響效果，能體會到少女峰的壯觀，有身歷其境的震撼感。

▲跟著指標走就好，如果亮紅燈表示沒開放

▲站在大螢幕前體驗少女峰的震撼感

史芬克斯觀景台
Sphinx Terrace

穿過少女峰全景影音大廳後,從旁邊搭乘電梯上樓,可輕鬆抵達海拔3,571公尺的史芬克斯觀景台,這裡也是少女峰車站的最高點。走到戶外觀景台,在凜冽的冷空氣中遠眺歐洲最長的阿雷奇冰河,是相當壯觀的景色。尤其這觀景台是用空心鐵架所建,往腳底望去,就是白雪皚皚的阿爾卑斯山,感覺非常刺激。

▲從觀景台眺望歐陸最大的阿雷奇冰河

▲觀景台同時兼具天文台的功能

阿雷奇冰河雪地樂園
Snow Fun

這裡終年積雪,任何季節上來都能踩在雪地上,所以最好穿著防水的鞋子。如果夏季天氣晴朗的話,其實不會非常冷,穿一件短袖加羽絨外套應該就夠了,但是得注意防曬。繼續往前健行約50分鐘會來到僧侶峰高山小屋(Mönchsjoch Hut),不過因為來回就得花2個小時,再加上雪地上行走比較困難,如果想走到這裡需要注意時間的掌控。

▲從這裡往後方的山頂看去,便是史芬克斯觀景台

▲天氣晴朗的日子,許多遊客會坐在這裡享受陽光

少女峰區:少女峰鐵道/德語區:阿爾卑斯山區　171

阿爾卑斯震撼體驗館
Alpine Sensation

這裡主要就是以燈光的變化營造出奇幻世界的效果。緊接著是一條稱為「時光之旅」的隧道，以壁畫呈現少女峰地區早期的旅遊情況及登山工具，讓旅客了解早期的人們是如何征服少女峰。

▲震撼館的入口處有瑞士國花—雪絨花 (Edelweiss) 造型的燈飾

冰宮
Eispalast

過了震撼館便是冰宮。少女峰的冰宮是在冰河下方30公尺深處開鑿而成，從四周牆壁到雙腳所站的地面都是厚實透明的結冰層，可以很清楚地看到冰河堆積所形成的紋路。由於冰河每年都會緩緩地移動，所以冰宮每隔數年就必須重新建造，是非常耗費人工和物力的工程。

▲冰宮裡地面很滑，要小心扶著旁邊的欄杆

少女峰觀景台
Plateau

海拔3,475公尺，是距離少女峰最近的地方，不但能看到整個少女峰車站的全景，雪地上的國旗更是遊客爭相拍照的地方。如果遇到下大雪的日子，地面會比較滑，暴雪將讓你寸步難行，不要冒著危險走出去。

▲這裡的瑞士國旗是遊客爭相拍照的地標

瓦萊州地區
Valais Region

高山健行與冰河體驗

　　記得瑞士金三角巧克力嗎？包裝上那座三角形的雪山，有白雪覆蓋的山頭，裸露出若隱若現的岩壁——這座具有獨特外型的馬特洪峰，便是瑞士最具象徵性的「地標」。它與少女峰和法國的白朗峰，並列為歐洲三大高峰；遊客來到瑞士，非得親眼目睹它的風采不可。

　　瓦萊州的策馬特山區，提供了多條健行步道和登山纜車路線，供遊客選擇。此外，來到這邊不但可以享受夏季滑雪的樂趣，還能嘗試驚險萬分的飛行傘。若是覺得飛行傘太過刺激，不妨體驗輕鬆的健行即可。不論你挑了哪一種方式，每項經歷都會讓你回味無窮。

瓦萊州地區／德語區：阿爾卑斯山區

策馬特市區
Zermatt

高山健行門戶

自古以來，地處偏遠的策馬特一直是個自給自足的小鎮；除了當地原有居民外，並不會有太多遊客試圖前來造訪。西元1820年，來自英國的第一批登山客抵達此地，以策馬特為登頂的落腳處，試圖征服聳立於天際的馬特洪峰。但要到西元1865年，英國籍的登山者愛德華‧溫帕(Edward Whymper)才首度攻頂成功；之後許多登山專家便蜂擁而至，掀起了一波策馬特的觀光熱潮。

一走出策馬特火車站，就會看見班霍夫大道上摩肩擦踵的遊客們，他們來自世界各國，說著各種不同的語言。有背著大背包的情侶、有拉著行李箱的觀光客、有拿著滑雪板的青少年，也有準備要去攀岩的登山客。也許你會感到懷疑：在海拔1,600公尺高的山區，怎麼會有這麼多的人，而且幾乎清一色都是觀光客？這就是策馬特的魅力。

MAP P.12 / D5

策馬特市區地圖

- Chalet Hotel Schönegg
- BEAUSiTE Zermatt
- Riedstrasse
- The Rex
- Steinmatte
- 往Youth Hotel方向
- Restaurant Julen
- Steinmattstrasse
- la couronne Hotel & Spa
- 往桑內嘉纜車站
- Matter Vispa
- Hotel Christiania
- Oberer Mattenstrasse
- 防鼠舊屋區 Hinterdorf
- Grand Hotel Zermatterhof
- 天主教堂 Pfarrkirche St. Mauritius
- 纜車站 (往小馬特洪峰)
- Mont Cervin Palace
- Hofmattstrasse
- 馬特洪峰博物館 Matterhorn Museum
- Oberdorf
- 往葛內拉特登山火車站 SGB Station
- Bergführerverein
- Hotel Bahnhof
- 班霍夫大道 Bahnhofstrasse
- Alpine Museum
- GramPi's
- 策馬特火車站 BVZ Station

174

班霍夫大道
Bahnhofstrasse

MAP P.174

這條策馬特的主要道路並不寬敞，街道兩旁的房舍是阿爾卑斯山區傳統的木屋建築，沿路開設了琳瑯滿目的精品店、體育用品店及各

▲牧童們趕著山羊群經過策馬特市區

種不同風味的餐館。白天街上是人潮如織的遊客；到了晚上，大家則是坐在霓虹閃爍的酒吧及餐館裡，品嘗著佳肴與美酒。

在夏季的早上約09:00，傍晚大約16:30～17:00左右時，牧童們會趕著山羊群，大搖大擺地走過這條大道。響亮的鈴聲一路叮叮咚咚，這時大家都會趕緊拿起相機，隨著隊伍拍下這難得一見的景象。

▲班霍夫大道街景

瓦萊州地區：策馬特市區／德語區：阿爾卑斯山區　175

防鼠舊屋區
Hinterdorf

🚉 由火車站步行前往，約10分鐘 ｜ 🗺 P.174

　　策馬特的Hinterdorf這條街上，完善地保存16～18世紀的傳統木屋，這些以落葉松建造的木製小屋是瓦萊州獨特的景觀。除了供人們居住之外，大多是用來儲存乾糧的穀倉，或是作為冬季飼養家畜的場所。

　　落葉松是阿爾卑斯山區森林的主要樹木，這種木材富含樹脂，特別耐蟲害，長年受陽光照射會使木材變暗。房屋的屋頂則是採用沉重的石板，這些石板壓縮支撐它的木材，會讓建築體更加堅固。在寒冷的山區，這樣的建築構思能有效地吸收和儲存熱量。

　　通常只有一扇門的房屋是穀倉，保存食物的是多扇門。由於屋內存放醃燻香腸及乾肉等食物，很容易引來老鼠，所以在建造的時候就必須要做好防鼠措施。屋子底下用石柱來當地基，柱子上方再放一片扁圓狀的石塊，最後將房屋建在石塊上，如此就能防止老鼠溜進穀倉偷吃食物了。

天主教堂
Pfarrkirche St. Mauritius

🚉 由火車站沿著班霍夫大道步行前往，約10分鐘｜🗺 P.174

一直沿著班霍夫大道走到盡頭，便可以看見天主教堂。這座建於1913年的天主教堂，是策馬特節慶活動的必經之地，不論是國慶日的遊行或是音樂活動，只要守候在教堂前的廣場，便一定不會錯過。教堂後方的墓園，埋葬著許多挑戰馬特洪峰而發生意外的登山者，其中還有許多是年僅十幾歲的青少年，選擇這裡作為他們的長眠之地，也算是後人對他們表達敬意的方式。

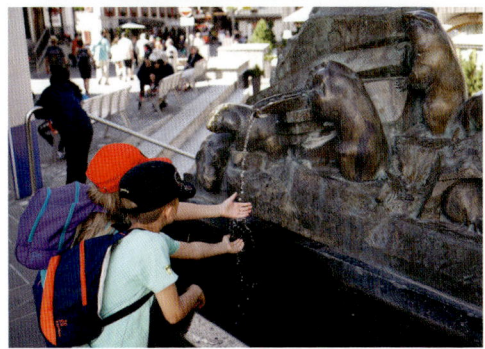

▶ 教堂旁邊的土撥鼠噴泉

馬特洪峰博物館
Matterhorn Museum

📍 Kirchplatz, 3920 Zermatt｜🕒 15:00～18:00｜🚫 11月｜💲 成人12CHF，10～16歲兒童7CHF，持有Swiss Travel Pass免費｜🚉 由火車站沿著班霍夫大道步行前往，約10分鐘｜🗺 P.174

這間博物館位於教堂的旁邊，想要多認識策馬特和馬特洪峰過往歷史的人，不妨抽空來逛逛。博物館內呈現早期的房屋和裝飾風格，讓我們了解到當年攀登馬特洪峰的艱辛過程和災難，以及策馬特如何從一處山裡的農村蛻變成今日的觀光勝地。

▲憑瑞士交通券能免費進入

瓦萊州地區：策馬特市區／德語區：阿爾卑斯山區　177

葛納峽谷
Gorner Gorge

⊙ Gornera, 3920 Zermatt | ⊙ 5月底～10月中 09:15～17:45 | $ 成人5.5CHF，6～15歲兒童3CHF | 🚆 由火車站沿著班霍夫大道步行前往，約30分鐘(建議搭公車前往)

　　根據研究顯示，葛納峽谷這裡的岩層已經有2.2億年的歷史，在冰河時期才被侵蝕成峽谷的地形。直到130多年前，這處祕境才被登山者發現，近年來觀光局建造木製棧道開放讓遊客參觀。

　　這裡從冰川天堂的纜車站再往前走一小段路便能抵達，沿著棧道往上走，能欣賞到被湍流的河水侵蝕的峽谷地形。可以繞一圈從另一個方向走回策馬特市區，這樣就不需要走回頭路。如果待在策馬特天氣不好無法健行的話，峽谷倒是可以當作雨天的備案。

Tips　前往策馬特需知

- 策馬特並沒有所謂旺季和淡季之分，可以說一整年都是觀光季節，因此一定要事先訂房。
- 為了保護這裡的環境品質，避免造成空氣汙染，在策馬特禁止一般汽車通行，所以走在街頭巷尾，看到的都是電動計程車和馬車。想到策馬特的旅客，建議搭火車前往。
- 如果計畫開車，只能開到塔旭(Täsch)火車站，將車子停在大型停車場，再換乘火車前往策馬特。

餐廳推薦 GOURMET

Restaurant Julen

[http] www.julen.ch ｜ [地址] Riedstrasse 2, 3920 Zermatt ｜ [電話] +41-(0)27-966-760 ｜ [時間] 12:00～13:30、18:00～22:00 ｜ [$] 位在教堂後面的墓園旁邊，過橋再往前走就能看到 ｜ [?] 建議事先上網訂位 ｜ [MAP] P.174

這間餐廳由策馬特Julen家族所經營，他們家經營黑面羊農場，在策馬特有好幾間餐廳和飯店。餐廳位於Hotel Julen的1樓，主要供應羊肉和其他如起司鍋等傳統的料理，Ricky個人推薦品嘗他們家的羊膝，地下室的Schäferstube也是他們家的餐廳，訂位時不要搞錯了。

GramPi's

[http] grampis.ch ｜ [地址] Bahnhofstrasse 70, 3920 Zermatt ｜ [電話] +41-(0)27-967-7775 ｜ [時間] 18:00～02:00 ｜ [$] 約30CHF ｜ [MAP] P.174

這間餐廳有3層樓。地面樓層是酒吧，2樓以上才是用餐的餐廳。餐點以義大利菜肴為主，披薩還是現做現烤的，上菜的速度非常快；此外，烤豬排是絕對值得一嘗的佳肴。**推薦美食：現烤pizza、烤豬排**

▲令人垂涎的烤豬排

瓦萊州地區：策馬特市區／德語區：阿爾卑斯山區

Restaurant Chez Vrony

www.chezvrony.ch | Findeln, 3920 Zermatt | +41-(0)27-967-2552 | 6月中～10月中，每天09:15～18:00；11月底～4月中，每天09:15～16:00，其他月分休息 | 自山上的桑內嘉纜車站，往策馬特市區的方向步行前往，約15分鐘的腳程 | 建議事先上網訂位

餐廳坐落於海拔2,100公尺高的絕佳位置，位在桑內嘉(Sunnegga)纜車站健行往策馬特途中的芬登(Findeln)小村莊，是少數僅存採用自家生產有機農產品經營的小餐館，自製的風乾火腿及香腸，都沿襲著最傳統的風味，吃起來真的是很讚。最重要的一點，坐在餐廳露台的座位就能飽覽馬特洪峰的英姿，享用佳餚的同時，也能將百萬景致盡覽眼底。來五湖健行的朋友，不妨多走一小段路來體驗看看吧！

▲ Chez Vrony 餐廳擁有絕佳景觀的露台

▲ 瓦萊州山區的傳統風味

住宿推薦 HOTEL

Iglu-Dorf

www.iglu-dorf.com | info@iglu-dorf.com | 旅客必須從Rotenboden車站，自行往山下走往冰屋村 | +41-(0)41-612-2728 | 209CHF起，蜜月客房每人每晚269CHF，蜜月套房每人每晚499CHF(價位含早晚餐，晚餐內容為起士鍋)

冰屋旅館每年11月開始建造，僅在12月中到隔年的4月開放訂房。旅館外觀看似簡單，似乎只有一團團的雪球，但走進屋內，就能看見牆上的精美雕刻圖樣及冰櫃裝飾。整間旅館，從接待櫃檯到房間門口的房號，都是由貨真價實的冰與雪所打造。

除一般客房外，還有蜜月客房，提供溫水按摩浴缸，泡在浴缸內就能欣賞到馬特洪峰的美景。如果入住時蜜月套房是空房的情況，便可以用比較便宜的價位升等到蜜月套房。

Grand Hotel Zermatterhof

★★★★★ | http www.matterhorn-group.ch | @ reservation@zermatterhof.ch | ⊙ 55 Bahnhofstrasse, 3920 Zermatt | ☏ +41-(0)27-966-6600 | $ 300～2,355CHF | MAP P.174

　成立於西元1879年的五星級老字號旅館，房間裡採用瑞士傳統的木屋裝潢，樸實中帶有華麗的氣息。有游泳池、三溫暖及健身房等設施，而且會以馬車接送住宿的旅客。

Hotel Christiania

★★★★ | http www.christiania-zermatt.ch | ⊙ 7 Wiestistrasse, 3920 Zermatt | ☏ +41-(0)27-966-8000 | $ 309～456CHF | MAP P.174

　距離火車站步行約10分鐘；位於小山坡上，有游泳池、三溫暖等休閒設施，房間及餐廳可以直接遠眺馬特洪峰。

la couronne Hotel & Spa

★★★★ | http www.hotel-couronne.ch | ⊙ Kirchstrasse 17, 3920 Zermatt | ☏ +41-(0)27-966-2300 | $ 260～860CHF | MAP P.174

　這間飯店位於墓園看日出橋的旁邊，面向馬特洪峰的房間擁有絕佳的景觀，不需要出門就能欣賞到絕佳的黃金日出景觀，每天還有豐盛的下午茶可以享用。

從飯店房間看出去的景觀▶

瓦萊州地區：策馬特市區／德語區：阿爾卑斯山區

BEAUSiTE Zermatt

★★★★ | www.beausitezermatt.ch | Brunnmattgasse 9, 3920 Zermatt | +41-(0)27-966-6868 | 320～880CHF | P.174

這間飯店距離防鼠老屋區不遠，走路到Migros超市也大約3分鐘的腳程，地點算是非常便利。尤其飯店位於地勢稍微高的山坡地，居高臨下的視野非常不錯，戶外的Spa池能直接欣賞馬特洪峰。

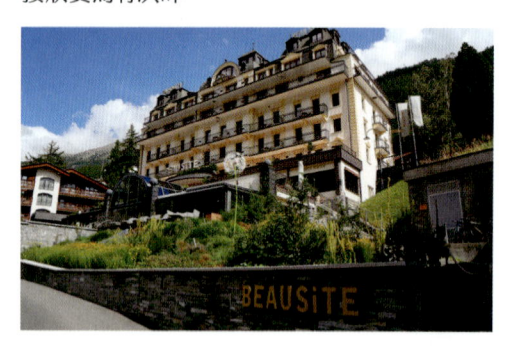

The Rex

★★★★ | www.hotel-rex.ch | Riedstrasse 9, 3920 Zermatt | +41-(0)27-966-7500 | 300～940CHF | P.174

這間飯店的裝潢走簡約風格，簡單又不失格調。飯店地下室的Spa區也非常讚，在山區健行或滑雪後休息的話，絕對能徹底放鬆身心。

3100 Kulmhotel

★★★ | gornergrat-kulm.ch | @gornergrat.kulm@matterhorn-group.ch | 3100 Kulmhotel Gornergrat, Gornergrat 3100m, 3920 Zermatt | +41-(0)27-966-6400 | 379～726CHF

位於葛內拉特山上，是瑞士海拔最高的旅館。由於能夠遠眺馬特洪峰的景致，因此擁有百萬星級飯店的封號。旅館的房間皆用阿爾卑斯的群山來命名，而房號便是該座山的高度，房裡還貼心地準備了煮水壺、咖啡及茶包。除了房間窗外無價的美景，還能在山壁上看見阿爾卑斯山羊！

這家旅館向來很難訂，且會保留部分房間給旅行團，沒訂到的人也別灰心，成團的人數不多時，在2個月前釋放出房間的額度給散客，不妨多查詢幾次看看，説不定就有好運氣！

Riffelhaus 1853

★★★★ | [http] riffelhaus.ch | [@] riffelhaus@matterhorn-group.ch | [◉] Riffelhaus 1853 Riffelberg 2500m, 3920 Zermatt | [☏] +41-(0)27-966-6500 | [$] 419～663CHF

位於葛內拉特登山鐵道途中的Riffelhaus 1853，在2014年經歷整修後，賦予了旅館嶄新的面貌。大廳的牆壁上掛滿眾多登山者的肖像，其中竟有美國知名作家馬克·吐溫(Mark Twain)，旅館還保留了他所寫的登山遊記。

以松木打造溫馨客房，旅館內還規畫了房客專屬的三溫暖及溫水按摩浴池，即使在冰雪環繞的山區，依然能夠享受到濃濃的暖意。

Hotel Bahnhof

[http] www.hotelbahnhof.com | [◉] Hotel Bahnhof, 3920 Zermatt | [☏] +41-(0)27-967-2406 | [$] 63～220CHF | [MAP] P.174

在火車站對面的Hotel Bahnhof，是建於1920年代的旅館；內部曾重新整修過，溫馨的氣氛是許多策馬特登山者的最愛。廚房附有烹煮的廚具，背包客可以自行煮飯。

Youth Hostel Zermatt

[http] youthhostel.ch | [◉] Staldenweg 5, 3920 Zermatt | [☏] +41-(0)27-967-2320 | [MAP] P.174

Chalet Hotel Schönegg

[http] www.schonegg.ch | [◉] Riedweg 35, 3920 Zermatt | [☏] +41-(0)27-966-3434

位於策馬特半山腰的Hotel Schönegg，不但景觀非常讚，房間能直接眺望馬特洪峰，早餐和硬體設備也都相當有水準。從火車站步行到旅館的隧道入口處大約只需要5分鐘左右，旅館還有貼心提供免費的火車站接送服務，讓旅客不用擔心拉行李的問題。飯店內還有SPA及三溫暖等設施，白天在山上健行累了，回飯店還能放鬆一下，真的是徹底擄獲旅人的心啊！

瓦萊州地區：策馬特市區／德語區：阿爾卑斯山區

深度特寫

策馬特區登山健行路線

自西元1865年愛德華‧溫帕(Edward Whymper)首度攻頂成功後，就開啟了策馬特的登山熱潮。策馬特地區適合健行的原因，主要是路線規畫地相當完善，同時也是登山客能夠欣賞並貼近馬特洪峰的最佳方式。所以來到策馬特，登山健行絕對是No.1的選擇。

策馬特地區的最高點

馬特洪峰冰川天堂
Matterhorn Glacier Paradise

路線：策馬特→富利Furi→洛克納‧史泰格Trockener Steg→冰川天堂

🕐 全年，天氣惡劣或維修期間會停駛 ｜ 💲 全票109CHF ｜ 📖 P.12 / D5

馬特洪峰冰川天堂就是大家口頭上講的小馬特洪峰，山頂的海拔高達3,883公尺，是一般遊客能最接近馬特洪峰的地點，也是登山客要徒步征服馬特洪峰的起點。鄰近幾公里處，便是瑞士和義大利的交界處。這裡即使夏季也能滑雪，可以眺望周邊數十座海拔超過4,000公尺高的阿爾卑斯群山，震撼壯麗的景象會征服每位上山的遊客。

從策馬特搭纜車前往馬特洪峰冰川天堂，中途得換乘2次纜車。第一段的小纜車會先抵達海拔1,864公尺高的富利，可在此轉乘Riffelberg Express纜車前往葛內拉特登山鐵道的利菲爾堡，或是搭乘Matterhorn Express到黑湖(Schwarzsee)。若不想繞去黑湖，便繼續搭乘纜車上山前往下一站洛克納‧史泰格。

抵達洛克納‧史泰格後，需換乘大型的纜車前往馬特洪峰冰川天堂。由於這裡的海拔比較

▲冬天的冰川天堂戶外觀景台

高，放眼望去幾乎都是裸露的岩石和山脈，雪水融化形成幾處大小不一的湖泊，有股浩瀚荒涼的景象。在冬天的滑雪季，這裡的餐廳也是滑雪者會停下來休息的中繼站。

冰川天堂的底下開鑿了一座冰河宮殿(Glacier palace)，不但能體驗身處厚實冰層的感受，而且在奇幻的燈光效果下，各種精美細琢的冰雕作品更顯奇特，彷彿來到以冰和光影打造的奇幻世界。

▲前往冰川天堂的纜車

陽光普照的角落

羅特洪峰
Rothorn

路線：策馬特→桑內嘉Sunnegga→布勞赫德Blauherd→羅特洪峰

🕐 全年，天氣惡劣或維修期間會停駛 ｜ 💲 全票74CHF(持有Swiss Travel Pass或是半價卡的遊客享有半價優惠) ｜ MAP P.12 / D5

這條前往羅特洪峰的路線，因為陽光充足，加上有風景優美的五湖健行步道(5-Seenweg)，為策馬特地區熱門景點之一。從桑內嘉轉搭纜車抵達布勞赫德之後，依序健行前往以下5座湖：史特利湖(Stellisee)→葛林吉湖(Grindjisee)→古倫湖(Grünsee)→莫斯吉湖(Mosjiesee)→萊伊湖(Leisee)，全程約需5個小時左右。

史特利湖是五湖裡面海拔最高的一座。在晴朗無風的日子，馬特洪峰的倒影就映在清澈如鏡的湖面上，湖中裸露岩石的陪襯下，營造出讓人如癡如醉的夢幻景觀。從布勞赫德纜車站健行到史特利湖，是一段寬敞的簡易健行路線，只需要大約半個小時的腳程，任何人都能輕易完成。

7～8月期間，湖邊經常有成群的黑面綿羊低頭吃著草，也許是早已習慣人們來來去去，

▲夏天運氣好的話，會遇到黑面羊在湖邊吃草

牠們對熙來攘往的遊客完全視若無睹，當然吸引不少人們前來跟黑面羊合照！如果腳力不好的人，光來這個湖就值回票價。

萊伊湖是五湖中海拔最低的一座，交通最為便利，從桑內嘉纜車站搭乘電梯往下就能抵達。萊伊湖不但可以看見馬特洪峰的倒影，湖邊規畫兒童遊樂區，夏天的時候是游泳戲水的好地方，冬季則規畫成簡易的滑雪場，適合有小朋友的家庭前來。

▲天氣晴朗的時候，能看見馬特洪峰的倒影

欣賞馬特洪峰最佳角度

葛內拉特
Gornergrat

路線：葛內拉特→利菲爾湖Riffelsee→利菲爾堡Riffelberg→Riffelalp→策馬特

🕐 全年，天氣惡劣或維修期間會停駛 | 💲 全票114CHF，持有Swiss Travel Pass或半價卡享有半價優惠 | 🗺 P.12 / D5

想要一次飽覽策馬特地區的阿爾卑斯群山風光，搭乘葛內拉特齒軌登山火車絕對是最佳選擇。這是瑞士第一條齒軌登山火車，車站就在策馬特火車站的斜對面，車程大約40分鐘，便可抵達海拔3,130公尺高的葛內拉特。

一走出葛內拉特車站，映入眼簾的是4,634公尺高的羅莎峰和周邊二十多座超過4,000公尺的雪山。羅莎峰終年被白雪覆蓋，山底下的U型谷地就是浩瀚的羅莎冰河和葛內拉特冰河。夏季時分，冰河的面積會縮小，露出夾帶的灰色礫石，灰白相間的山谷，給人荒蕪而蒼茫的感覺。若是時間足夠，不妨到飯店外的酒吧坐下，喝杯熱咖啡或熱巧克力，慢慢享受溫暖的陽光和馬特洪峰的美景。

▲紀念125周年的黃金登山纜車

▲近年來新落成的ZOOOM展覽館

▲坐在葛內拉特飯店外的酒吧喝杯熱咖啡，享受溫暖陽光和馬特洪峰美景

　　山頂上的3100 Kulm Hotel最近才整修過，內部除了飯店以外，還有歐洲最高的購物中心，販售瑞士的紀念品和各種登山用品。山上規畫ZOOOM展覽館，提供遊客體驗飛行傘的樂趣，還有125周年紀念的黃金登山纜車，是新的網美拍照打卡點。

　　這條路線中最熱門的景點，就是從羅滕博登(Rotenboden)站下車，一路健行到利菲爾湖(Riffelsee)拍攝馬特洪峰的倒影。從利菲爾湖繼續走到利菲爾堡(Riffelberg)，這段約1個小時的路程，每年大約6月底到10月初之間可以健行。在這段期間以外，健行步道容易積雪，路況不佳不要冒險走。

▲夏天的利菲爾湖畔長滿小花

Tips　提早買票，坐右邊風景才好！

　　欲搭乘葛內拉特齒軌登山火車上山，最好提早到車站排隊買票，否則旺季時上山的人潮相當多。上了車之後，選擇右邊的座位，這樣才能拍到馬特洪峰的山景。建議直接搭車前往終點站Gornergrat，然後再從山上慢步健行下山；路線可以視個人的體力而定。

瓦萊州地區：策馬特市區／德語區：阿爾卑斯山區

阿雷奇冰河區
Aletschgletscher

歐陸最長冰川勝景

歐陸最長的阿雷奇冰河，從少女峰一直延伸到瓦萊州長達23公里。從冰河列車沿線的費爾施(Fiesch)、貝騰(Betten)及莫雷(Mörel)搭乘纜車上山後，分別設置了3處眺望阿雷奇冰河的景觀台，能將冰河及遠方的少女峰盡攬眼底，而且另一個方向還能看見馬特洪峰山群。同時欣賞到瑞士最熱門兩大山區的絕佳視野，絕對值回票價。

MAP P.12 / D4

莫斯福律觀景台
Moosfluh

- www.aletscharena.ch
- 纜車全年行駛
- 從Mörel前往Moosfluh的來回纜車票49CHF，持有半價卡或是Swiss Travel Pass，享有半價優惠
- 從Brig火車站外面的月台，搭乘前往Fiesch或Andermatt方向的火車，在Mörel站下車。出火車站後，直走過馬路有個纜車站，轉搭纜車到Riederalp Mitte，總車程約34分鐘
- MAP P.188

阿雷奇冰河區地圖

- 少女峰 Jungfrau
- 阿雷奇冰河 Aletschgletscher
- 艾基斯峰觀景台 Eggishorn
- 貝特曼峰觀景台 Bettmerhorn
- 費爾施阿爾卑 Fiescheralp
- 費爾施 Fiesch
- 莫斯福律觀景台 Moosfluh
- 貝特默阿爾卑 Bettmeralp
- 里德阿爾普 Riederalp
- 貝騰 Betten
- 莫雷 Mörel

要前往莫斯福律觀景台，得先搭乘纜車到海拔1,925公尺高的里德阿爾普(Riederalp)，這裡是阿雷奇冰河區最尾端的村莊，隔著隆河谷地可以遙望遠方三角錐狀的馬特洪峰。換乘纜車之後，來到海拔2,333公尺高的阿普莫斯福律觀景台，能從不同角度，欣賞自少女峰連綿數里的山群及壯觀的阿雷奇冰河。

188

艾基斯峰觀景台
Eggishorn

- www.aletscharena.ch｜纜車全年行駛｜
- 從Fiesch到Eggishorn的來回纜車票價49CHF，持有半價卡或Swiss Travel Pass享有半價優惠｜從Brig搭火車到Fiesch站，再轉搭纜車前往Fiescheralp，車程約1小時6分鐘｜P.188

　　阿雷奇冰河區3個景觀台之中，位於最前方的艾基斯峰觀景台，在天氣晴朗的日子可以直接肉眼看到遠方的少女峰。如果喜歡健行的人，不妨從景觀台穿過小木屋餐廳，沿著山頭

▲從艾基斯峰觀景台可以沿著稜線走到十字架

的稜線健行到十字架，這條步道雖然看似驚險萬分，但是約莫15分鐘便能完成，大家不妨來挑戰一下。

貝特曼峰觀景台
Bettmerhorn

- www.aletscharena.ch｜纜車全年行駛｜
- 從Betten Talstation到Bettmerhorn的來回纜車票價49CHF，持有半價卡或Swiss Travel Pass享有半價優惠｜從Brig搭火車到Betten Talstation站，纜車站就在火車站的樓上。再轉搭直達的纜車前往Bettmeralp，車程約50分鐘｜P.188

　　要抵達海拔2,647公尺高的貝特曼峰觀景台，得先從貝騰(Betten)搭纜車前往半山腰的貝特默阿爾卑(Bettmeralp)村莊，再換乘小纜車前往貝特曼峰觀景台。當纜車即將靠站的時候，映入眼簾的是零星散落在半山腰的小木屋，簡直就是一處與世隔絕的烏托邦。由於貝特莫爾阿普是禁止車輛行駛的環保村莊(只有電動車)，在這裡散步更是不會受到干擾，讓人感到輕鬆自如。

▲冬天的貝特默阿爾卑村莊

瓦萊州地區：阿雷奇冰河區／德語區：阿爾卑斯山區

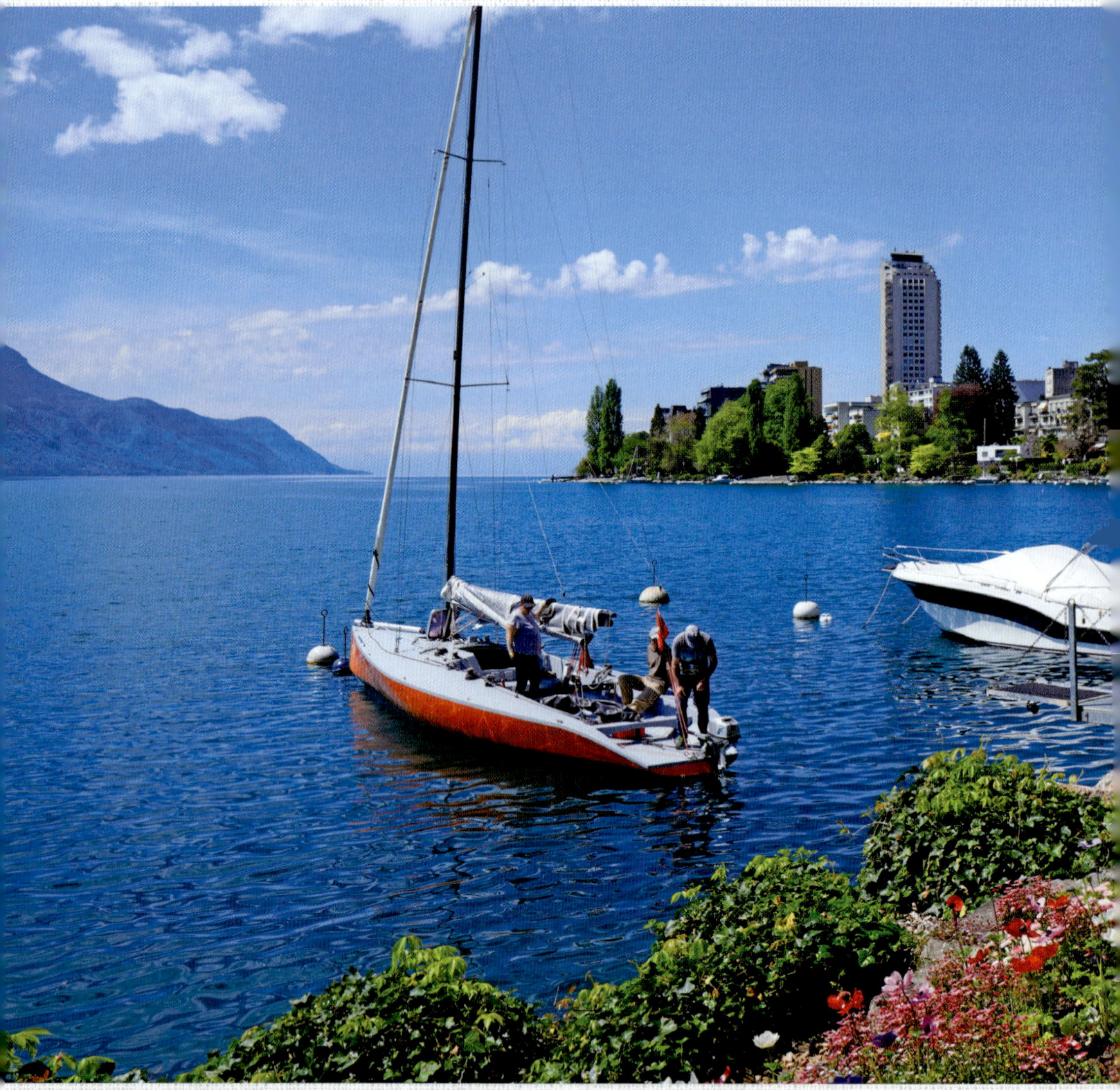

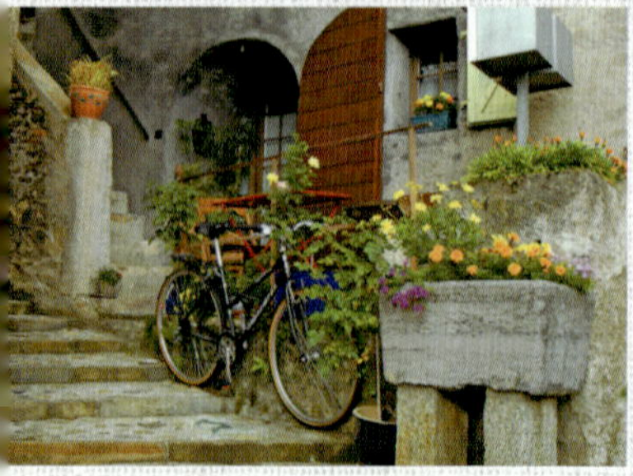

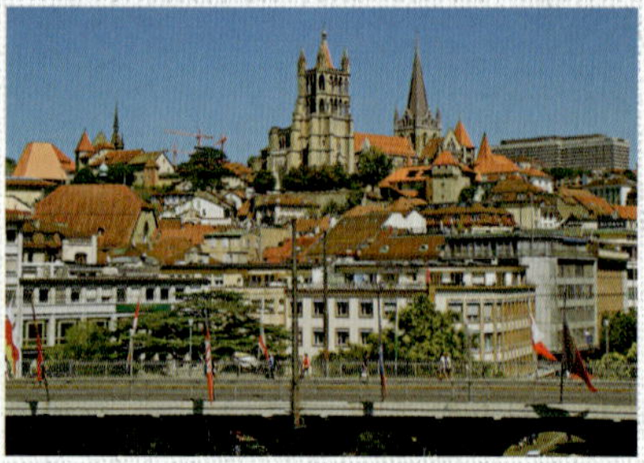

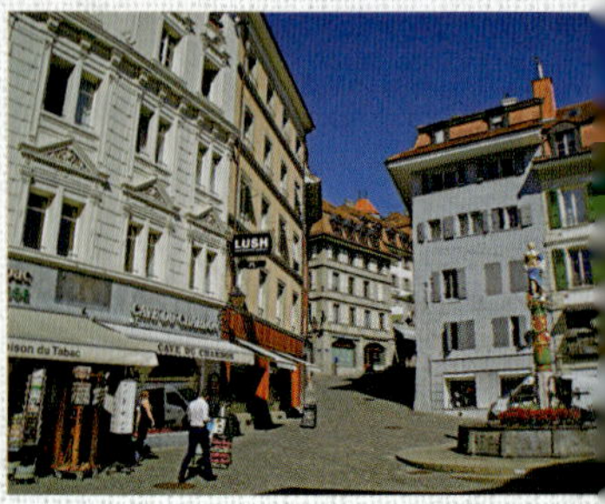
LUSH

法語區

雷夢湖的交響樂章

　　位於瑞法邊境半月形的雷夢湖(Lac Léman)，深度達310公尺，是瑞士境內第一大湖。宜人的氣候加上秀麗的風景，營造出恍若濱海城鎮一般的度假氣氛，所以雷夢湖畔素有「瑞士的蔚藍海岸」之稱；不論是人文或自然環境，都散發著如法國般的浪漫風情。雖然同樣是講著法文，瑞士法語區的法文跟法國正統的法文，還是略有一點差異。

　　繁華的商業大城日內瓦，是法語區的龍頭老大，許多國際性組織及官方機構總部都設立於此，由此可見其重要性。遊走在湖畔的小村落，湛藍的天空及金黃耀眼的湖光，相信任何人看到這景象，都會變得柔情浪漫；山坡上還有整片一望無際的葡萄園，散發著濃郁的葡萄香，讓人不禁想偷吃一口。

　　富裕的瑞士環境加上雷夢湖的迷人魅力，連世界巨星們都無法抗拒，紛紛來到法語區定居；車神邁克‧舒馬克、歌星仙妮亞‧唐恩、富豪比爾‧蓋茲都在湖畔置產，所以雷夢湖不但風光明媚，也是眾星雲集之地。在湖的沿岸自然不乏許多享譽國際的旅遊勝地，代表城市包括瑞士的日內瓦(Geneva)、洛桑(Lausanne)，以及法國的艾維雍(Evian)。

日內瓦
Geneva

世界之都

　　日內瓦位於雷夢湖的頂端，也是法瑞交界之處，所以這裡帶著濃厚的法國風情。18世紀時，瑞士的鐘錶業開始在日內瓦發展，之後逐漸提升至目前在世界舞台上的地位。現今，日內瓦不但是國際紅十字會的發源地，也是聯合國歐洲總部、世界衛生組織、國際勞工組織等機構之所在地，是個相當國際化的都市。雖然有超過200個國際組織進駐日內瓦，卻並未影響到它本身傳統的一面；舊城區裡仍舊保存著許多中古世紀的老房子。許多觀光客會來此參觀思想家盧梭的古宅，或是看看18世紀新教的遺跡。

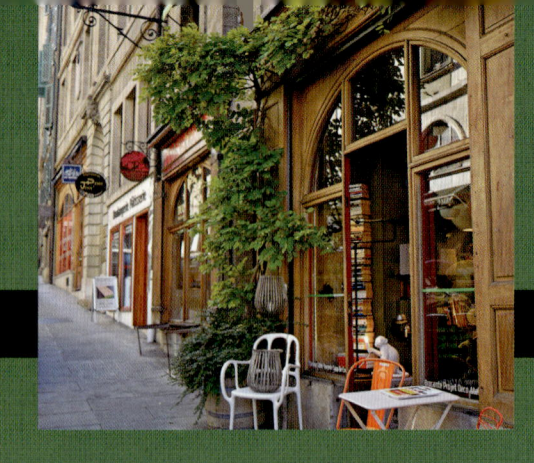

　　由於有多家銀行和國際組織，日內瓦的科學發展和經濟文化都相當地活躍。每年的國際汽車展、國際發明展和新聞多媒體展銷會，還有定期舉辦的國際拍賣會及音樂會，都吸引了大批遊客前來參觀，這些都是奠定日內瓦成為包羅萬象世界之都的重要因素。

MAP P.12 / A4

▲英國公園裡的噴泉

日內瓦市區地圖

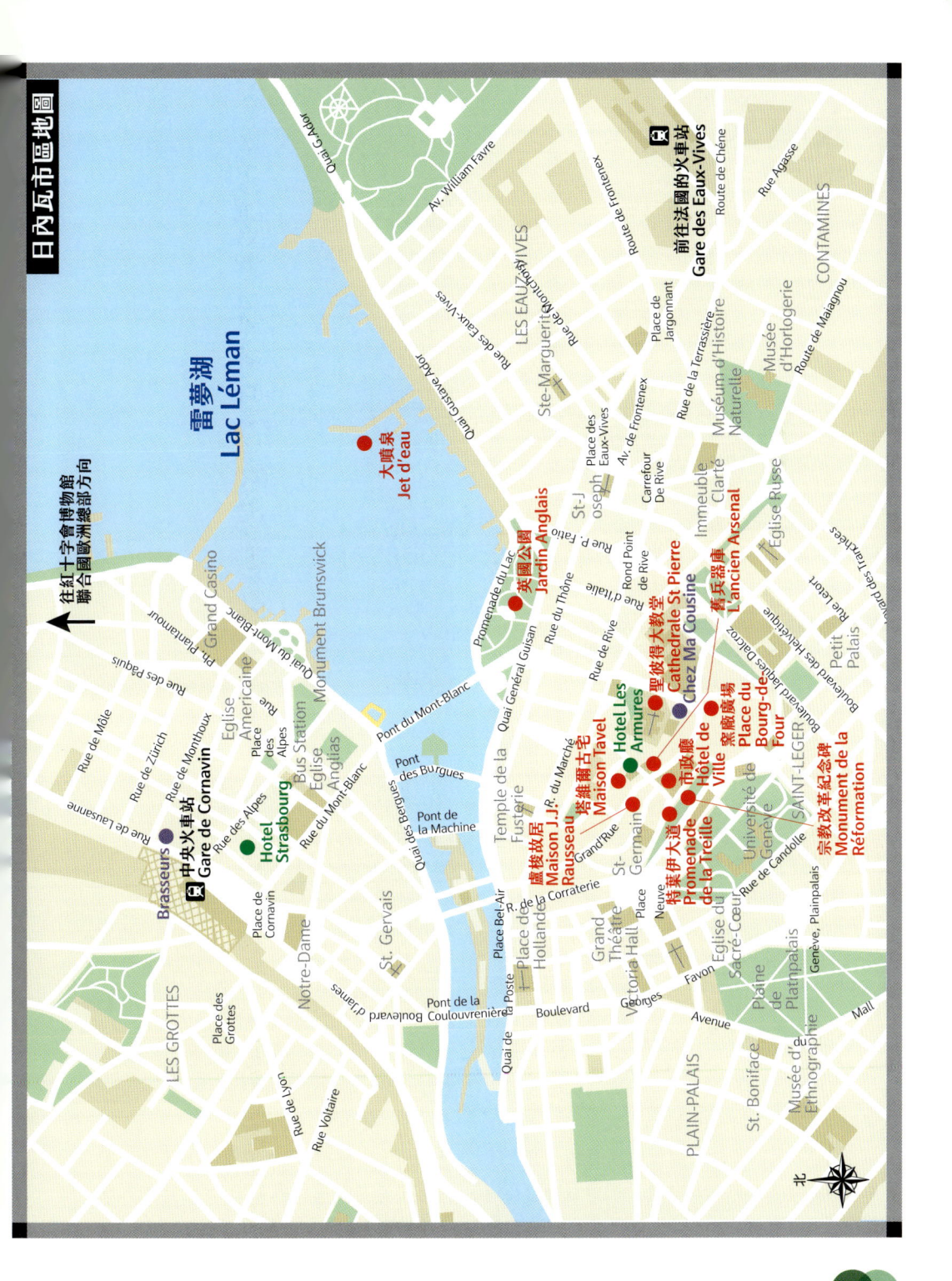

雷夢湖 Lac Léman

大噴泉 Jet d'eau

往紅十字會博物館
聯合國歐洲總部方向

前往法國火車站
Gare des Eaux-Vives

英國公園 Jardin Anglais

聖彼得大教堂 Cathédrale St Pierre
Chez Ma Cousine
舊兵器庫 L'ancien Arsenal

中央火車站 Gare de Cornavin
Hotel Strasbourg
Brasseurs

Hotel Les Armures
塔維爾古宅 Maison Tavel
市政廳 Hôtel de Ville
盧梭故居 Maison J.J. Rousseau
特萊伊大道 Promenade de la Treille
票傲廣場 Place du Bourg-de-Four
宗教改革紀念碑 Monument de la Réformation

日內瓦／法語區　193

大噴泉
Jet d'eau

📍 Quai Gustave-Ador, 1207 Genève | 🕐 全年開放，9月~隔年3月10:00~日落(遇到風大或天氣狀況不佳，噴泉會關閉) | 💲 免費 | 🚌 自火車站前方搭乘6、8、9、25號公車，在Mont-Blanc站下車，走過白朗峰橋，沿著湖邊的步道步行約5分鐘 | 🗺 P.193

日內瓦最顯著的地標就是位於雷夢湖畔的大噴泉，建於西元1886年，當年為了要降低日內瓦自來水系統的水壓，所以才設計這座噴泉。目前的大噴泉是後來重新建造的，每秒可噴出500公升的水量，高度140公尺，出水口的速度高達時速200公里。它一柱擎天的水柱是日內瓦象徵性的地標，白色的水柱直衝天際，不僅美侖美奐，同時也非常地壯麗，是來到日內瓦不能錯過的景點。

英國公園
Jardin Anglais

📍 Quai du Général-Guisan 34, 1204 Genève | 🚌 1.自火車站前方搭乘6、8、9、25號公車，在Mont-Blanc站下車，過橋旁邊的公園即是。2.自火車站沿著Rue du Mont-Blanc直走250公尺，過了白朗峰橋的左邊，路程約8分鐘 | 🗺 P.193

▲英國公園的花鐘

位於雷夢湖邊的英國公園，是日內瓦的主要景點。雖然這個公園的面積不大，但公園裡有個直徑4公尺的花鐘，是日內瓦蓬勃發展之鐘錶產業的象徵。政府每年春初都會栽植色彩繽紛的花卉來裝飾，它兩公尺長的指針也是世界上最長的時鐘指針。此外公園裡有兩座紀念雕像，是為了慶祝日內瓦於1815年加入瑞士聯邦所設立。

舊城區
Vieille Ville

由火車站公車站，步行約15分鐘 | MAP P.193

　　坐落於隆河右岸山坡上的舊城區，因為地勢較高的緣故，當地的居民又稱之為上城(Haute-ville)。這裡不但是教堂、古蹟的聚集地，在蜿蜒的小巷弄間還有許多小巧可愛的古董商店林立；歐洲啟蒙時代的思想家盧梭(Jean-Jacques Rousseau)的故居也是位於舊城區內。除此之外，這一區的餐廳更是饕客們的最愛。

▲教堂和古蹟聚集的舊城區

窯廠廣場
Place du Bourg-de-Four

　　自古羅馬時期以來，窯廠廣場就是市集的所在地，為舊城的精華所在。廣場旁一整排的房屋，是逐年一層層加蓋的，所以每層的高度和造型都不盡相同。至於廣場中央的噴泉，則是建於18世紀，雖然看起來不怎麼起眼，卻是當時公認最美麗的噴泉。現在廣場上開設了許多小餐廳和露天酒吧，每逢晴天，都會看到高朋滿座的景況。

▲總是高朋滿座的窯廠廣場

日內瓦／法語區 195

市政廳
Hôtel de Ville

過去曾經有許多國際條約，都是在這舊城區的市政廳所簽訂，目前這裡是日內瓦政府機關的辦公室所在地。這棟建於15世紀的市政廳，建築結構有點像四合院，從中間的天井可以環顧整棟大樓；通往樓上的寬敞斜坡道，據說是為了方便古代的信差騎馬來傳遞消息所設計。

▲教堂和古蹟聚集的舊城區

舊兵器庫
L'ancien Arsenal

市政廳對面的舊兵器庫，在15世紀時被當做儲存糧食的穀倉，一直到了18世紀才變成兵器庫，現在還擺放了幾座舊式大砲。牆壁上有3幅鑲嵌馬賽克的圖畫，分別繪著西元前的凱撒大帝、中古時代的日內瓦公爵、以及16世紀遭迫害的胡格諾教徒。兵器庫的外牆上，還保留著中古世紀的日晷，不過跟現在正確的時間有點誤差。

塔維爾古宅
Maison Tavel

Rue du Puits-Saint-Pierre 6, 1204 Geneve｜11:00～18:00｜休 週一｜免費｜MAP P.193

顏色灰黑的塔維爾古宅位於舊兵器庫旁，是日內瓦地區最古老的房舍之一。這棟房子原本建於13世紀，當時是貴族的豪華宅邸，後來因為遭大火燒毀，於西元1334年重建。目前塔維爾古宅成為博物館對外開放，內部展示除了中古時代的家具和日常生活用品之外，還有真正的斷頭台，讓人看了不寒而慄。

盧梭故居
Masion J.J. Rausseau

📍 40 Grand Rue｜🕐 週二～五08:00～18:00，週六～日11:00～18:00｜休 週一｜$ 成人7CHF、學生5CHF｜MAP P.193

西元1712年出生於鐘錶工匠家庭的盧梭，集思想家、音樂家及作家等多方面才華於一身，在法國啟蒙運動中占有相當重要的地位。他主張「回歸自然」，並注重自然人格的發展，反對威權式的控制。18世紀時個人主義的興起，便是受到盧梭思想的啟蒙；其思想甚至對法國大革命和美國獨立都有或多或少的影響。盧梭著名的作品包括《民約論》及《懺悔錄》。

特葉伊大道
Promenade de la Treille

市政廳後方的特葉伊大道位於5公尺高的古城牆上方，視野非常好。城牆的邊緣是長達126公尺的木製板凳，曾經榮膺世界上最長的紀錄。許多居民喜歡在夏日午後來這兒散步，坐在繁茂的林蔭下聊天閒談。

每年秋季時分，泛黃的栗樹葉子飄落滿地，

▲長達126公尺的長凳

▲皮謝·羅許蒙的雕像

是情侶們公認最浪漫的地方。廣場旁有一座皮謝·羅許蒙(Pictet de Rochemant)的雕像，是為了紀念他遊走列國，鞏固瑞士成為中立國之地位而設立。

聖彼得大教堂
Cathedrale St Pierre

🕐 夏季(6/1～9/30)週一～五09:30～18:30，週六09:30～16:30，週日12:00～18:30；冬季(10/1～5/30)週一～六10:00～17:30，週日12:00～17:30 | 💲 上塔頂門票成人7CHF，7～16歲4CHF | 🗺 P.193

　　矗立於舊城區的聖彼得大教堂始建於西元1160年，耗時1百多年才完工。這座教堂原本隸屬於羅馬天主教會，不過到了16世紀宗教改革時則變成新教的教堂。由於當時的作風講求簡單樸素，教堂內部原狀遭到破壞，除了彩繪玻璃窗之外，所有的裝飾物都被粉刷成白色。現今教堂的正面外觀則是18世紀新古典風格的建築面貌。

　　從教堂旁的迴旋樓梯可以爬上鐘塔參觀，目前僅開放北塔(Tour Nord)。登上塔頂後能欣賞到雷夢湖的湖光山色，還可以近距離接觸教堂的最高鐘塔——La Clémence。這座灰綠的尖塔增建於西元1407年，重量高達6噸(超過6,200公斤)，在當時是一項艱鉅的工程。遊客們在塔頂360度的迴廊，可居高臨下鳥瞰日內瓦市區和雷夢湖的雙重景色，天氣晴朗的日子裡，還能望見鄰近的阿爾卑斯山群！

▲教堂外觀

Tips　泉水可以飲用

　　瑞士的泉水都可以直接飲用，而且水中含有豐富的礦物質。日內瓦市區內隨處可以看到小噴泉，如果上面寫著eau potable字樣，就表示是可以直接飲用的水。遊客出門時只需要帶個水壺，便可以在消費昂貴的瑞士省去買飲料的費用。

▲從教堂塔頂眺望日內瓦和雷夢湖的景觀

宗教改革紀念碑
Monument international de la Réformation

📍 Promenade des Bastions 1, 1205 Genève｜🚌 搭乘3、5、36號公車，在Palais Eynard站下車，走下階梯便可看到｜🗺 P.193

　　宗教改革紀念碑興建於西元1909年，位在日內瓦大學和舊城牆的交界處，是為了紀念宗教改革領袖喀爾文誕生400周年，以及他創立的日內瓦學院(如今的日內瓦大學)350周年。長達100公尺的紀念碑上，豎立著新教時期各個重要人物的雕像。中央雕像的底部刻著象徵基督「IHΣ」的符號，並刻著宗教改革的格言「黑暗過後是光明」(Post Tenebras Lux.)。

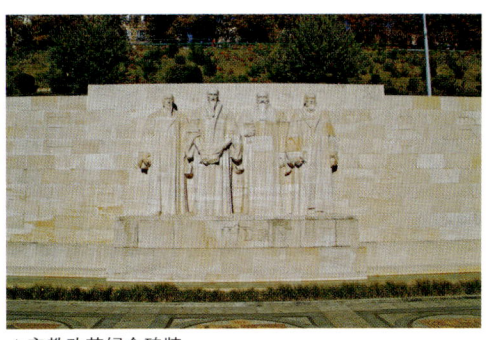

▲宗教改革紀念碑牆

聯合國歐洲總部
Palais des Nations

📍 14, Avenue de la Paix, 1202 Genève｜💲 成人22CHF，6～13歲11CHF，14～17歲12CHF，大學生及殘障人士18CHF，VIP團(5人為限)280CHF｜🚋 由科那文火車站前搭15號電車，到Nation站下車｜❓ 入內參觀需事先預約，現場不售票。目前萬國宮正在進行翻修工程，翻修期間只接受VIP團及15人以上的團體預訂｜🗺 P.193

　　聯合國歐洲總部建於西元1929～1936年間，是聯合國在西元1945年於美國成立後，歐洲總部的指定所在地。我們所看見插滿各國國旗的大門，僅供聯合國的專屬人員或貴賓使用，一般人要從紅十字會博物館對面的側門進出，並且有警衛檢查。大門前的聯合國廣場上，有一張三腳椅，上面的標語呼籲各國簽署奧斯陸條約，禁用高殺傷力的集束炸彈，這象徵著國際間以溝通和協調來替代武力。

▲插滿國旗的聯合國總部

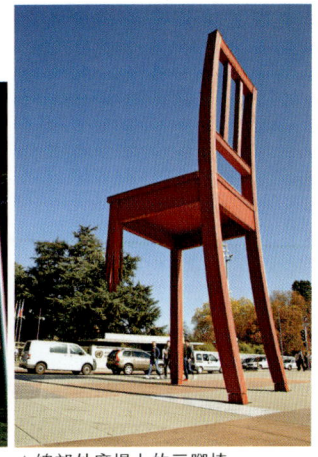

▲總部外廣場上的三腳椅

紅十字會博物館
Museé International de la Croix-Rouge

📍 17, Avenue de la Paix, 1202 Genève ｜ ☎ +41-(0)22-748-9525 ｜ 🕐 4～10月10:00～18:00，11～3月10:00～17:00 ｜ 休 週一、1/1、12/24～25、12/31 ｜ 💲 成人15CHF，12～22歲、65歲以上及殘障人士10CHF，12歲以下免費 ｜ 🚋 由科那文火車站前搭15號電車，到Nation站下車 ｜ MAP P.193

國際紅十字會由亨利·杜南(Herny Dunant)所創設，而此博物館則是為了紀念紅十字會的成立過程及其使命而建，創建的資金全部由熱心人士所捐贈。博物館的地下樓層，展示了歷年來與紅十字會活動的相關圖片資料和工具，讓遊客對紅十字會機構有進一步的瞭解。此外內部也播放有關戰爭、難民及天災等令人省思的影片，並介紹曾對受難者伸出援手的俠義心腸人士。館內設有中文的解說機器，可以一邊聽著解說一邊參觀。

▲博物館門口處的俘虜雕像

亨利·杜南 Herny Dunant 〔豆知識〕

出生於西元1828年的亨利·杜南，生長在一個虔誠的宗教家庭裡。他在西元1855年時，成立了基督教青年會(YMCA)日內瓦分會，後來在一次偶然的機會中，遇上法國和薩丁尼亞聯軍對奧地利的戰爭，親眼目睹戰場上許多受傷的可憐士兵，因無人照顧而喪失性命；因此亨利自掏腰包，組織了一群醫療隊伍來拯救戰場上的傷患。

中立組織，各國響應

回到日內瓦的途中，他將這一切經過記錄下來，寫成了《蘇斐立諾回憶錄》(Un Souvenir Solferino)一書，並在書中建議成立一個中立的民間救援組織，以便將來發生戰爭時，能夠救助戰場上的傷兵。由於他奔走各國大力推動，在西元1863年的一次國際會議上，各國正式研討亨利·杜南先生的構想；隔年共有12個國家簽署了這份文件，成為國際紅十字會和日內瓦公約的先驅。

餐廳推薦 GOURMET

Brasseurs

🌐 www.les-brasseurs.ch ｜ 📍 Palace Cornavin 20 ｜ ☎ +41-(0)22-731-0206 ｜ 🕐 週日～四11:00～01:00，週五～六11:00～02:00 ｜ 💲 1公升啤酒約14～18CHF，漢堡20CHF ｜ 🗺 P.193

這家位於Cornavin火車站前的店家，在法語區有4家分店，是知名的啤酒屋；不論是夏季或是冬天，都吸引許多民眾前來，坐在露天酒吧小酌一杯。店內除了啤酒外，也有漢堡或是三明治等餐點。

Chez Ma Cousine

🌐 www.chezmacousine.ch ｜ 📍 Place du Bourg de Four 6, 1204 Genève ｜ 🕐 週一～六11:00～23:00，週日11:00～22:30 ｜ 💲 一份烤雞餐19.9CHF ｜ 🚌 搭乘36號公車在窯廠廣場下車 ｜ 🗺 P.193

Chez Ma Cousine在日內瓦有3家分店，是當地很知名的一家烤雞專賣店。鮮嫩帶汁的烤雞(半隻)，搭配生菜沙拉和烤馬鈴薯，這樣一盤不到20CHF，在瑞士的餐廳算是非常佛心的價位。店家也提供外帶的服務。

住宿推薦 HOTEL

Hotel Les Armures

★★★★★ ｜ 🌐 www.hotel-les-armures.ch ｜ @ reception@hotel-les-armures.ch ｜ 📍 1 Puits-St-Pierre, 1204 Genève ｜ ☎ +41-(0)22-310-9172 ｜ 💲 雙人房570CHF起 ｜ 🗺 P.193

位於左岸舊城區的五星級飯店。旅館僅有32房間，由17世紀的印刷工廠改建而成；每間房都是採用古典的布置風格。

Hotel Strasbourg

★★★ ｜ 🌐 fassbindhotels.ch/fr/hotel/Strasbourg ｜ @ rstrasbourg@fhotels.ch ｜ 📍 10, Rue Pradier, 1201 Genève ｜ ☎ +41-(0)22-906-5800 ｜ 💲 雙人房180CHF起 ｜ 🗺 P.193

距離火車站僅3分鐘的路程，對面有餐廳，交通相當便利。

日內瓦／法語區

洛桑
Lausanne

奧運之都

住在洛桑的朋友曾說過：「洛桑，是瑞士的舊金山！」當我聽到他這麼說的時候，腦海中馬上浮現出電影中電車從海灣一路上坡的那種美景。洛桑跟舊金山一樣是建於坡地的城市，但是規模卻小得多，所以往來上下的各城區之間，只需要搭乘地鐵即可。洛桑的市中心共分為上、中、下3區。上區包括大教堂、聖法蘭斯瓦廣場等舊城區，中區就是火車站周邊的商圈，下區是湖畔的烏契區(Ouchy)。

MAP P.12 /B4　　從大教堂鐘塔眺望整個洛桑市區及對岸的法國風光▶

洛桑大教堂
Cathédrale de Lausanne

📍Place de la Cathédrale (Cité), 1005 Lausanne｜🕙 4～9月(09:00～19:00)、10～3月(09:00～17:30)｜💲上塔費用成人5CHF、16歲以下2CHF｜🚇搭乘M2地鐵，在Bessières站下車｜MAP P.203

建於西元12世紀的洛桑大教堂，位居500呎高的山丘上，是瑞士保存最佳的天主教堂之一。教堂除了門面上豪華生動的雕塑外，建於1240年代的豔麗玫瑰花窗和巨大的管風琴，也都是令人讚歎的傑作。遊客可以爬上教堂高聳的塔頂參觀，這是眺望洛桑市區和雷夢湖的最佳地點。雖然從塔頂可以看到湖對岸的法國及阿爾卑斯山群，可是湖面上卻總是瀰漫著茫茫煙霧，若有似無地呈現出虛無縹緲之美。

▲細長的尖塔，是典型的哥德式建築風格

洛桑市區地圖

- 聖法蘭斯瓦廣場 Place St-François
- 洛桑大教堂 Cathédrale de Lausanne
- 聖法蘭斯瓦教堂 Eglise St-François
- Kony Bubble Tea
- Lausanne Palace & Spa
- Lausanne Guesthouse & Backpacker
- Restaurant Chez Xu 徐家麵
- 火車站 Gare Centrale
- Hotel Continental
- 奧林匹克博物館 Musée Olympique
- Château d'Ouchy
- 烏契區 Ouchy
- 雷夢湖 Lac Léman
- 往索瓦貝林森林公園方向

洛桑地鐵路線圖

- m1
- m2
- Swiss Federal Railways
- LEB Railways

m1 路線站點：Yverdon-les-Bains / Genève — Renens CPF — Epenex — Crochy — Cerisaie — Mouline — Bassenges — EPFL — Unil-Sorge — Unil-Dorigny — Malley — Bourdonnette — Provence — Montelly — Vigie — Lausanne Gare CFF — Flon 蘇活區

m2 路線站點：Croisettes — Vennes — Fourmi — Sallaz — CHUV — OURS — Bessières — Riponne M. Béjart — Chauderon — Flon 蘇活區 — Lausanne Gare CFF — Grancy — Délices — Jordils — Ouchy 烏契區

LEB：Echallens Bercher — Chry-Fleur-de-Lys — Prilly-Chasseur — Union-Prilly — Montétan — Chauderon

▲ 教堂的玫瑰花窗

洛桑／法語區 203

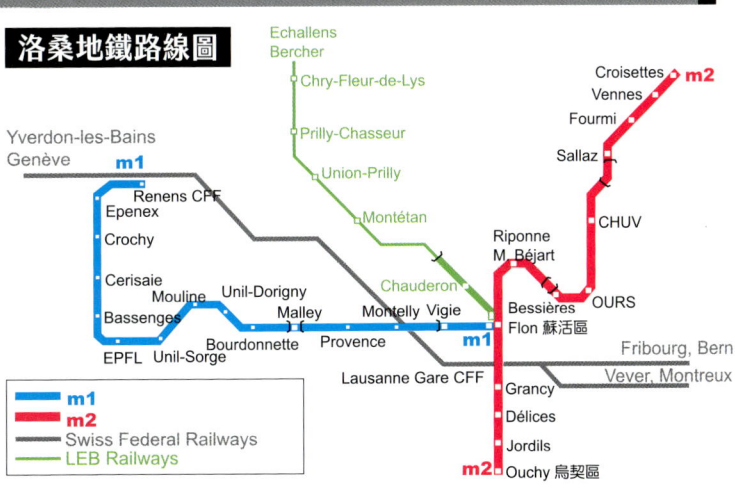

舊城區
Vieille Ville

🚆 由洛桑火車站沿著麥當勞旁邊的Rue du petit Chêne往上走,步行約10分鐘;或是由火車站搭乘1、2、4號公車,在聖法蘭斯瓦廣場站(Place St-François)下車 | 🗺 P.203

跟巴黎或是米蘭這種時尚之都相較,洛桑雖然不算是個以購物聞名的城市,但是城區裡林林總總的精品店、鐘錶店、珠寶店,保證讓所有遊客買到心滿意足為止;無論是挑選禮物送別人,或是採購紀念品給自己,都有多元化的選擇,可說是「麻雀雖小,五臟俱全」。從舊城區的巴律廣場(Place de la Palud)沿著瑪德蓮路(Rue Madeleine)到雷波廣場(Place de la Riponne),沿途的酒吧和小餐館,是學生聚集聊天的場所。

每週三、六的早上是市集的日子,街頭巷尾會出現許多出門買菜的主婦和媽媽們,舊城區轉眼就變了另一番景象。廣場上擺滿了各式各樣的攤販,有賣生鮮蔬果的、賣盆栽花卉的、賣起士乳酪的,也有賣衣服飾品的。小販的叫賣聲、民眾的喧嘩聲、噴泉的流水聲、教堂的鐘響聲在耳邊此起彼落,彷彿為這燦爛的早晨,合奏出一首心怡神悅的交響樂。

▲洛桑市集的攤販

聖法蘭西瓦廣場
Place St-François

出洛桑火車站，沿著麥當勞旁邊的Rue du petit Chêne往上走，便可抵達聖法蘭斯瓦廣場。大家對於這個廣場的第一印象，就是壅塞繁忙的公車站和摩肩接踵的人潮；這是由於廣場周圍就是郵局、銀行及商圈，因此這兒自然成為洛桑市區的心臟地帶。

聖法蘭西瓦教堂
Église St-François

來到了聖法蘭斯瓦廣場，絕對不該錯過一旁的聖法蘭斯瓦教堂。建於西元1272年的聖法蘭斯瓦教堂，當時是聖方濟會員們的集會處；不過後來發生了幾場火災，一度變成了廢墟。直到西元1536年宗教改革之際，才正式改為新教徒的教堂，成為洛桑居民的信仰中心。

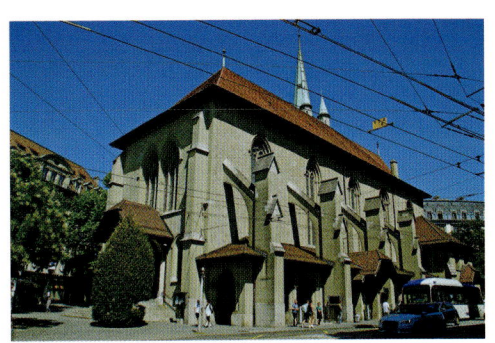

柏格路
Rue de Bourg

聖法蘭斯瓦教堂旁的柏格路，是進入洛桑舊城區的起點；沿路上盡是各種名牌的精品商店。每週三、六的早晨，農家會攜帶著他們自製的乳酪起士、醃燻香腸、蔬果農作，在舊城區的街道上，擺起各式各樣的攤位。每逢市集的日子，五彩繽紛的攤販和交易的喧嘩聲，彷彿讓沉睡中的古城甦醒過來了。

烏契區
Ouchy

🚇 搭乘M2地鐵，在Ouchy站下車 | 🗺 P.203

倘若想體驗洛桑悠閒的一面，湖畔沿岸絕對是最佳去處。數年前烏契原是個以漁業為主的小港口，雖然目前還有部分的漁船進出，但是新穎的現代化造型設施已讓這兒不復以往的舊貌。如今港口停泊了許多的私人小遊艇，還有整排的露天咖啡座和造型噴泉，讓民眾身處山區，也可以感受到在海邊的氛圍。

黃昏時，居民們慵懶地來到湖邊小憩片刻，或坐或躺地享受在夕陽餘暉照耀下的山光水色；有的兩人依偎在階梯上，有的雙雙緊抱坐在噴泉邊；看著一對對親蜜的情侶佳偶，令人稱羨。湖畔的烏契堡，當初是為了保護港口及城鎮所建，目前改建成旅館和餐廳。若是你來到烏契區，不妨坐下來喝杯茶，靜靜地欣賞瑞士的典型風景：湖光與山色。

奧林匹克博物館
Musée Olympique

🌐 www.olympic.org/museum | 📍 Quai d'Ouchy 1, 1006 Lausanne | 🕐 4/10～10/14每天09:00～18:00，10/15～4/9週二～六10:00～18:00 | 🚫 週一（復活節週一及特殊活動除外）、1/1、12/25 | 💲 成人18CHF，6～16歲10CHF，6歲以下免費，學生及身障人士12CHF | 🚇 自洛桑火車站對面的地鐵站，搭乘地鐵M2往Ouchy的方向，在終點站下車。走出地鐵站後向左轉，經過烏契堡（Château d'Ouchy）後沿著湖邊直走約300公尺，左側走上階梯就是博物館入口 | 🗺 P.203

在國際奧運主席薩瑪蘭奇（Juan Antonio Samaranch）的提倡下，西元1993年於洛桑的雷夢湖畔成立了這間奧林匹克博物館。博物館外觀為新穎的白色建築，館內區分為奧運世

▲白色的奧林匹克博物館外觀

▲運動器材展示

界、競賽及奧運精神3個主題展區；陳列各項關於奧運活動的展覽，包括運動服裝、獎牌、運動器材等等，也展示自古以來奧運的目標及宗旨。透過影音動畫媒體讓旅客對於奧運有更深刻的認識。除此之外，還有趣味的運動遊戲機器，不會讓人覺得枯燥乏味，適合全家大小一同造訪。

▲歷年的奧運獎牌

索瓦貝林森林公園
Bois de Sauvabelin

公園24小時開放，高塔11～2月06:30～17:00、3～10月05:45～21:00 | **1.**自St-François廣場旁邊的公車站，搭乘16號公車，在Lac de Sauvabelin 站下車，車程約14分鐘。**2.**搭乘地鐵M2線在Sallaz站下車，走過圖書館旁邊的天橋後，再步行約10分鐘 | P.203

瓦貝林森林公園，自西元1888年成立以來陪伴著洛桑民眾走過百年以上的歷史，經常能看見當地居民來公園散步，享受悠閒的時光，更有許多家庭帶小孩前來遊玩。

醒目的索瓦貝林高塔(Tour de Sauvabelin)有35公尺高，頂端是一處絕佳的景觀台，能夠眺望整片鬱鬱蔥蔥的公園美景。總共有302階螺旋狀階梯，每一階都刻著出錢贊助建造這座塔的人士和公司企業名號。因最多只能容納50個人同時進入塔內，所以進塔之前必須先按一下旁邊的紅色小按鈕，門才會打開，以此控制上塔的人數。

公園是城市的綠肺，也是居民閒暇時的休閒去處，扮演著舉足輕重的角色。占地廣闊的索

▲悠閒的索瓦貝林森林公園

▲木製的索瓦貝林高塔

洛桑／法語區 **207**

蘇活區
Le Flon

🚇 由搭乘M2地鐵，在Flon站下車，再步行前往｜🗺 P.203

根據洛桑友人的說法，好比紐約的蘇活區。數年前這一區工廠與廢棄倉庫林立，而且晚間也是洛桑的風化區，許多特種行業人士在這邊工作；當時想必這裡應該是龍蛇混雜、牛驥同皁的危險地帶吧！

然而經過政府的精心整頓之後，這個原本有如蠻荒一般的工業區鹹魚大翻身，搖身一變成為新興的觀光區；幾乎每棟建築的外牆，都彩繪著多采多姿的壁畫。現在這一區遍布餐廳、酒吧、電影院和舞廳，不但白天用餐方便，更是夜晚消磨時間的最佳去處；而且政府在此區各角落都已裝設監視器，民眾大可安心在晚間前來玩樂。

餐廳推薦 GOURMET

Kony Bubble Tea

🌐 konybubbletea.ch｜📍 Rue du Grand-Pont 5, 1003 Lausanne｜🕐 週一～六10:30～19:00｜💲 一杯約5～7CHF｜🚇 搭乘地鐵到Flon站，位於地鐵站的出口｜🗺 P.203

這家珍珠奶茶店，由台灣人所經營，喝起來的口感跟在台灣的差不多。不但亞洲人會來捧場，連老外都一個接著一個進來排隊。店內還賣了許多台灣的零食，讓你在國外也能品嘗到懷念家鄉的味道。

Restaurant Chez Xu

📍 Rue Du Petit-Chene 27, 1003 Lausanne｜📞 +41-(0)21-320-7268｜🕐 午餐11:30～14:30，晚餐18:00～23:00｜休 週日｜💲 每人20～30CHF｜🗺 P.203

許多人來瑞士旅行，經常會覺得吃不慣這邊的菜肴，或是想念家鄉味。這家靠近洛桑火車站的徐家麵餐館，是瑞士當地台灣人公認最好吃的中餐廳，價位也非常合理(不收信用卡，若是晚上用餐建議先訂位，否則一位難求)。**推薦美食**：水煮牛肉、香酥雞

▲香酥雞

208

住宿推薦 HOTEL

Château d'Ouchy

★★★★ | www.chateaudouchy.ch | info@chateaudouchy.ch | Place du Port, 1006 Lausanne | +41-(0)21-331-3232 | 雙人房335～905CHF | P.203

由中世紀的古堡所改建，仍保有城堡的外觀。位於湖畔的優越地點，可以同時享受湖光與山色的景致。飯店內附有三溫暖、土耳其浴，並可免費無線上網。

Lausanne Palace & Spa

★★★★★ | www.lausanne-palace.ch | info@lausanne-palace.ch | Grand-Chêne 7-9, 1007 Lausanne | +41-(0)21-331-3131 | 325～740CHF | P.203

位於聖法蘭斯瓦廣場旁，相當豪華氣派。

Hotel Continental

★★★★ | www.hotelcontinental.ch | reservation@hotelcontinental.ch | Place de la Gare 2, 1007 Lausanne | +41-(0)21-321-8800 | 200～420CHF | P.203

這間四星級的旅館位於火車站正對面，樓下就有地鐵站、星巴克及麥當勞，地點非常便利。房間及衛浴近年來已整修過，非常整潔乾淨。

Lausanne Guesthouse & Backpacker

★★★★ | guesthouse-backpacker.hotelslakegeneva.com | info@lausanne-guesthouse.ch | Epinettes 4, 1007 Lausanne | +41-(0)21-601-8000 | 155～178CHF | P.203

這間旅館相當乾淨，有小花園以及遊客可以使用的廚房，設備齊全。從房間窗戶看出去就是雷夢湖；有國際學生證的話，還可以打折。

洛桑／法語區　209

深度特寫 — 拉沃葡萄園區推薦健行路線

瑞士早在西元前100年時就已有生產葡萄酒的紀錄，當時許多湖邊地區都廣泛地種植了葡萄樹，後來修道院生活方式的出現，使葡萄樹的耕種技術雖歷經黑暗時期仍免於失傳；中世紀末，許多私人土地擁有者開始種植葡萄樹，直至今日，瑞士有將近15,000公頃的葡萄園，廣泛分布於各地區。位於洛桑和沃韋(Vevey)間的拉沃(Lavaux)葡萄園區，在西元2007年被聯合國教科文組織列為世界遺產。

拉沃地區是自冰河時期就形成的山坡地形，從12世紀起，種植葡萄釀酒就是拉沃的主要農產。這裡有充足的陽光照耀，據說葡萄一天內可以得到陽光3次的眷顧，包含清晨旭日東升之際、白天湖面反射的光線，以及黃昏時葡萄園牆散發的熱氣。由於陽光特別充裕，所以拉沃地區所產的葡萄也格外香醇。現今種滿了多種葡萄的土地，如梯田般一層層沒入雷夢湖中，景色非常宜人。

以步行來參觀葡萄園區，不僅能深入體驗這些小村莊的靜謐氛圍，而且在葡萄成熟的季節，沿途還會飄來陣陣葡萄香氣，讓人垂涎欲滴，忍不住想要偷摘幾顆品嘗！

拉沃葡萄園區健行路線圖

🚆 由洛桑搭乘開往Villeneuve方向的火車，車程約5～10分鐘

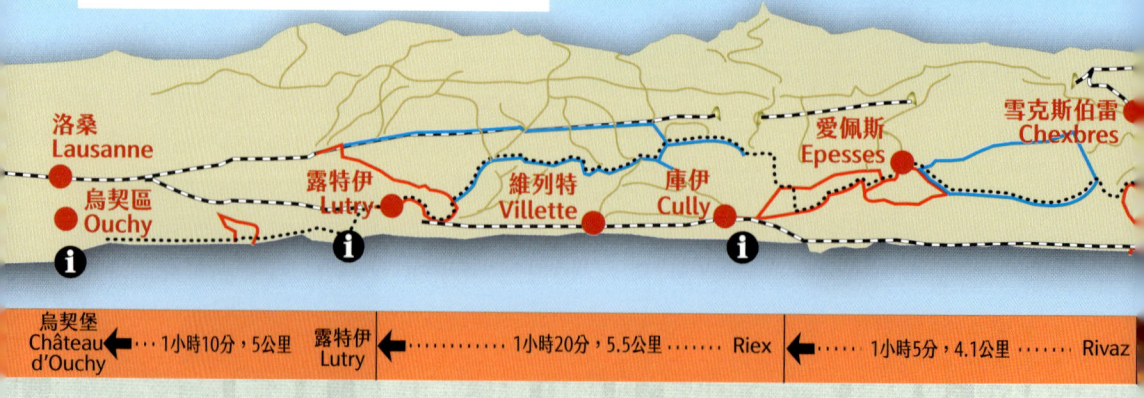

洛桑 Lausanne — 烏契區 Ouchy — 露特伊 Lutry — 維列特 Villette — 庫伊 Cully — 愛佩斯 Epesses — 雪克斯伯雷 Chexbres

烏契堡 Château d'Ouchy ← 1小時10分，5公里 …… 露特伊 Lutry …… 1小時20分，5.5公里 …… Riex …… 1小時5分，4.1公里 …… Rivaz

推薦路線：露特伊→維列特→庫伊→Riex→愛佩斯→雪克斯伯雷→普依都→聖薩佛仁→夏東

露特伊
Lutry

在古羅馬時期，露特伊只是個湖邊的小漁村；不過到了西元11世紀，由於本篤會修道院(Couvent Bénédictin)的建立，讓露特伊順勢發展成繁榮的小鎮，並取代了當時最大村莊庫伊的地位；一直到了契雍城建立，露特伊才逐漸沒落。露特伊有幾個重要的古蹟：包括鐘塔、教堂和建於13世紀的貝特羅城堡(Château Bertholod)。矗立在葡萄園中央的貝特羅城堡，擁有觀望雷夢湖和葡萄園的絕佳視野，景色讓人嘆為觀止。

洛桑／法語區　211

維列特
Villette

盛產葡萄酒的維列特，有多種葡萄酒，葡萄品種優於其他地區，喝起來非常香醇。村內教堂的鐘塔為頂端八角形的傳統造型，是拉沃地區才有的特色建築。

▲雷夢湖令人沉醉的夕陽

庫伊
Cully

過去1千多年以來，庫伊一直都是葡萄園區最大的村落。在西元1723年前，伯恩人一直統治著沃州地區(Vaud)；後來庫伊的居民馬久‧大維(Major Davel)發起反抗活動，把統治的伯恩人趕出雷夢湖區；經過多年的戰爭，到了西元1798年，沃州終於成為獨立的個體。

愛佩斯
Epesses

來到葡萄酒區，愛佩斯絕對是個不能錯過的景點。自古以來，愛佩斯便以種植葡萄和釀造葡萄酒產業聞名，全村居民幾乎都只靠以經營酒莊的方式維生，而且是代代相傳。

☕ Take a Break

Le Baron Tavernier：美景＋美食

位於雷夢湖畔的葡萄園山坡上，有景觀非常漂亮的戶外景觀吧台(Le Deck)，但是只在夏天開放；如果錯過了Le Deck的夏季營業季節，也可以考慮Le Baron Tavernier的豪華旅館及其他室內餐廳。

🌐 www.barontavernier.ch｜📍 Route de la corniche, 1071 Chexbres｜📞 +41-(0)21-926-6000｜🕐 Le Deck戶外酒吧露台4～10月開放，11～12月關閉

雪克斯伯雷
Chexbres

雪克斯伯雷村莊有極佳的視野，可以眺望矗立於雷夢湖畔的契雍古堡和隆河；而且這裡位在拉沃葡萄園區中心，從這邊健行前往附近其他小鎮相當方便。來到此地的遊客，可以到當地酒莊(Caveau des Vignerons)品嘗各式各樣的葡萄酒，體驗暢飲的快感。

庫薩城堡(Château de Crousaz)是村裡最古老的建築之一，曾經遭受多次祝融之災，目前的模樣是西元1603～1607年間所重建。此外，小巷弄間也有一些蓄水池，是自前幾世紀留下來的洗衣槽。

普依都
Puidoux

海拔600公尺高的普依都，是葡萄園區內面積最大的村落。它位在萊茵河與隆河的分界處，整個村莊圍繞著布雷湖(Lac de Bret)，密密層層的葡萄園遍布整片山坡地，是個小巧可愛的村落。

聖薩佛仁
St-Saphorin

如果你沒有時間一一拜訪葡萄園區所有的村莊，那至少不能錯過古色古香的聖薩佛仁。人口不到4百人的聖薩佛仁，交錯縱橫的窄巷和石板古屋是這個村莊的特色。平日走在街上，安靜寧謐的感覺像是座無人空城；和繁華的都市相較，聖薩佛仁是個能讓遊客洗滌身心、徹底解放壓力的桃花源。

洛桑/法語區　213

夏東
Chardonne

　　靠近沃韋的夏東，除了種植葡萄外，鮮乳、起士等其他農產品也頗為出名。由於兼具可眺望湖光和對岸阿爾卑斯山色的優點，吸引了許多富豪來這邊置產，另外也不乏藝術家來這邊尋找創作的靈感；例如畫家波薩(Bosshard)和作家賈克‧夏東(Jacques Chardonne)等。為了紀念這些藝術家，村子裡的街道甚至以他們名字來命名。

　　遊客們可以從夏東搭乘齒軌纜車到沃韋。值得注意的是：當列車抵達車站時，門邊的按鈕會開始閃爍，想前往沃韋的乘客必須要按往下的按鈕，否則列車不會停下來。

Tips　葡萄園列車
Train des Vignes

路線：Vevey→Chexbres

　　葡萄酒列車到西元1990年代才開通，從沃韋出發到拉沃的葡萄園區內的小村莊。腳力不好的遊客，可以考慮搭乘葡萄園專屬列車，體驗穿梭在葡萄園間的另番感受。

@ info@lavauxexpress.ch

洛桑近郊景點

蒙特勒
Montreux

MAP P.12 / B4

鬱鬱蔥蔥的行道樹、繽紛鮮豔的花卉，是湖濱城市蒙特勒的最佳寫照。由於有優美的景色，再加上溫暖的氣候，使得蒙特勒自18世紀開始，就是許多歐洲王宮貴族來瑞士度假必造訪的熱門地點，賭場和大型美容中心相繼設立，成為名副其實的湖畔明珠。

每年7月第二週會舉行蒙特勒爵士樂節，號稱歐洲三大爵士音樂節之一，始於西元1967年而且表演的曲目並不局限於爵士樂，來蒙特勒絕對不能錯過。

契雍城堡
Châteaux Chillon

http www.chillon.ch｜21, Avenue de Chillon, 1820 Montreux｜4〜9月09:00〜19:00，10、3月09:30〜18:00，11〜2月10:00〜17:00(最後入場時間為關閉前1小時)｜成人15CHF，6〜15歲兒童7CHF，持有Swiss Travel Pass免費｜搭乘開往Villeneuve方向的S1火車(地區性火車)，在Veytaux-Chillon站下車；或是自蒙特勒搭1號公車前往；若時間充裕，也可搭船前往

位於雷夢湖畔，始建之時只有四面牆壁，用來存放武器，後因戰略位置日益重要，法國的薩瓦(Savoy)公爵將之擴建成今日的模樣，法文名意指「石塊城堡」，因為是用石塊推砌而成的。除了軍事用途，也曾作為官僚宅第及囚禁犯人的監獄。

洛桑／法語區 215

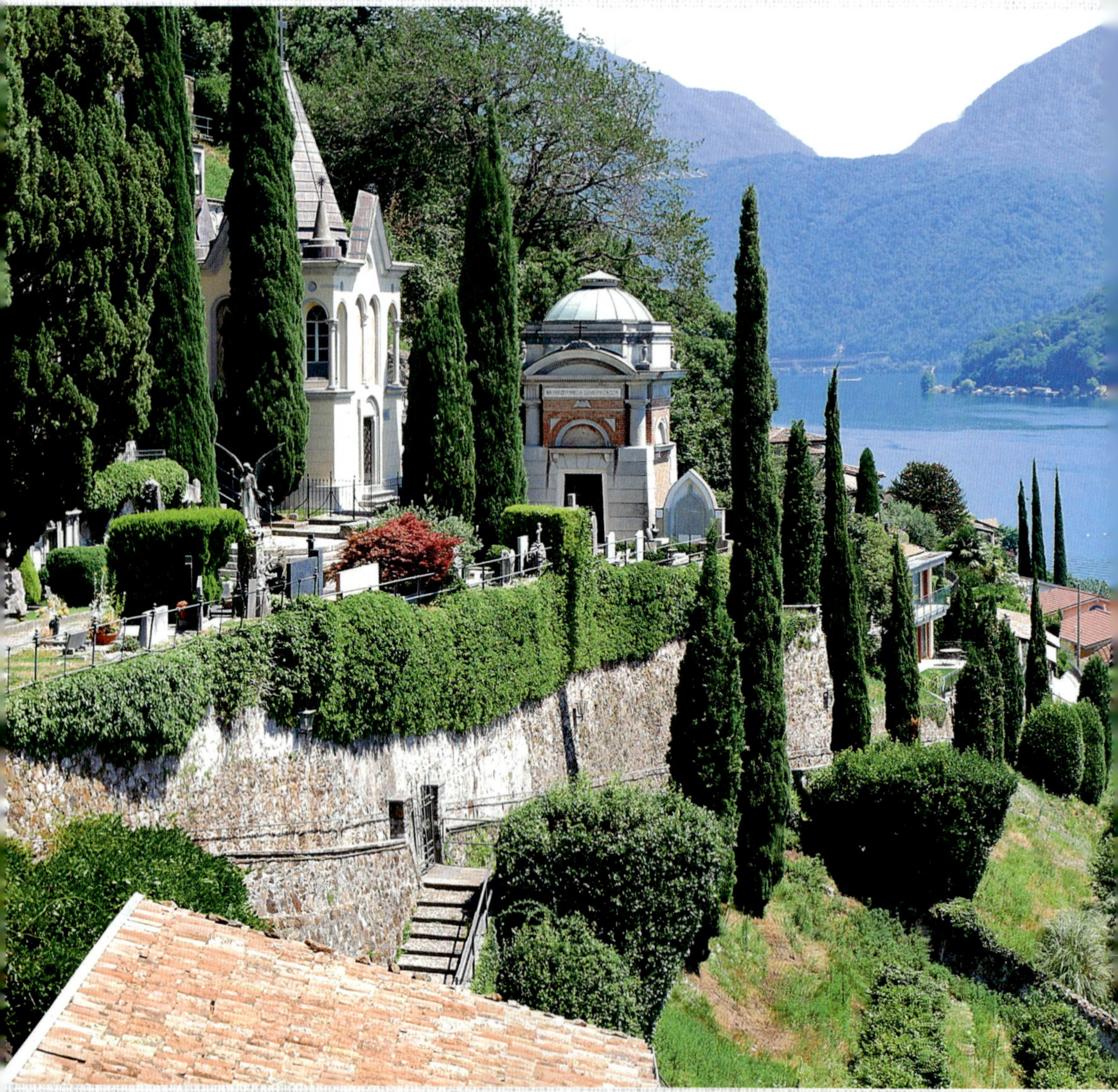

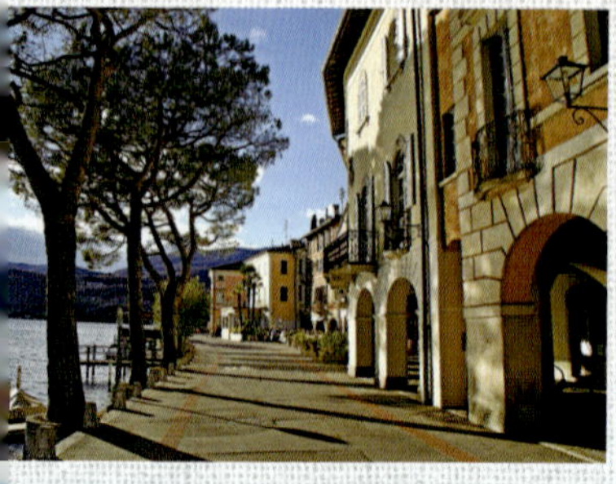

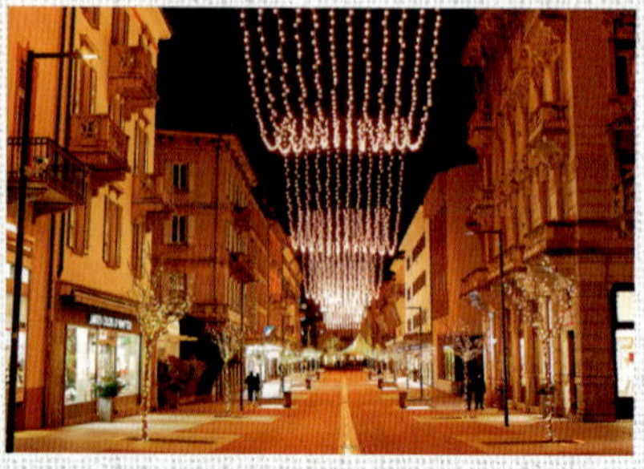

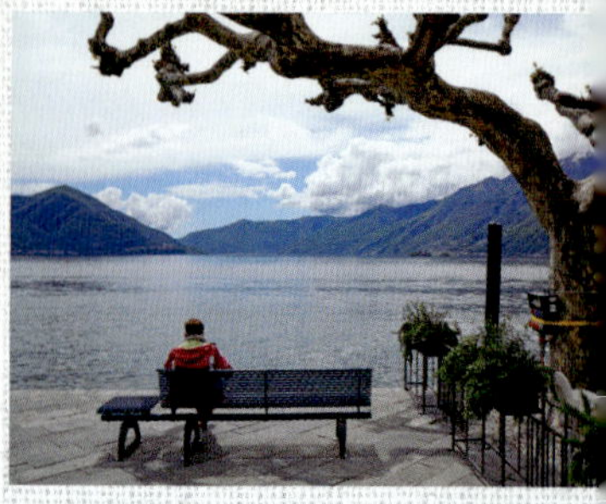

義大利語區

古羅馬的城堡風情

義大利語區主要分布於提契諾州(Ticino)，以及鄰近義大利的交界一帶。長久以來，這裡一直屬於義大利管轄的範圍，因此不論人種或生活習慣，都保存著濃厚的義大利風格。由於這裡位居阿爾卑斯山以南，又是瑞士海拔的最低點，所以也是瑞士氣候最溫暖、陽光最充足的地區。

來到瑞士義語區，遊客們可以立即體會到民眾的熱情；套句當地人的話：這裡融合了義大利的浪漫情調和瑞士的高品質生活，兼具兩者之優點；因此早自18世紀開始，德語區及德國的民眾就興起一波波到提契諾州度假的風潮。很多人每年固定來此一遊，只為享受這地中海型氣候所散發出的度假氣氛。

雖然是義大利語區，不過在羅卡諾(Locarno)和阿斯科納(Ascona)，說德語也是可以通行無阻的；原因很簡單——因為居民習於應付講德文的觀光客。除此之外，洋溢著溫暖陽光和棕櫚樹遍布的小鎮環境，也讓許多德國人都選擇此處作為退休後的養老之地；顯示出這裡輕鬆優雅的環境，確實是許多人夢寐以求的生活方式。

貝林佐納
Bellinzona

古堡巡禮

提契諾州的首府貝林佐納(Bellinzona)，擁有3座列為世界遺產的城堡。這個位於阿爾卑斯山南麓的小鎮，隨時隨地都洋溢著悠閒寧謐的氣氛：五顏六色的房舍林立於蜿蜒的石板路上，人們慵懶地坐在露天咖啡座享受和煦陽光。來到這裡，你得放慢腳步，仔細品味被中世紀堡壘所環繞的小鎮風光。

從蘇黎世、米蘭或琉森每小時都有直達車前往貝林佐納，快車約1.5小時 | MAP P.13 / F4

貝林佐納市區地圖

- Ristorante Lampara
- Da Me
- Hotel Unione
- Gelateria Veneta
- Hotel Internazionale
- 火車站
- 超市 Migros
- 大城堡 Castel Grande
- Piazza Collegiata
- 太陽廣場 Piazza del Sole
- Via Codeborgo
- 蒙特貝羅城堡 Castello di Montebello
- L'Oriente
- Piazza Teatroe
- Piazza Boverno
- 市政廳 Palazzo Civico
- 沙索柯巴洛城堡 Castello di Sasso Corbaro
- Piazza Indipendenza

▲從大城堡的塔頂眺望貝林佐納市區的景觀

大城堡
Castel Grande

🌐 www.fortezzabellinzona.ch｜🕐 城堡：週一10:00～18:00，週二～日09:00～22:00；城牆：夏季10:00～19:00，冬季10:00～17:00；博物館：夏季10:00～18:00，冬季10:30～16:00｜🚫 12/25、12/31｜💲城堡免費；博物館成人15CHF，兒童8CHF，持有Swiss Travel Pass免費｜🚇 由Piazza del Sole廣場旁搭乘電梯前往，約3分鐘｜🗺 P.218

Castelgrande是由義大利文「Castello Grande」兩個字所組成，意指「大城堡」。根據考古資料顯示：早在西元前5千多年的新石器時代，便已經有人類在此處居住。這座位於市中心岩壁上方50公尺高的大城堡，始建於西元4世紀，目前大家所看到的外觀模樣，是自13世紀後多次修建的樣貌。

大城堡和我們印象中的傳統城堡有些不同：它是作戰用的防禦性城堡，所以用堡壘來形容或許更貼切一些；城牆上V字型的城垛便是最佳證據。整座城堡是由大石塊堆砌而成，高聳的城牆綿延至另一個城堡，甚至長達數公里，猶如小型的萬里長城一般。

▲城堡前的大廣場

貝林佐納／義大利語區

分別建於13和14世紀的黑白兩塔，是城堡中現存最古老的建築體。這兩座用以眺望敵情的雙塔，守護著貝林佐納，度過數百年的歲月；如今來訪的遊客們可以攀爬上塔頂，欣賞整個貝林佐納小鎮的風光。此外，早上是拍攝大城堡的最佳時刻，對攝影有興趣的遊客，別忘了要早起囉！

▲城堡內的黑白雙塔

▲城堡夜景

Tips　通往大城堡的捷徑

　　大城堡最近一次整修工程是由來自提契諾州的知名建築師Aurelio Galfetti所設計修復的(西元1984～1991年)。他運用簡單的混凝土牆和幾何線條，將現代建築美學與中古世紀城堡融為一體。從城堡入口處一直到中庭廣場，都不難發現設計者的巧思。

　　在Piazza del Sole廣場旁的城牆下，有條通往大城堡的捷徑，入口處宛如一把開啟這座巨岩的大鑰匙：順著通道直走到底便是通往城堡的電梯了。回程時可以沿著城堡的外圍步道走回市中心，路程約5分鐘。

蒙特貝羅城堡
Castello di Montebello

🕐 城堡復活節～10月底08:00～20:00；博物館復活節～10月底10:00～18:00；冬季期間只能在外部和內部庭院參觀 | 💲 博物館成人10CHF，兒童5CHF，持有Swiss Travel Pass免費 | 🚌 由大教堂後方的小巷子步行前往，約10分鐘 | 🗺 P.218

蒙特貝羅(Montebello)意指「美麗的山」，這座城堡便因坐落於蒙特貝羅山上而得名，但因歷經多次不同政權轉移，名字也曾多次更改。城堡中心最古老的建築體，可追溯到13～14世紀之間；據推測有可能為來自義大利北部柯摩(Como)的盧斯康尼(Rusconi)家族所建造。

由市區抬頭看去，經常可以看見如絲帶般的白雲纏繞著蒙特貝羅城堡，宛如卡通故事裡的場景。城堡隔著貝林佐納市區和大城堡遙望相對，裡面完整保存中古世紀的景觀——吊橋式的城門、大石塊砌成的房舍和地窖，牆還有不斷湧出的泉水可以讓人直接生飲呢！

根據當地人的描述，在他們小的時候，城牆上並沒有目前的鐵製欄杆，在上面行走非常驚險。現在，遊客們可以放心地走在城牆上，仔細從高處一窺城堡各個角落。在晴朗無雲的日子裡，從城堡頂端還可以眺望到馬焦雷湖的蹤影呢！

沙索柯巴洛城堡
Castello di Sasso Corbaro

🕐 城堡復活節～10月底週一10:00～18:00、週二～日10:00～22:00；博物館復活節～10月底10:00～18:00；冬季期間只能在外部和內部庭院參觀 | 💲 城堡免費，博物館成人15CHF，兒童8CHF，持有Swiss Travel Pass免費 | 🚌 由火車站搭乘公車前往，約25分鐘 | 🗺 P.218

由於在西元1479年的一次戰役中落敗，米蘭公爵下令建造這個沙索柯巴洛城堡，以強化瑞士北方的防禦能力。這個城堡建在230公尺高的山頂上，方形的外觀和4.7公尺的厚牆，都是為了要確保貝林佐納谷地的安全。由於位置較偏遠，且不如前兩座城堡壯觀，所以遊客也比較稀少。目前城堡內部除了博物館之外，還有一間Grotto(意指「當地的餐廳」)。

貝林佐納／義大利語區

市政廳
Palazzo Civico

⏰ 白天，若有特殊活動則會在晚間開放 | 💲 免費 | 🚉 由火車站步行前往，約10分鐘 | 🗺 P.218

貝林佐納的市政廳建於13世紀，自完工後就一直是政府機關的所在地；鐘樓的部分則是到了1490年代才增建的。市政廳是座像四合院一般的中空建築體，因此採光極佳；內部走道旁鮮紅的花卉，配上古典的拱門造型，散發出清新脫俗的優雅氣氛。

往拱門內仔細一瞧，居然別有洞天：每一面牆上都有壁畫，主要是描繪貝林佐納幾百年來的歷史演變。仔細觀賞這些栩栩如生的壁畫，會更讓你貼近這個小鎮的昔日風采；由壁畫內容，不難看出市政廳在城市發展中，扮演著相當重要的角色，具有某種程度上的歷史意義。

對早期的瑞士人來說，出生、結婚、死亡，人生中最重要的這三件事都和市政廳脫離不了關係。遊客運氣好的話，說不定會巧遇正在市政廳中庭廣場舉行婚禮的新人。目前市政廳1樓是旅遊中心，2樓和3樓則作為會議廳、投票所和辦公室使用。

Take a Break

貝林佐納週六市集

每逢週六(08:00～12:00)，攤販們便集結在舊城徒步區擺設攤位，迎接貝林佐納市集開市。像這種鄉下地方小鎮，居民就算不需要買菜，也總是習慣在週六早上到市區逛逛，約朋友喝咖啡聊天，住在周圍小鎮的居民還會特地開車前來這邊「逛市集」。說穿了，醉翁之意不在酒，他們大都是來和朋友閒話家常！若想體驗當地人的生活，週六別忘了這兒來逛逛市集！

餐廳推薦 GOURMET

Gelateria Veneta

📍 Via Henri Guisan 6, 6500 Bellinzona ｜ 休 10月底～2月 ｜ $ 一份3CHF，一大盒15CHF ｜ MAP P.218

對於喜愛美食的饕客，絕對不能錯過這家位於貝林佐納市區的義大利手工冰淇淋店，每到夏天，都呈現大排長龍的盛況，讓遊客在瑞士就能吃到真材實料的義大利手工冰淇淋。**推薦美食**：瑞士巧克力(Stracci-atella)、覆盆子(Lamponi)、芒果(Mango)。

▲色彩繽紛的義式冰淇淋

Da Me

🌐 www.dame-bellinzona.ch ｜ 📍 Via S. Giovanni 9, 6500 Bellinzona ｜ ☎ +41-(0)91-825-1819 ｜ ⏰ 11:00～14:30、17:00～23:00(週四～六至24:00) ｜ $ 25～35CHF ｜ MAP P.218

這家餐廳的外觀也許看起來不太起眼，但是便利的地點和新潮的裝潢風格，吸引了許多當地年輕人前來消費。這家餐廳的招牌菜，以炭烤牛排和漢堡類的食物最出名，也會定期推出其他特殊的餐點，如入口即化的烤雞搭配特製的醬料，也是頗受歡迎的菜色。

▲招牌的漢堡套餐

Ristorante Lampara

🌐 www.lalampara.ch ｜ 📍 Via Henri Guisan 3, 6500 Bellinzona ｜ ☎ +41-(0)91-826-2136 ｜ $ 每人25～35CHF ｜ MAP P.218

這家餐廳位於大城堡附近(Coop超市正對面)，提供了道地的義大利傳統料理，電視還曾經特別介紹過，不但菜肴的分量大、價位又公道，吃過的人都讚不絕口。**推薦美食**：海鮮燉飯(risotto frutti di mare)、現烤披薩。

貝林佐納／義大利語區 223

住宿推薦

Hotel Internazionale

★★★ | http www.hotel-internazionale.ch | @ info@hotel-internazionale.ch | ⊙ Piazza Stazione 35, 6500 Bellinzona | ℂ +41-(0)91-825-4333 | $ 184～310CHF | MAP P.218

這家三星級旅館位於火車站的正對面，外觀是典型的文藝復興風格建築，步行前往市區或搭車都很便利。

Hotel Unione

★★★ | http www.hotel-unione.ch | @ info@hotelunione.ch | ⊙ Via G. Guisan, 6500 Bellinzona | ℂ +41-(0)91-825-5577 | $ 150～320CHF | MAP P.218

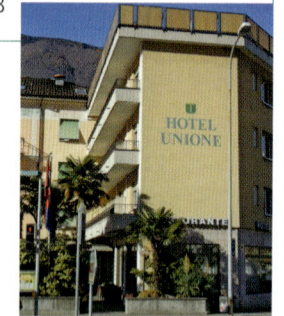

貝林佐納市區最好的旅館之一。距離火車站約5分鐘的路程，而且對面就是Coop超市，非常方便。

Ricky家民宿

http www.travelwithrickysu.com | @ reminsu@yahoo.com.tw | $ 雙人房每晚180CHF(含早晚餐)

Ricky自2006年開始在貝林佐納經營民宿，民宿擁有絕佳的壯闊視野，前往附近的盧加諾和羅卡諾等地都很方便，甚至很多旅客還會安排去義大利的米蘭和科摩(Como)等景點。住在這裡並以放射性的玩法來安排行程，再理想不過了。

貝林佐納近郊景點

塔瑪洛山
Monte Tamaro

[http] www.montetamaro.ch | [位置] Monte Tamaro SA, 6802 Rivera | [時間] 4～10月08:30～17:00，7～8月至18:00 | [價格] 來回纜車成人31CHF，6～15歲、持有Swiss Travel Pass或半價卡享有半價優惠 | [交通] 自Bellinzona搭乘S10區間車，在Rivera-Bironico站下車(車程約10分鐘)，再走到纜車站約8分鐘路程(纜車站就在Splash e Spa水上樂園旁邊) | [注意] 纜車中途會先停1站，第二站才是Monte Tamaro | [MAP] P.13 / F4

塔瑪洛山的最高點有1,900多公尺高，設有許多遊樂區，包括森林遊樂園、雲霄滑車及各種戶外活動。山頂上的聖瑪利亞天使教堂(Chiesa Santa Maria degli Angeli)，如城牆般聳立在山巔，為知名建築師馬利歐‧波塔(Mario Botta)的作品，從這裡能眺望整個貝林佐納市區，擁有絕佳的視野。除此之外，還可以一路健行到雷馬山(Monte Lema)再搭纜車下山，是非常值得來玩的私房景點。

▲聖瑪利亞天使教堂及山谷下的貝林佐納

Tips 一石二鳥的玩法

前往塔瑪洛山的纜車站緊鄰Splash e Spa水上樂園，兩個景點通常會推出套裝折價券；因此可以安排在同一天，早上先前往山區健行，下山後接著去做Spa，讓疲憊的身體恢復元氣。

▲塔瑪洛山頂上的小湖泊

貝林佐納／義大利語區

綜合水上樂園
Splash e Spa

[http] splashespa.ch｜[◎] Via Campagnole 1, 6802 Rivera Monteceneri｜[⏰] 11:00～20:45，滑水道12:00開放｜[$] 4小時滑水道16歲以上成人39CHF，6～15歲29CHF，週末與假日加收4CHF｜[🚆] 自Bellinzona搭乘S10區間車，在Rivera-Bironico站下車(車程約10分鐘)，出車站往右走約300公尺便能看到｜[❓] 需自備泳裝，毛巾可租借或自備｜[MAP] P.13 / F4

　　Splash e Spa為瑞士規模最大的綜合水上樂園，包括各式各樣的滑水道，從普通等級到驚心動魄的滑道皆有。若是不想追求刺激，不妨嘗試適合親子同樂的海浪池及水療游泳池。由於大多數的設施都在室內，而且擁有溫水及暖氣的環境，即使天氣不佳或是寒冷的冬天都能前來玩樂。喜歡三溫暖的人，還能加購烤箱及蒸氣浴等設施，不論是動態的活動或純粹放鬆身心，都能滿足你的需求。

西藏吊橋
Carasc Tibetan Bridge

[$] 免費｜[🚆] 自Bellinzona火車站搭乘2、311號公車在Monte Carasso, Urènn/Funivia站下車，往前走100公尺處的右側有前往Mornera的纜車站，搭纜車到Curzútt站下(來回10CHF)，再沿著Carasc Tibetan Bridge的指標健行約1小時即可抵達。回程可以從吊橋的另一邊走下山｜[MAP] P.13 / F4

　　位於貝林佐納近郊的卡拉斯克・西藏式懸吊橋，距離地面的高度有130公尺，長達270公尺，為瑞士目前最長的西藏吊橋。這座吊橋橫越聖門提那(Sementina)和蒙特卡拉索(Monte Carasso)兩村落之間的峽谷，縮短了健行者的路程，還成為跨越2座山頭的捷徑。

　　吊橋的寬度僅有1公尺左右，踩在厚實的木板上倒也不用擔心會踩空而掉到山谷裡。但是，越往吊橋中央走去，或停留在橋上的時間越長，就會覺得站在隨風擺動的吊橋上驚悚萬分，據新聞報導很多人不敢走完全程。如果你自認膽子夠大，不妨來挑戰這座瑞士最長的西藏吊橋，相信會有難忘的回憶。

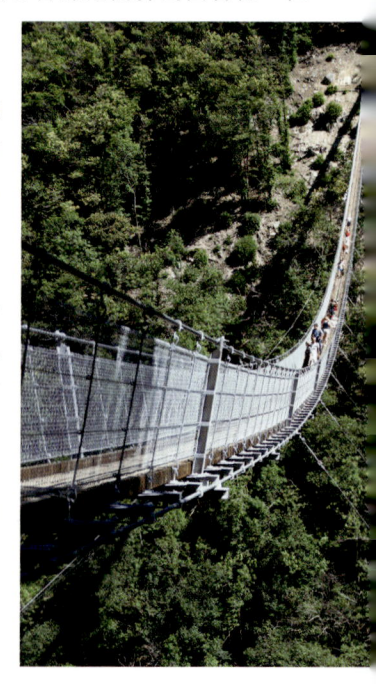

羅卡諾
Locarno

陽光熱力的影展小鎮

　　跟其他的度假名勝相比之下，這裡沒有炊煙裊裊的小木屋，也不是著名的滑雪勝地，更沒有巍峨的高山和壯觀的冰河；取而代之的卻是滿街迎風搖曳的棕櫚樹，聲色霓虹的酒吧，以及露天的咖啡座及冰淇淋攤位。出現這樣的景象，讓人有來到義大利的錯覺。

　　每年眾多的國際活動和演唱會，將羅卡諾帶到了旅遊的巔峰期；尤其是國際知名的羅卡諾影展，更掀起整個夏季活動的序幕，讓夏季的羅卡諾變得「星光閃閃」。羅卡諾(Locarno)位於馬焦雷湖(Lago Maggiore)畔，因受地中海型氣候的影響，絲毫感受不到阿爾卑斯山的寒意；馬路旁的棕櫚樹、五顏六色的山茶花、停靠湖畔的遊艇，讓這兒儼然就像個海邊的度假中心。

離貝林佐納約20分鐘的車程 | P.13 / E4

羅卡諾市區地圖

- 前往卡兒答達的纜車站
- Convento Cappuccini
- 薩索聖母聖殿朝聖堂 Madonna del Sasso
- 前往薩索聖母聖殿朝聖堂的纜車
- 前往阿斯科納公車站
- 市政廳 Municipio
- Collegio San Eugenio
- Santa Catarina
- 火車站
- Piazza Stazione
- 大廣場 Piazza Grande
- 新教堂 Chiesa Nuovo
- 威斯康堤歐城堡 Castello Visconteo
- Kursaal
- Palazzo della Conferenza
- Debarcadero
- 馬焦雷湖 Lago Maggiore

羅卡諾／義大利語區　227

大廣場
Piazza Grande

由火車站步行前往，約5分鐘 | MAP P.227

平日的大廣場雖只是個不起眼的停車處所，但每逢市集或節慶的日子，這裡可是人聲鼎沸、熱鬧非凡。廣場旁一整排老舊的房舍，經過色彩繽紛的油漆粉刷後，每間屋子都顯得美侖美奐；朱紅、淡紫、碧綠等諸色紛呈，絲毫看不出它們都是有上百年歷史的建築；而這排房屋下的騎樓，可是來到羅卡諾的遊客絕對不該錯過的地方。

沿著騎樓走著，你會看見五花八門的小鋪，以及絢麗奪目的精美櫥窗；這裡是逛街血拼的最佳去處。你也可以隨意挑選一家酒吧或餐廳，坐下來喝杯啤酒或點份冰淇淋，甚至來一盤道地義大利口味的披薩，讓這裡頓時又成了老饕饞客的天堂。每年11月底到隔年的1月初，大廣場將會變成戶外的溜冰場，喜歡溜冰刀的人不妨前來體驗看看。

新教堂
Chiesa Nuova

Via Cittadella | 免費 | MAP P.227

位於舊城區的新教堂，建於西元1630年，當時是為了和原來的舊教堂有所區分，大家才稱之為新教堂。這座教堂屬於華麗的巴洛克式建築，在泥灰的外牆上有幾幅栩栩如繪的雕塑，其中以真人般大小的聖克里斯多福(St. Christopher)雕像最引人側目。因為教堂興建之初，正值黑死病流行過後的時期，居民希望能藉由聖克里斯多福的庇佑，降低疫情的傳播，所以在教堂外牆擺設了他的雕像。

▲教堂內華麗的巴洛克裝飾

薩索聖母聖殿朝聖堂
Madonna del Sasso

⑤ 搭乘纜車來回票8CHF；入教堂免費｜🚂 由羅卡諾搭乘前往Orselina的登山齒軌火車，約5分鐘即可抵達｜🗺 P.227

往羅卡諾的山腰望去，有座醒目的黃色教堂佇立於市區正上方，這就是建於西元1480年的薩索聖母聖殿朝聖堂。據說當時有位巴托羅歐(Bartholomeo d'Ivrea)神父，宣稱在夢中得到聖母瑪麗亞的指示，因而遊說修道院開始興建此教堂。前往教堂最快的方式，就是從市區搭乘電纜車上山。這座坐落在崖壁上的教堂，屬於文藝復興時期的建築；由於它是由信徒們親手建造的，因此規模不大，整體的設計也顯得有點雜亂。教堂旁的迴廊，是眺望馬焦雷湖的絕佳景點。目前教堂的修道院依然有修士居住，參觀時請勿大聲喧鬧。

威斯康堤歐城堡
Castello Visconteo

📍 Piazza Castello 2｜🕐 博物館週一～五14:00～18:00，週六～日及假日10:00～18:00｜休 週二(博物館)｜⑤ 博物館10CHF｜🚌 從火車站搭乘31號公車，在Castello Visconteo站下車｜🗺 P.227

走到大廣場的盡頭，就是羅卡諾的威斯康堤歐城堡所在地。中古世紀時，馬焦雷湖地區屬於義大利的領地，歸米蘭的威斯康堤公爵(Visconti)掌管。當時勢力龐大的威斯康堤家族

▲威斯康堤歐城堡外觀

羅卡諾／義大利語區 229

大肆擴建城堡，這也是威斯康堤歐城堡最風光的時代。到了16世紀，北方的瑞士軍隊攻占提契諾州，摧毀了城堡的部分建築，至今城堡外還可以看到斷壁殘垣的遺跡。目前城堡以考古博物館的方式對外開放，展示許多古羅馬時期的玻璃製品和陶器。

▲城堡博物館內展示的古羅馬時期玻璃製品

卡兒答達
Cardada

www.cardada.ch｜纜車維修期間或是惡劣天氣下不開放｜36CHF，持有Swiss Travel Pass享有半價優惠｜由薩索聖母殿朝聖堂旁邊的纜車站搭車上山｜P.227

◀卡兒答達山上的懸吊式纜車

卡兒答達是來到羅卡諾的遊客們不可錯過的旅遊重地；聖母教堂旁的纜車站，就是前往卡兒答達的起點。這個50年前原本用來乘載滑雪客的纜車，經由瑞士知名建築師馬利歐·波塔（Mario Botta）在1996年重新設計後，頓時成為提契諾州最夯的景點之一。四周透明的玻璃窗和鋁門，搭配其流線型的外觀，讓遊客們能在纜車上將馬焦雷湖的明媚風光盡收眼底。

抵達卡兒答達後，往左方一直走到山崖邊，便是懸吊式的觀景台（Terrazza Panoramica）。這個搭在山崖邊的觀景台，會隨著風勢而搖晃，走在上頭倒是有點讓人膽戰心驚；不過這裡可是觀賞阿爾卑斯山脈和馬賈河谷最棒的地點了。穿越森林小徑，往另一個方向走去，可以看見搭乘滑雪式小纜車的車站，由這兒可以再往上前進，抵達更高的齊美塔（Cimetta）；在這邊不但可以眺望到馬焦雷湖對岸的義大利，還有多條健行步道供遊客選擇。運氣好的話，還有可能在健行時巧遇野生梅花鹿喔！

▲卡兒答達山上的景觀臺

馬利歐·波塔 Mario Botta　豆知識

出生於提契諾州的馬利歐·波塔，早期在盧加諾當學徒。之後分別進入米蘭藝術學院和威尼斯大學建築學院就讀。在學業結束後，他回到家鄉，並在盧加諾開始發展他的建築事業。

他的藝術天賦讓他的作品在當地頗受好評，之後他的名氣很快地散播到瑞士全國，甚至歐洲其他國家；如今連位居亞洲的韓國，也看得到這位大師的創作。他設計的作品種類繁多，包括博物館、銀行大樓、會議中心等，也有一般的住宅。

羅卡諾近郊景點

阿斯科納
Ascona

🚌 由羅卡諾火車站對面的公車站，搭乘1號公車，在Ascona Center站(終點站)下車，回程在斜對面上車 | MAP P.13 / E5

位於馬焦雷湖畔的阿斯科納，離羅卡諾僅10分鐘的車程。在19世紀時期，這裡只是一個不起眼的小漁村，因為有充足的陽光和優美的湖光山色，吸引了一批哲學家、藝術家等理想主義者，來此建立其理想中的桃花源。

阿斯科納是瑞士的最低點，因此平均氣溫和陽光都是全國之最。擁有如此得天獨厚的地理環境，讓阿斯科納很快地變成熱門度假勝地。湖邊的人行步道旁，林立著露天咖啡廳和特色小餐館，旅客可以感受到文藝小鎮的悠閒。

▲洋溢著休閒氣息的阿斯科納

羅卡諾／義大利語區　231

☕ Take a Break

Grotto Baldoria 輕鬆享用美食

在義大利語區「Grotto」是指供應傳統菜肴的餐廳。Grotto Baldoria不但以吃到飽的方式提供道地的義大利美食，而且一個人的用餐費才20CHF。在這裡用餐，沒有浪漫的音樂，也不會有穿西裝打領帶的服務生在旁隨時「監督」；遊客坐下來後，只需簡單地點杯飲料即可，因為飲料是另外計費的。

接下來工作人員就會開始把各式各樣的美味佳肴端到你面前，包括新鮮紅嫩的義式煙燻火腿、鬆軟香濃的玉米糕、嚼勁十足的義大利麵、各種口味的起士、燉牛肉等，還有餐廳自製的烤酥餅。Grotto Baldoria出菜的順序，跟高級餐廳差不多，不過用餐時喧囂吵鬧的情況，就有如在吃流水席一般，讓人覺得更輕鬆自在。在肉類普遍昂貴的瑞士，這裡的價位算是非常便宜，因此這家小餐廳的名氣，可說是遠近馳名。

▲座無虛席的盛況

▲晚餐會有牛舌

▲前往 Grotto Baldoria 的標示牌

grottobaldoria.com | Via St. Omobono, 6612 Ascona | +41-(0)91-791-3298 | 4〜10月，午餐12:00〜14:30，晚餐18:00〜22:30 | 搭公車到Ascona，然後步行前往，約10分鐘

馬賈河谷
Valle Maggia

🚆 由羅卡諾的地下火車站搭乘Fart小火車，約8分鐘

位於羅卡諾北方，是提契諾州知名的谷地之一。這些谷地由於長年經過河流沖蝕切割，形成了險峻陡峭的峽谷。峽谷的地勢奇特，而且溪澗明澈見底，所以每年夏天，都有大批觀光客前來戲水。充足的陽光加上透心涼的河水，絕對是酷夏時分最佳的消暑良劑。

然而美麗的馬賈河谷，也曾有一段乏人問津的低潮時期：19世紀中，由於糧食短缺且資源匱乏，當地居民謀生不易，人口紛紛外移；但也可能是因為這個緣故，讓馬賈河谷的村莊，至今仍保持著昔日的舊貌。這條馬賈河在層層碩磊巨石的阻隔下，在整個峽谷中形成許多大小不一的湖泊，因此馬賈河和一般湍急的溪

Tips	馬賈河谷天體營

最佳造訪時節：6～9月初

從羅卡諾的地下火車站出發，搭車前往Ponte Brolla站下車，約8分鐘車程；也可以從火車站搭公車前往。抵達Ponte Brolla之後，再從路邊的小徑走下山谷。

許多喜好天體的歐美人士，夏季會定期到馬賈河谷來曬太陽；所以遊客們要有心理準備，可能會看到一絲不掛做日光浴的人。看到他們時不需要露出訝異神情，或是因尷尬而做出任何奇怪舉動，其實這在歐美地區這是很自然、也是很享受的一件事。對於喜愛天體的人們來說，裸露身體只是單純崇尚自然的行為：因為不喜歡衣物的束縛，所以不論在自家臥房裡，還是油亮碧綠的草坪上，這些人都可以毫不顧忌地袒裼裸裎，追求回歸自然的境界。

流不同，它的水流是平靜無波的。河水明澈如鏡，淺的地方，可清楚地數出河底小石子；深的部分，水色碧綠泛藍，好似一塊上等美玉。

泡在沁涼的河水中，一邊享受溫暖的陽光，一邊仰望藍天白雲，偶爾還會看見肥碩的魚兒悠悠自身旁游過。躺在這裡，感覺好像到小說中的仙境神遊了一番。

▲如水晶般透明的河裡，有許多悠哉悠哉的魚群

翡薩斯卡山谷
Valle Verzasca

🚌 由羅卡諾搭乘前往Verzasca的公車

距離羅卡諾東方1.5公里處的田內羅(Tenero)，是翡薩斯卡谷地的起點。這個位於馬嬌雷湖畔的小村莊，有寧謐如鏡的湖水和如海灘般的細沙，非常適合發展夏季水上活動。許多遊客會在夏日前來田內羅運動中心露營和戲水，7、8月的旺季時更是一位難求。

翡薩斯卡谷地的民眾，自古以來便以農牧業為生，主要產品為牛奶、起士等。因為交通不便，所以居民只有夏季才會住在山谷中，冬天就會回到平地的村莊居住。由於開發上的困難，翡薩斯卡谷地現在還保存著許多百年歷史的老屋，當地人表示因為工資昂貴，山谷裡的石板屋通常是主人親自蓋的，甚至整修翻新時也是由全家人一點一滴去完成。外來者很難想像如此清靜的桃花源，原來是前人辛苦建造的成果。

▲夏季前來翡薩斯卡谷地戲水的民眾

翡薩斯卡水壩
Diga Verzasca

📶 www.trekking.ch │ @ info@trekking.ch │ ☎ +41-(0)41-390-4040 │ 🕐 4月中～10月 │ 💲 高空彈跳(007 CLASSIC JUMP)：每次成人255CHF、學生195CHF │ 🚌 由羅卡諾搭乘前往Verzasca的公車，在Diga Verzasca下車

　　進入翡薩斯卡山谷的第一個景點，就是翡薩斯卡水壩。在007電影系列的《黃金眼》一片中，龐德便是從這邊縱身跳下山谷，拉開了電影的序幕。這個歐洲最大的水壩，一邊是平靜無波的湖水，另一則是深達220公尺的萬丈深淵；遊客們可在水壩上行走，觀看這兩側截然不同的景觀。如果你的心臟夠強，也可以嘗試從水壩上一躍而下的高空彈跳，有各種不同彈跳方式可供選擇。

▲壯觀的翡薩斯卡水壩

▲在水壩上準備高空彈跳的遊客

古羅馬橋
Ponte dei Salti

🚌 由羅卡諾搭乘前往Verzasca的公車，在Lavertezzo下車

　　從水壩繼續往山裡前進，可抵達建於17世紀的古羅馬橋，這也是翡薩斯卡山谷最熱門的景點。由兩個小拱橋組合而成的古羅馬橋，以河中突起的岩石為中心支撐點，橋身寬度大約只有1公尺，而且沒有任何護欄。

　　走在狹窄的橋上，和他人擦身而過時，感覺相當驚險刺激。夏季時分，此處是遊客們的最愛；許多人會專程開車前來古羅馬橋這裡，躺在岩石上曬曬太陽，或是到河中戲水，甚至有些年輕人會跑到拱橋中心，往清澈碧綠的河水一躍而下，享受跳水的快感。

▲橋身寬度約1公尺的古羅馬橋

▲古羅馬橋位於Lavertezzo村莊

羅卡諾／義大利語區　235

索諾紐
Sonogno

🚌 由羅卡諾搭乘前往Verzasca的公車，在Sonogno下車

位於翡薩斯卡山谷終點的索諾紐，16世紀時便已存在，但當時的村落叫做聖諾尼歐（Senognio）。放眼望去，整個小村落的房屋都是義大利語區傳統的石板屋，雖然內部都已重新整修過，但是以石塊堆砌而成的屋頂和牆壁仍然相當具有特色。由於每間石板小屋看起來都差不多，店家會將招牌掛在自家門口，是相當獨特的景象。

早期這裡的居民以生產農作物自給自足的生活方式，一直持續到近代，所以這裡還有許多傳統農場。居民會親手編織毛線衣物，街頭也會看見他們販售自製的果醬和起士。穿過村莊再繼續健行約2公里，來到一處瀑布祕境Cascata La Froda。夏天時，附近的農家會在這裡放養山羊，看起來像是與世隔絕的仙境。

▲索諾紐的傳統石屋

盧加諾
Lugano

時尚金融之都

盧加諾是個集金融與時尚於一身的都市。它是提契諾州第一大、也是瑞士第三大的金融中心。由於距離時尚之都米蘭只有1個小時的車程，許多精品時裝都到盧加諾來設立門市，建立瑞士境內的據點。繁榮的經濟活動和湖濱的秀麗景致，同時也吸引了大批民眾和明星們，前來盧加諾投資和置產。

由貝林佐納搭乘火車前往，約20分鐘 | MAP P.13 / F5

盧加諾市區地圖

- Basilica dei Sacro Cuore
- Banca del Gottardo
- Chiesa dei Cappuccini
- Hotel Lugano Dante
- 利弗馬廣場 Piazza della Riforma
- 會議中心 Palazzo dei Congressi
- Hotel Atlantico
- Grand Hotel Villa Castagnola au Lac
- 纜車 Funicolare
- 火車站 Stazione
- Spaghetti Pomodoro
- San Rocco
- Chiesa Protestante
- 前往Monte Brè 的纜車站方向
- 聖羅倫佐大教堂 Cattedrale di San Lorenzo
- 市政廳 Municipio
- Kursaal Casino
- Villa Ciani
- 市民公園 Parco Civico
- 圖書館及博物館
- Bagno Pubblico 游泳池
- Grand Cafe all'Porto
- Piazza Rezzonico
- Riva G. Albertolli
- Palazzo Albertolli
- 碼頭 Debarcadero
- Palazzo Riva
- 那薩街 Via Nassa
- 藝術博物館 Museo Cantonale d'arte
- 聖瑪麗亞教堂 Santa Maria degli Angeli
- 盧加諾湖 Lago Di Lugano
- 往Hotel Admiral方向
- 文化藝術中心LAC Lugano Arte e Cultura
- 往聖薩爾瓦多山方向
- 北

盧加諾／義大利語區 237

聖羅倫佐大教堂
Cattedrale di San Lorenzo

由盧加諾火車站步行前往，約5分鐘 | P.237

步出盧加諾火車站，便有一座被湖光山色環繞的鐘塔映入眼簾，這就是盧加諾的聖羅倫佐大教堂。根據文獻記載，這座教堂最早建於西元前875年，之後曾經歷多次翻修。大門門面的乳白色雕刻維妙維肖，屬於文藝復興早期風格；教堂內部的濕壁畫，是繪於14～16世紀之間；教堂的祭壇則為米蘭大教堂設計師安德烈‧比費(Andrea Biffi)的作品，是另一個不容錯過的景點。

聖瑪麗亞教堂
Santa Maria degli Angeli

由利弗馬廣場步行前往，約10分鐘 | P.237

位於盧加諾舊城區起點的聖母天使教堂，興建於西元1499年，為瑞士境內文藝復興時期的代表性建築。當年，教堂隸屬於修道院的一部分，從教堂旁邊大樓底下的拱廊走進去，依然可以看見保存完整的修道院中庭。雖然教堂的外觀看起來不怎麼起眼，但是一走進教堂，映入眼簾的濕壁畫《基督受難像》馬上成為眾人的目光焦點。

這幅濕壁畫已經保存了數百年之久，出自義大利畫家貝納迪諾‧盧伊尼(Bernardino Luini)之手，他是達文西的學生，擅長突顯出人物畫像及生動的表情。教堂中央的濕壁畫為耶穌釘在十字架上的場景，整幅畫中共有153名人物，藉由維妙維肖的臉部細節及繽紛的顏色來呈現出豐富的情境，是一幅讓人嘆為觀止的傑出作品。

利弗馬廣場
Piazza della Riforma

由盧加諾火車站步行前往，約15分鐘
MAP P.237

位於盧加諾市中心的利弗馬廣場，周圍是整排的露天咖啡座和形形色色的小餐館。每逢晴朗的天氣，民眾們都喜歡坐在這裡享受溫暖的陽光，吃頓飯或品嘗一杯道地的義式Capuccino，一邊享受美食，同時欣賞廣場對面文藝復興風格的市政廳(Palazzo Civico)，以及若隱若現的湖景。

這座市政廳是1841年由市議會決定興建，當時的州政府由盧加諾、羅卡諾和貝林佐納這3個城市每6年輪替，建設的費用則是民眾繳納的稅金。因此在市政府的立面山形牆底部寫著拉丁文「Aere civium conditum anno MDCCCXXXXIV」，意指「1844年用公民的資金建造」。

山形牆上方的鐘是盧加諾第一座公共時鐘。立面4根梁柱左右對稱，左邊的雕像象徵著立法機關，手持州徽和法律書；右邊則代表行政機關，手上拿著州憲法的羊皮紙。至於拱門上方的州徽盾牌，上面LVGA的字母是盧加諾的拉丁文縮寫。

廣場旁的那薩街(Via Nassa)是逛街購物的好地方，街上精品名牌店林立，媲美蘇黎世的班霍夫大道，寶格麗(Bvlgari)、愛瑪仕(Hermès)、路易威登(LV)等各大名牌皆聚集在此。即使是自家出產名牌的義大利人，也喜歡越過國境到這裡來逛街，可見此地的魅力。

▲文藝復興風格的市政廳

▲市政廳內部中庭

▲LVGA 是盧加諾的拉丁文縮寫

▲那薩街上林立著許多精品店

盧加諾／義大利語區

市民公園
Parco Civico

由利弗馬廣場步行前往，約10分鐘 | P.237

沿著湖濱步道走到底，便是花團錦簇的市民公園。19世紀時，這個占地超過6公頃的公園，被盧加諾的貴族齊阿尼兄弟所買下，並種植大量的植物和花卉；因此當地人也稱它為齊阿尼公園(Parco Ciani)。平日可以看見民眾零零星星躺在公園的草坪上做日光浴，有成群踢足球的年輕學生，也有帶著小孩玩耍的父母，當然更少不了一對對情侶依偎在低垂樹蔭下，一起度過浪漫又美麗的時光。

市民公園主要區分為前後兩區，靠近市區一側為花園區及齊阿尼別墅(Villa Ciani)，由齊阿尼家族於西元1840年所興建，作為展覽館使用，內部有通道直接聯繫後方的國會大樓，見證盧加諾地區過去1百多年來的文藝發展。後半部到河畔的範圍則為茂盛的林木區，包括橡木、楓樹及梧桐樹，並設有歷史博物館、學校及圖書館等學術中心。

▲公園裡的齊阿尼別墅

▲春夏季節園百花盛開的景象

文化藝術中心
LAC Lugano Arte e Cultura

www.luganolac.ch | Piazza Bernardino Luini 6, 6900 Lugano | 週二～日10:00～18:00，週四至20:00 | 週一(復活節週一除外) | 成人15CHF，17～25歲學生及65歲以上10CHF，16歲以下免費 | 自Lugano火車站搭乘4號公車，在Piazza Luini站下車 | P.237

這棟位於湖畔的藝術中心，原址曾經是盧

加諾市區最奢華的Grand Hotel Palace，旅館自70年代結束營業後便一直荒廢，直到西元2010年，當地政府在旅館的遺址實施重建工程，採用最節省資源的天然方式，打造出一座新穎摩登的現代化建築，結合了劇院、博物館、展覽館等多功能的文化殿堂。

透過藝術中心的大片透視玻璃窗，可以直接欣賞到波光粼粼的湖景，拉近了博物館及湖泊的距離；劇院內部全以木材打造，張力十足的環狀曲線設計，添增了絕佳的音響效果，共可以容納約1,000名觀眾。博物館內蒐藏了盧加諾及提契諾州的藝術作品，並會舉辦固定及不定期的展覽。大樓內還設有書店及酒吧，提供旅客一處高品質的文化饗宴。

聖薩爾瓦多山
Monte San Salvatore

www.montesansalvatore.ch｜僅在夏季3～10月行駛｜由盧加諾搭火車、公車或是由湖畔搭船至Paradsio，再換乘纜車上山｜P.237

聖薩爾瓦多山是盧加諾地區最高的山，可以同時眺望盧加諾湖和科摩湖；天氣晴朗的時候，從山頂還可隱約看見義大利的整個米蘭地區。煙波飄渺的湖面在蔥翠山巒的陪襯下，瀰漫著一股神祕誘人的氣息；面對著這樣一幅如夢似幻的景致，連眨下眼睛都是奢侈的。

布雷山
Monte Bré

🌐 www.montebre.ch｜🕐 3～12月(詳細日期請參考官方網站)｜🚌 由盧加諾市區搭乘1號公車，在Cassarate Monte Bre站下車，再換乘纜車上山｜🗺 P.237

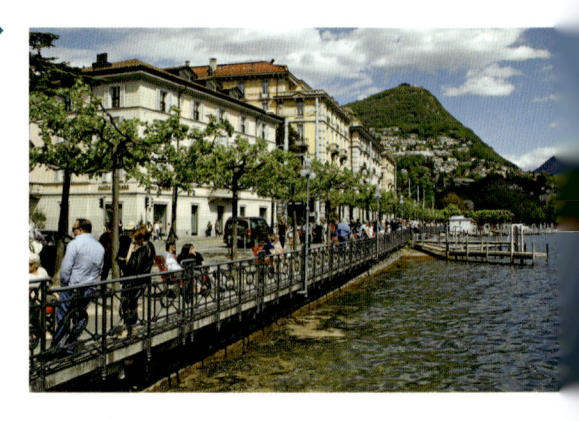

過了市民公園再走5分鐘左右，便是前往布雷山的纜車站。在換乘兩段齒軌火車上山後，便可抵達布雷山頂。這座矗立在湖畔的布雷山，是眺望盧加諾的最佳景點；由於視野極佳，這裡也是盧加諾的高級住宅區之一(另一個是Paradiso區)。在天氣晴朗的日子裡，許多當地民眾會來此健行，不但能沉浸在充滿芬多精的山野氣息中，也可以同時欣賞到盧加諾湖的明媚風景。

Tips　入門級健行路線

布雷山→布雷村→甘德利亞

遊客們可以買單程票搭乘纜車上山，然後由山頂健行到山下的甘德利亞。最簡單的健行路線是由布雷山頂走到布雷村，然後再沿著山林小徑走到湖畔的甘德利亞村。這一段全程都是下坡路線，慢慢走的話大約兩小時內可以走完，對於想要體驗一下健行的民眾，可說是入門級的步道路線，非常推薦。

深度特寫

盧加諾湖遊湖行程

位於瑞士和義大利交界處的盧加諾湖，被布雷山和聖薩爾瓦多山所環繞，是冰河時期所形成的冰河湖。因為歷史悠久，且位居交通要塞，盧加諾湖自古以來，就是商業往來必經之地，因此在湖的沿岸，曾發掘出許多高盧人和古羅馬人活動的遺跡。想多親近湖水的瀲瀲波光，除了沿著湖畔步道散步之外，遊湖也是另一項不錯的選擇。有的船班還提供餐點，讓遊客可以一邊用餐一邊欣賞湖景。

[http] www.lakelugano.ch | ⓘ 僅在3〜10月行駛 | ⓢ 持有Swiss Travel Pass，可免費搭乘SNL公司的船班 | 🚢 由盧加諾市區湖畔搭船 | [MAP] P.243

盧加諾湖地圖
- 波雷薩 Porlezza
- 甘德利亞 Gandria
- 盧加諾 Lugano
- 特雷沙橋 Ponte Tresa
- 走私博物館 Museo Doganale
- 義大利
- 邊境線
- 美麗地 Melide
- 莫爾科特 Morcote
- 傑內羅索山 Generoso
- 卡波拉哥 Capolago
- 狐狸鎮 Mendrisio Fox Town
- 北

遊湖行程

- 盧加諾(Lugano)→走私博物館(Museo Doganale)→甘德利亞(Gandria)，全程約0.5小時
- 盧加諾(Lugano)→莫爾科特(Morcote)，全程約1小時
- 盧加諾(Lugano)→甘德利亞(Gandria)→波雷薩(Porlezza，義大利)，全程約1.5小時
- 盧加諾(Lugano)→卡波拉哥(Capolago)→傑內羅索山(Monte Generoso)，全程約2小時

盧加諾／義大利語區 243

餐廳推薦 GOURMET

Grand Cafe al Porto

[http] www.grand-cafe-lugano.ch | [位置] Via Pessina 3, 6900 Lugano | [時間] 週一～六08:00～18:30 | [電話] +41-(0)91-910-5130 | [MAP] P.237

　　成立於西元1803年，是家頗具知名度的咖啡館。它位於盧加諾市中心，自成立以來就是當地人聊天聚會的熱門場所。店中精緻多樣化的西式糕點，嚐起來甜而不膩；不論咖啡或點心，都非常受民眾喜愛；所以週末假日通常一位難求，要花點耐心排隊等候。

Spaghetti Pomodoro

[http] spaghettipomodoro.ch | [位置] Via Francesco Soave 10, 6900 Lugano | [電話] +41-(0)91-922-0170 | [MAP] P.237

　　這間餐廳提供道地的義式料理為主，各種不同風味的義大利麵和披薩，包括培根奶油(Carbonara)、青醬(Pesto)等口味都很受歡迎。除此之外，前菜的番茄佐烤麵包(Bruschetta)也是具有當地特色的料理，酥脆的口感搭配清爽的番茄和橄欖油，非常開胃。

住宿推薦

Grand Hotel Villa Castagnola au Lac

★★★★★ | www.villacastagnola.com | @ info@villacastagnola.com | 31 Viale Castagnola, 6906 Lugano-Cassarate | +41-(0)91-973-2555 | 390～1,000CHF | P.237

位於布雷山山腳和盧加諾湖之間的五星級旅館，寧謐的地點，讓旅客能夠享受安靜舒適的休閒時光，不過距離市區有段距離。

Hotel LuganoDante (Center)

★★★★ | www.hotel-luganodante.com | @ info@luganodante.com | Piazza Cioccaro 5, 6900 Lugano | +41-(0)91-910-5700 | 319～635CHF | P.237

這間四星級的旅館，剛好位於纜車站的旁邊，不管是要搭乘纜車前往火車站，或是前往市中心及湖邊都只有幾步的距離，生活機能非常方便。

Hotel Admiral

★★★ | uganohoteladmiral.com | @ reservation@luganohoteladmiral.ch | Via Geretta 15, 6900 Lugano-Paradiso | +41-(0)91-986-3838 | 189～324CHF | P.237

Hotel Atlantico

★★★ | www.atlantico-lugano.ch | @ info@atlantico-lugano.ch | +41-(0)91-971-2921 | 155～180CHF | P.237

這間三星級的飯店位於盧加諾市區，步行到湖邊僅有幾條街的距離。

盧加諾／義大利語區 245

盧加諾近郊景點

甘德利亞
Gandria

由盧加諾搭船前往約半小時，或是從盧加諾市區搭乘90號小型巴士前往，車程約20分鐘
MAP P.243

建於13世紀的甘德利亞村，名稱的由來眾說紛紜。根據最可靠的說法：研究學者們認為它是由甘德(Ganda)這個字演變而來的；因為ganda意指「滑落的山脈」，正符合甘德利亞村特殊的地形——整個村落的房舍如同一層層階梯般分明，順著山勢逐漸隱沒入湖中。

甘德利亞是個不易與外界聯繫的小村莊。古時候自盧加諾經此地通往義大利的道路非常坎坷崎嶇，以當時的技術而言，想在這樣的陡峭坡地興建一條安全的路徑相當艱難，反而讓甘德利亞成了一個與世隔絕的桃花源。

這樣險惡的環境不利於村落的發展，讓甘德利亞的居民們過著艱難辛苦的生活。除了得想盡辦法自外地運送購取的民生物資外，連村莊的建構，都是一項浩大的工程；甘德利亞的居民在艱困環境養成了刻苦耐勞的性格，因此大家稱此地的居民為「Tor」(方言為「公牛」之意)，來表示他們堅韌的個性。

一踏進甘德利亞村，馬上會為那寧謐詳和的氣息所震懾。一棟棟傍湖而建，看似荒蕪的石板舊屋內，幾乎感覺不到有人煙的氣息。沿著高低起伏的巷弄走去，只有窘窄的微風伴隨著平靜的湖波微微盪漾；除了腳步聲外，著實難以聽見一絲喧嘩。

走在村內很難清楚劃分街道和住戶的界限，有時候會不知不覺走到別人家裡，可是再往前幾步，卻又回到一般的窄巷。周遭舊屋的牆上，鑲嵌著一片片顏色脫落的木窗；破舊的木門及停泊在湖畔的小木船，好像訴說著村莊發展的艱苦歷程。

▲穿梭於石板舊屋之間，周遭景色好似訴說著村莊發展的艱苦歷程

▲坐落湖邊的甘德利亞村落

甘德利亞橄欖步道
Sentier de l'olivier

從盧加諾搭乘1號公車、Posta Castagnola站下車，便可到達甘德利亞的橄欖步道起點，從它的名稱：「橄欖+步道」，不難猜出這條道路的特色。盧加諾的湖畔以橄欖業著稱，早在西元8世紀時，橄欖農作及橄欖油，便已經有相當可觀的產量了。

走在湖畔山腰的蜿蜒步道上，各類不同品種的橄欖樹隨處可見；除了橄欖樹之外，沿途的湖光山色，也是美不勝收。放眼望去，湛藍的天際和絲絲白雲融為一體，隱沒入遠方的山頭；一座座連綿起伏的山巒倒映於平靜的湖面，從亮麗的青翠到深暗的墨綠，形成深淺不一的色調，美得讓人目不暇給。

在美景和古屋的陪伴下，2公里長的橄欖步道完全不會讓人覺得疲憊，而且路況也比一般山區的健行步道好走。累了還有椅子可以坐下

▲前往甘德利亞的橄欖步道

▲湖畔居民的私家小船

來歇一會兒，享受陣陣沁人心脾的涼風呢！回程可由甘德利亞搭船，或坐公車回盧加諾。

謝勒植物園
Parco Scherrer

📍Riva di Pilastri 20, 6922 Morcote ｜ 🕐 每年3月中～11月初10:00～17:00 ｜ 💲免費

在1930年代，來自德語區聖加侖的商人阿瑟·謝勒(Arthur Scherrer)買下了位於湖畔的豪宅。因他長年在世界各地經商的緣故，見識過許多異國風情的裝飾和植物，於是把這塊土地打造成夢幻公園。有文藝復興風格的噴泉花園、仿希臘神廟的亭子，及亞洲風格的竹林等，融合多種文化的浪漫園地。他去世後，家人將花園贈與莫爾科特政府，開放大眾參觀。

狐狸鎮
Fox Town

📍Via Angelo Maspoli 18, 6850 Mendrisio｜🕙11:00～19:00｜🚆由貝林佐納搭火車前往，在Mendrisio, S. Martino站下車，再步行約5分鐘即可抵達，車程大約48分鐘，每30分鐘一班火車｜[MAP] P.243

對於喜愛名牌的遊客們而言，歐洲地區最大的Outlet「狐狸鎮」，是絕對不容錯過的血拼景點。為什麼要來這裡呢？因為這兒所賣的名牌服飾、包包等，幾乎是下殺至半價甚或更低的折扣，不論你喜歡名牌精品與否，來一趟「狐狸鎮」，絕對會讓人回家時心滿意足。

90年代初期，瑞士義大利語區的富豪塔齊尼(Silvio Tarchini)，在美國投資了當時迅速成長中的Outlet產業，從中賺得不少利潤。在美國的成功經營成果，讓他萌生在自己家鄉盧加諾附近也設置一家Outlet的主意。1995年11月，他選擇在交通便利的Mendrisio成立了歐洲規模最大的Outlet。

但是塔齊尼先生為怎麼會把這間Outlet取名為「狐狸鎮」呢？他說：「這家精品店內所販售的商品價位，是市面上零售價的3～7折，所以來此購物的消費者們，各個都勢必像狐狸般精明，是經過精打細算才來到這邊的。」如此便宜的名牌商品，當然會誘惑成千上萬的民眾，瘋狂前來搶購。

這裡販售的商品，包括台灣人熟悉的Gucci、Prada、Armani、Dior、Bally等高級品牌，也有Nike、Adidas、Reebok等名牌運動商品，所以到「狐狸鎮」血拼並不是有錢人的專利，一般民眾也能負擔得起這裡的消費。

莫爾科特
Morcote

🚌 自盧加諾市區Piazza Rezzonico搭乘431號公車，在Morcote Piazza Grande站下車，車程約30分鐘。夏天也可以從盧加諾搭渡輪前來 | MAP P.243

位於盧加諾湖畔，早在中世紀時就已存在，不但歷史悠久，而且還曾是盧加諾湖畔最繁忙的港口。早期的居民以漁業及農牧業維生，過著樸實儉居的生活；直到19世紀，觀光業的發展吸引外來人口的造訪，才讓這處寧靜的小村莊轉型為度假勝地。

全村的人口不到1千人，蜿蜒的石板巷弄和依著山坡而建的斑駁老屋，流露出古意盎然的氛圍，保存著與世無爭的純真環境。這片悠閒又美麗的景觀，當地人稱之為湖畔明珠。自2011年起，瑞士每年都會評選最美的村莊競賽活動，風景秀麗的莫爾科特榮膺2016年的冠軍，來過的人幾乎都會愛上這個小村莊！

▲坐落於盧加諾湖畔的莫爾科特村莊

▲從渡輪上看莫爾科特村莊的景觀

聖瑪莉亞岩石教堂
Chiesa Santa Maria del Sasso

📍 Sentee da la Gesa, 6922 Morcote | 🕐 4〜9月07:00〜21:00，10〜3月08:00〜20:00 | 💲 免費

這間教堂最早興建於1319年，當初在建造的時候，挖掘出石製聖母和聖嬰的雕像，因而得名。目前教堂主體建築是15世紀重建後的模樣，為一座古羅馬式的傳統教堂，內部紅磚的廊柱依然保存到現在，以拱門的造型將中殿和側殿分隔開來。

東側拱頂的壁畫裝飾和巴洛克風格的祭壇，被公認是16世紀北義倫巴底地區最珍貴的藝術作品之一。這些畫作經過精心地修復後，唯妙唯肖地以當時的色彩重現在我們眼前。從教堂後方的階梯再往上走，有座網美盪鞦韆，能眺望教堂尖塔和盧加諾湖的景觀。

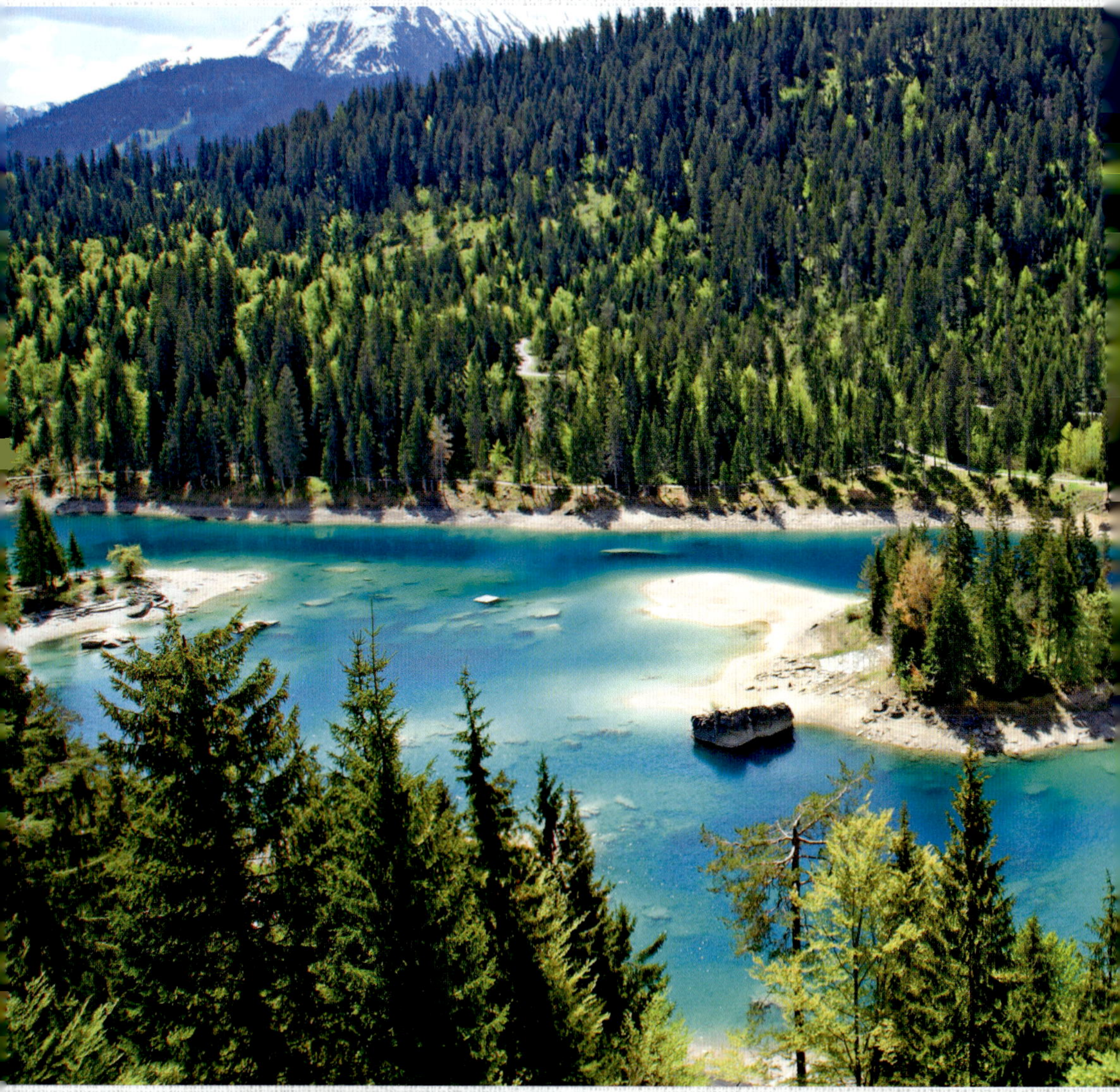
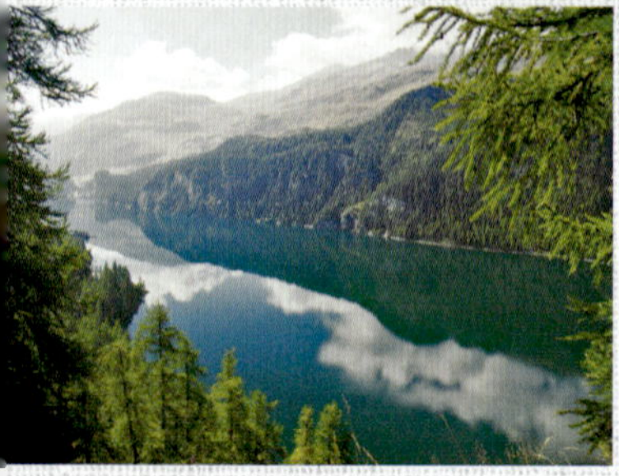
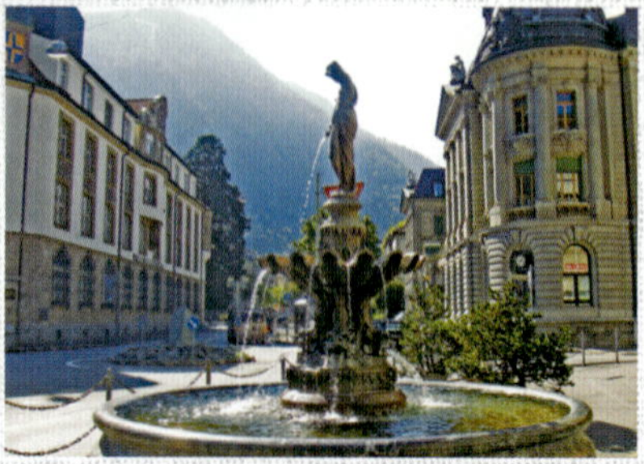
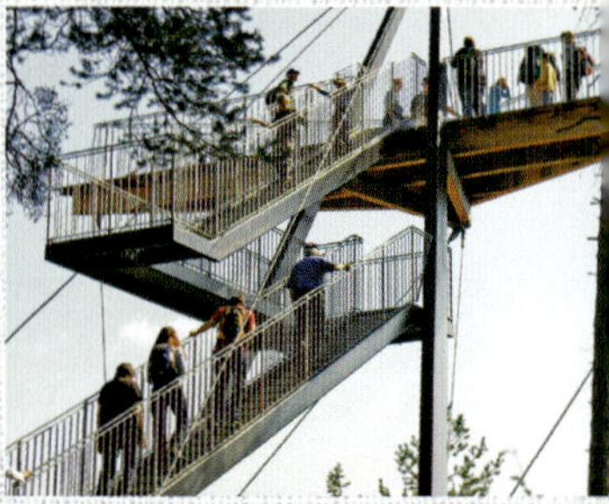

東部及羅曼語區

峽谷及溫泉體驗

在西元前2,000年,羅馬帝國率軍占領了瑞士東部山區,他們的語言和當地方言融合後衍生出來的語言,就是今日的羅曼語;因此和法語及義大利語一樣,羅曼語也是屬於拉丁語系的一員,但卻保留了更多古老的用法。講羅曼語的居民只占全國的1%,又有被德文取代的趨勢,所以目前瑞士政府極力保護這日漸式微的古老語言。

羅曼語區位於瑞士東部,與奧地利和義大利的山區接壤;雖然地處偏僻、人煙稀少,但卻蘊藏著優美的山川和峽谷,而且不論是建築風格或文化習俗,都還保存著瑞士的傳統風貌:奇特的石灰壁畫、小巧可愛的窗子,簡直就是童話故事的翻版。橫貫本區的冰河列車及伯連那列車,能帶領遊客們輕鬆欣賞大自然的鬼斧神工。除了擁有瑞士最古老的城市庫爾(Chur)之外,東部更是滑雪客的最愛及溫泉的療養勝地。

庫爾
Chur

瑞士最古老的城市

　　庫爾是瑞士東部的最大城市，格勞賓登州(Graubünden)的首府，是已經有5,000年歷史的古城。根據文獻記載，西元451年時此地便已成為天主教教區。自羅馬時代起，庫爾即是聯絡北歐和南歐的交通要塞，具有戰略上的高度價值，並因而發展成一個繁榮的城市。走在舊城區街頭，不難發現周遭有許多各具色彩的斑駁古屋，以及古羅馬圖樣的壁畫。今日的庫爾是瑞士東部公車和火車的最重要轉運站，也是冰河列車和伯連那列車的起始站。

MAP P.13／G3

庫爾市區地圖

- 公車及火車總站 Station(SBB/RhB)
- Hotel ABC
- Brunnen 噴泉
- Restaurant Calanda
- Comfort Hotel Post
- Hotel Freieck
- 法院古宅 Alte Gebäude
- 市政廳 Rathaus
- Uhrenparadies 鐘錶天堂
- Drei Bünde
- 雷蒂亞博物館 Rätisches Museum
- 舊城門 Obertor
- 阿卡斯廣場 Arcas Platz
- Cafe Zschaler
- 聖馬丁教堂 Kirch St. Martin
- 大教堂 Kathedrale
- Hotel Chur
- Ruean Thai Restaurant
- 纜車 Cableway

252

舊城區
Altstadt

MAP P.252

　　庫爾雖是個具有5,000年歷史的古城,不過由於西元1464年的一場火災,將市區許多老舊房舍燒毀殆盡,所以現在所看得到的建築物,大部分為火災後所重建。居民為了防患未然,在重建的時候採用義大利語區的石板建築方式,形成了本地特殊的景觀。

噴泉
Brunnen

　　自古代以來,庫爾民眾生活的必需用水一直是靠市區內的水井提供;家庭主婦們每天都會到噴泉這兒來取水,供全家使用。當時為了維護水質的清潔,還會派特定的工人管理噴泉,他們甚至有權力懲罰浪費水源的人。現今市區裡平均每200公尺便有一座噴泉;老舊的水井已經變成美輪美奐的噴泉,把庫爾點綴得熱鬧非凡。

法院古宅
Alte Gebäude

　　這座外表看起來平淡無奇的樓房,現在是格勞賓登州的法院所在地。西元1729年時,薩立思公爵(Peter von Salis-Soglio)選擇此地做為療養的場所,目前入口處還有他所寫的文章。進入精美繁華風格的內部後,可以感覺四處瀰漫著富麗堂皇的氣氛,這兒是庫爾最重要最美麗的巴洛克建築。房屋後方的花園及噴泉都經過巧思設計,具有另一番曼妙的風情。

庫爾/東部及羅曼語區　253

雷蒂亞博物館
Rätisches Museum

🌐 www.raetischesmuseum.gr.ch | 📍 Hofstrasse 1, 7000 Chur | 🕙 10:00～17:00 | 🚫 例假日及週一 | 💲 成人6CHF，16歲以下孩童免費 | 🚆 由火車站步行約10分鐘

　　雷蒂亞鐵路是瑞士最大的私鐵之一，這棟巴洛克式的豪宅建於17世紀，目前以博物館的面貌對外開放，內部展示著格勞賓登地區的歷史文化，包括自新石器時代以來的出土文物，一直到近年來的民俗藝術作品。可藉由參觀此博物館，了解當地文化演進及風俗民情。

市政廳
Rathaus

　　從郵局廣場(Postplatz)沿著郵政路(Poststrasse)走100公尺左右，就會到達市政廳。庫爾的市政廳是在15世紀大火後所重建，樓下有個拱廊中庭，有時會在這裡舉辦活動。遊客可以跟著庫爾旅遊局的旅行團參觀市政廳內部，平日這裡是格勞賓登州表決會議的所在地。

▲市政廳樓下的拱廊

舊城門
Obertor

　　這座從13世紀保留至今的古老建築，被視為庫爾最重要的地標之一。在中古時期，庫爾的城牆是由6個城門和11座塔樓所組成，所有城門在傍晚的時候會關閉。到了19世紀中葉，城門已殘破不堪，即將被拆毀，最後在民眾極力爭取下才得以倖存。目前庫爾只留下兩個舊城門保存至今。

阿卡斯廣場
Arcas Platz

庫爾市區最美麗的一隅應該就是阿卡斯廣場了。西元1971年前，這座廣場原本林立著好幾間倉庫，後來被拆除並規畫地下停車場，才賦予廣場嶄新的面貌。廣場整排老屋依著舊城牆，經歷幾個世紀後依然屹立於河畔，其中最具有歷史性的是25號，可以追溯到13世紀。

如今，廣場上開設許多露天咖啡廳，在這些斑駁老屋的陪襯下，形成一幅非常動人的畫面。廣場另一側的噴泉，是關於Scalära的神話故事，當地流傳著做壞事的村民會被埋葬在村裡的墓園，死後靈魂將被修士帶到森林裡處罰的傳說。

聖馬丁教堂
Kirche St. Martin

由火車站步行前往，約15分鐘 | MAP P.252

聖馬丁教堂建於8世紀，是個歷史悠久的古羅馬式教堂，目前的教堂是西元1491年重建後的模樣，屬於哥德式晚期的建築風格。根據當地居民的描述，庫爾市區曾在西元1574年發生大火，但聖馬丁教堂幸運地躲過這次的災難，因此民眾對於這座教堂更為尊崇。

這間教堂自16世紀起便是庫爾宗教改革的中心。教堂內85公尺高的尖塔聳立於群山之中，相當顯眼，塔上有守護神聖馬丁的浮雕。教堂內的彩繪玻璃窗是大師奧古斯汀·賈科梅蒂(Aaugusto Giacometti)的第一件作品，描繪著基督誕生的故事。

大教堂
Kathedrale

🕐 08:00～19:00 ｜ 🚶 由火車站步行前往，約15分鐘 ｜ ❓ 教堂旁邊有免費公廁 ｜ 🗺 P.252

庫爾的大教堂建於西元1151～1272年間；由於庫爾從西元5世紀起就是天主教的教區，所以大教堂一直扮演著重要的角色。大教堂的外觀相當簡單，融合了羅馬後期及哥德式等多元化的建築風格；教堂的內部雖帶點陰鬱的氣氛，卻有許多值得參觀的重點，包括羅馬式的廊柱、繪於西元1340年左右的壁畫、7公尺高的大祭壇，以及許多自12世紀遺留下來的大理石雕像。

餐廳推薦 GOURMET

Cafe Zschaler

📍 Obere Gasse 31, 7000 Chur ｜ ☎ +41-(0)81-252-3576 ｜ 🗺 P.252

這棟房屋建於西元1529年，為哥德式晚期的建築風格，當年是Juraj Schaller von Altenmarkt的私人豪宅，因而得名。餐廳特殊的壁畫外觀，描繪著諾亞方舟、亞當和夏娃等聖經場景，讓這間咖啡廳在庫爾大有名氣。即使經過數百年，房子依然保留當年的特色。

Drei Bünde

🌐 dreibuende.ch ｜ 📍 Rabengasse 2, 7000 Chur ｜ ☎ +41-(0)81-252-2776 ｜ 🕐 週二～六 11:00～14:00、17:30～23:00 ｜ 🚫 週日及週一 ｜ 🗺 P.252

這間餐廳位於聖馬丁大教堂旁，以牛排料理聞名。店內的設計非常簡單樸素，但提供格勞賓登州道地美食和葡萄酒，讓餐廳每天中午都處於客滿的狀態。**推薦餐點**：各式牛排、香腸起士沙拉。

Restaurant Calanda

🌐 www.calanda-chur.ch | 📍 Postplatz, 7000 Chur | ☎ +41-(0)81-253-0880 | 🗺 P.252

Calanda啤酒為格勞賓登州出產的啤酒，而以Calanda為名的此餐廳賣的也是道地的瑞士菜，但餐廳內部設計不同於一般傳統的瑞士餐廳，因而吸引了不少年輕人前往用餐。**推薦餐點**：起士火鍋。

Ruean Thai Restaurant

📍 Arcas 3, 7000 Chur | ☎ +41-(0)81-252-6454 | 🕐 11:30～22:00 | 休 週三 | 🗺 P.252

這間餐廳位於阿卡斯廣場旁，地點非常方便。老闆娘是道地的泰國人，提供傳統美味的泰式料理，想吃亞洲菜的人不妨參考看看。

住宿推薦 HOTEL

Hotel ABC

★★★★ | 🌐 www.hotelabc.ch | @ abc@hotelabc.ch | 📍 Ottostrasse 8, 7000 Chur | ☎ +41-(0)81-254-1313 | 💲 254～265CHF | 🗺 P.252

位於火車站旁，不論是交通或購物都很方便。這家是庫爾市區唯一的四星級以上飯店；有附設廚房的房間，而且房間都有無線網路。

Hotel Chur

★★★ | 🌐 www.hotelchur.ch | @ info@hotelchur.ch | 📍 Welschdörfli 2, 7000 Chur | ☎ +41-(0)81-254-3400 | 💲 110～240CHF | 🗺 P.252

照片提供／Hotel Chur

Hotel Freieck

★★★ | www.freieck.ch | hotel@freieck.ch | Reichsgasse 44, 7002 Chur | +41-(0)81-255-1515 | 160～300CHF | P.252

位於庫爾市中心；除了旅館之外，也附設餐廳，還可以在這裡舉辦活動。

▲冰河列車行經的萊茵河峽谷

Comfort Hotel Post

★★★ | hotelpostchur.ch | hotel@postchur.ch | Poststrasse 11, 7002 Chur | +41-(0)81-255-8284 | 132～259CHF | P.252

最近重新整修過的Comfort Hotel Post，位於市中心的徒步區，交通非常便利，並且提供免費的上網設施。附近有許多商店、酒吧及超市等，相當方便。

▲ Flims 的山區景觀

萊茵河峽谷
Rheinschlucht

震撼的壯麗風景

　　冰河列車自聖莫里茲(St. Moritz)出發後，約莫1小時會經過風景壯麗的萊茵河峽谷。若是因為火車的行駛，讓你只能匆匆一瞥，來不及仔細欣賞這鬼斧神工的地形，那麼來一趟弗林茲‧瓦德豪斯(Flims Waldhaus)，便能彌補這個遺憾。

　　從弗林茲‧瓦德豪斯沿著前往康恩(Conn)的健行步道，約15分鐘的路程就可抵達第一個景點：考馬湖(Caumasee)。隱藏在森林中的考馬湖，如翡翠般碧綠的湖水，讓每位來訪的遊客驚喜連連，清澈的水質更吸引了許多瑞士人來戲水；即使是冬天無法下水的季節，還是有人會倚在湖畔，靜靜地沉醉於山光水色之中。過了考馬湖後，再繼續往前走半小時，便是萊茵河峽谷景觀台。站在景觀台上，可以一覽腳底下曲折蜿蜒的萊茵河，以及美景令人震撼的萊茵河峽谷。

由Chur火車站上方的公車總站，搭乘前往Flims Waldhaus的公車，在Waldhaus Post下車 | P.13 / F3

Tips　入門級健行路線

這條從Flims Waldhaus→Caumasee→Conn的健行路線，全程約1小時左右，路面平緩，非常適合平時沒有健行經驗的遊客。

▲前往考馬湖的健行步道 　　▲健行路線標示牌

▲如翡翠般碧綠的考馬湖

萊茵河峽谷／東部及羅曼語區　259

麥茵菲爾德
Maienfeld

拜訪《小天使》的故鄉

還記得膾炙人口的童話故事《小天使》中的主角「海蒂」（台灣譯名為「小蓮」）嗎？這位天真可愛、個性活潑開朗的小女孩，就是來自瑞士的小村莊：麥茵菲爾德(Maienfeld)。因為這本書(卡通)的誕生，讓許多人對阿爾卑斯山的生活，抱著無限的憧憬。

當「海蒂」住在法蘭克福時，她每天朝思暮想的就是回到瑞士的故鄉——奔馳在翠綠油亮的草原上、徜徉於奼紫嫣紅的花叢中、沉浸在金黃耀眼的陽光下、嬉戲於雪白肥碩的羊群間。究竟是什麼樣的魅力，能讓她對這個阿爾卑斯山上的小村莊如此魂牽夢縈呢？

從Chur搭乘火車到Maienfeld，車程約15分鐘 | MAP P.13 / G2

布蘭迪斯城堡
Schloss Brandis

建於西元1270年左右的布蘭迪斯城堡，目前已經改裝成餐廳和旅館。大廳裡停放了許多古董馬車頭；自天花板垂下的古老吊燈和牆上陳舊的壁畫，讓這個大廳瀰漫著一股懷舊的氣

▲布蘭迪斯城堡內部的餐廳

氛。走到2樓，裝飾華麗的餐廳和小酒吧，呈現的是另一番截然不同的景象。從上方的梁柱到眼前的桌椅，整個餐廳全都以木製家具為素材，搭配著淡藍色的桌巾和座位上的小枕頭，散發出充滿閒情逸致的氣息，讓每位旅客都想坐下來休憩片刻。

▲城堡內部大廳裡停放了許多古董馬車頭

海蒂健行路線
Kleiner Heidiweg

麥茵菲爾德有兩條不同的健行路線，供遊客體驗「海蒂」的生活環境：分為適合一般人的短程「紅線」和適合健行的「藍線」。紅色路線至少耗時1個小時以上，至於藍色的路線，估計大概需5小時才走得完。想體驗「海蒂」的生活環境？穿一雙好的運動鞋和練好腳力，是必要的先決條件。

▼藍線和紅線的指標

▲沿途中可看見農場裡的綿羊

建議遊客可以從村落裡沿著紅色的路標一路走下去，道路會越來越窄小，房舍越來越稀少。沿途中農場的籬笆內，可以看見整群傻氣的綿羊，如蜂擁般向遊客湊過來，讓人聯想到戴著草帽和紅色披肩的「海蒂」，在夕陽餘暉下趕著山羊下山的情景。

麥茵菲爾德／東部及羅曼語區　261

瑞士旅遊實用資訊
Information

瑞士商務辦事處(TOSI)
- www.eda.admin.ch
- 台北市基隆路一段333號國貿大樓31樓3101室
- (02)2720-1001
- FAX (02)2757-6984

瑞士政府旅遊局台北辦事處
- www.eda.admin.ch/taiwan
- 台北市基隆路一段333號國貿大樓31樓3101室
- (02)2720-1001
- FAX (02)2757-6984

航空公司

　　瑞士航空及國泰航空皆經由香港轉機後，就直飛蘇黎世，對於外語能力不好的人是最便利的選擇，其他如新航、泰航、荷航、阿聯酋也是品質不錯的航空公司。如果在歐洲其他申根國家轉機來瑞士，會在轉機的國家先經過海關檢查護照，從申根國家前來瑞士就不會有海關檢查了。

瑞士海關

　　根據規定，每位來瑞士的旅客可以攜帶下列物品入境：個人物品、照片、自用攝影機及底片、樂器、私人使用的藥物。攜帶入境作為禮物的物品，以價值不超過100瑞士法郎為上限；每人可以攜帶1公升烈酒及兩公升酒精成分低於15%的酒類，或1公升酒精成分高於15%的酒類；至於香菸，每個人可以攜帶400支香菸，或是100支雪茄，或是500克菸草；但旅客必須年滿17歲才可以享有以上菸酒的免稅優惠。至於非歐盟地區的肉類及乳製品，則不可攜帶入境；若被搜查到不只沒收，甚至將課1,000CHF罰金。

1 前往與抵達
Departure & Arrive

簽證

　　瑞士為申根會員國，自2011年1月起，持有台灣護照的旅客不需要辦理簽證，半年內可在申根國家停留的總天數為90天。如果來瑞士的目的是留學、觀光、或是長期探親(結婚)，還是必需依規定辦理簽證。雖然短期旅遊是免簽證，不過依照規定還是建議旅客購買旅遊保險(機場可以買)、及準備相關的財力證明(英文的銀行存款或信用卡都可以)。

政府單位

伯恩

台北文化經濟代表團
Délégation Culturelle et Economique de Taipei
- Kirchenfeldstr. 14, 3005 Bern
- +41-(0)31-382-2927
- FAX +41-(0)31-382-1523

日內瓦

台北文化經濟代表團
Delegation Culturelle et Economique de Taipei
- 56 Rue de Mollebeau CH-1209 Genéve
- +41-(0)22-919-7070
- FAX +41-(0)31-382-1523

抵達機場

蘇黎世機場分為A、B／D、E三座航廈，跟隨著Exit出口的指示，便可抵達出境大廳；過了海關便是行李提領區，如果攜帶需要申報的特殊物品，則必須選擇紅色的通道出境。機場的地下樓層就是火車站，有火車可以抵達蘇黎世市區，約10分鐘的車程。

▲蘇黎世機場內部

機場往市區

從機場往市區的交通，以搭火車最方便；從機場到蘇黎世中央火車站約10分鐘，每15分鐘就有一班車。如果要搭計程車的話，走出機場大廳便有許多排班的計程車，單程費用約60～70CHF。

Tips 善用瑞士國鐵官網

若要查詢交通資訊，瑞士國鐵官方網站最方便實用，只需輸入地點，甚至住址，再選擇想要出發或抵達的時間，網站就會整理出最有經濟效益的路線
http www.sbb.ch

火車

在瑞士旅客最常使用的交通工具莫過於火車，國鐵的德、法、義文分別為SBB、CFF、FFS；除了國鐵，瑞士的私鐵火車也非常繁多。國鐵中的EC和IC線為快車，以停靠大城市居多；而所謂的S-Bahn或是Regionalzug則屬地區性的火車，停的站數較多，但也相對比較慢一些。旅客若不趕時間，可以搭搭看短程路程的火車，感受一下不同的窗外景致。

旅客搭乘一般火車都不需要預定座位，但請盡量避開尖峰時間搭乘；想搭乘景觀火車時，請務必事先訂位，但需另外付費。火車月台上有黃色及白色兩種時刻表，黃色是由該站火車的發車時間，白色的時刻表則是火車抵達該站的時間。

瑞士的火車都非常準時，所以一定要提早抵達火車站候車。在每個瑞士的火車站內，都能拿到與該區域相關之火車時刻表小冊。看不懂

的話，也不需要擔心，可以直接到售票櫃檯詢問火車的發車時刻；只要告訴櫃檯人員你想搭車的日期、時間和目的地，他們便會幫你列出一張詳細的清單。

▲黃色：火車發車時間，白色：火車抵達時間

Tips　人性化的無障礙設置

瑞士的無障礙環境相當優良，各大火車站或公共場所都提供殘障人士專用道，非常人性化；大部分新式的火車或公車門口還會貼有輪椅的標示，好讓殘障人士方便進出。

車票種類

由於瑞士的火車票非常昂貴，建議最好依照個人行程選購適合的火車通行證；只要是非瑞士國籍的居民都可以使用。

瑞士旅行通行證 Swiss Travel Pass

在有效的期間內，可以無限次數地使用瑞士境內各種公共交通工具，包括火車、渡輪、郵政巴士和大多數城市的大眾交通系統。瑞士旅行通行證分為連續和彈性兩種，連續車票是每天都要使用，彈性車票則可以自己選擇搭車使用的日期。

不管是連續還是彈性的票券，都有3、4、6、8、15天等不同天數的選擇。搭車時只要將車票存在手機裡，搭車時給查票員掃QR Code即可，也能列印出來備用。要提醒大家一點，查票員有權利核對護照資料，所以搭火車時證件需要帶在身上。

半價卡 Half Fare Card

持有半價卡的遊客，可以用半價優惠購買瑞士境內各種公共交通工具，包括火車、汽船、郵政巴士和大多數城市的大眾交通系統；另外購買各種私鐵車票，也有半價的優惠。建議來瑞士短期觀光的遊客，購買效期1個月的半價卡，費用為120CHF。

瑞士青年票 Swiss Youth Pass

16歲以上未滿26歲的青年，購買瑞士交通券享有7折優惠。

瑞士火車票一覽表

※票價時有異動，請依當地公布資料為準

票種	效期	頭等艙	二等艙	附註
瑞士旅行通行證 Swiss Travel Pass	連續3天	389CHF	244CHF	
	連續4天	469CHF	295CHF	
	連續6天	602CHF	379CHF	
	連續8天	665CHF	419CHF	
	連續15天	723CHF	459CHF	
瑞士彈性交通券 Swiss Travel Pass Flex	彈性3天	445CHF	279CHF	有效期1個月內
	彈性4天	539CHF	339CHF	
	連續6天	644CHF	405CHF	
	彈性8天	697CHF	439CHF	
	彈性15天	755CHF	479CHF	
半價卡 Half Fare Card	1個月	120 CHF		火車、公車、渡輪及大多數的登山纜車皆享有5折優惠
	1年	190 CHF		

Tips　行李服務

瑞士國內火車託運行李

持有有效車票或是瑞士旅行通行證的旅客，在當天19:00以前拿去車站託運，旅客可以在第三天09:00過後在另一個車站領取行李，每件行李託運費12CHF，每件行李不能超過23公斤。行李抵達之後，可以免費放置5天(包括抵達的當天)，超過天數每天收5CHF的費用。單車及滑雪器具必須打包裝袋(箱)。

航空鐵路行李聯運

旅客在搭機前一天，可以將行李拿去某些火車站，寄送到蘇黎世機場的國鐵櫃檯，這樣就不需要拉著行李搭火車了。每件行李收費24CHF、不超過23公斤。請事先上國鐵官網，查詢該車站是否有提供這項服務。

http www.sbb.ch

郵政巴士

持有Swiss Travel Pass的遊客，可以在效期內無限制次數搭乘每個州的郵政巴士，只有在少數幾個山區會追加費用。沒有Swiss Travel Pass的旅客，要先在公車站牌的自動售票機購票，如果沒有售票機的話，可以上車直接向司機買票。

▲郵政巴士

計程車

和一般公共交通工具相較，計程車是最方便的。瑞士的計程車車資各地不同，市區和郊區也不一樣。通常在火車站前會有計程車的招呼站，有些小城市的計程車可以直接議價，不

前往與抵達／瑞士旅遊實用資訊

需要跳表計費。有的計程車每件行李會加收1CHF行李費。

自行車

在瑞士租借自行車非常方便，全國200多個火車站都提供自行車出租服務。如果是在同一個車站租借及歸還，一天的費用是38CHF起跳（視不同的腳踏車款式而異）；若是歸還的地點不同，則加收10CHF手續費。可以自行上SBB官網填寫表格預訂。

此外，在許多大城市如蘇黎世、伯恩等，也提供數小時免費的自行車租借服務；遊客可在火車站的遊遊中心詢問。

http www.sbb.ch

租車、自駕

蘇黎世機場就有Avis、Eurocar、Hertz、Sixt/Budget等租車公司的服務櫃檯，建議出發之前先上網預訂，抵達瑞士之後，便可直接到櫃檯辦理取車手續。自駕旅遊時，一定要留意當地的交通規則，以免觸法。

■ 瑞士是左駕行駛。
■ 在行人穿越道或是沒有紅綠燈的交叉路口，一定要先禮讓行人通過。
■ 通常在無交通號誌的圓環，左側的車輛享有優先權。
■ 若遇到隧道，車頭燈必須全程開啟。
■ 前後座的乘客都必須繫上安全帶，12歲以下的兒童必須坐在後座，並且須使用兒童安全座椅。

Avis
http www.avis.com
Gartenhofstrasse 17
+41-(0)44-296-8787

Europcar
http www.europecar.com
Josefstrasse 53
+41-(0)44-271-5656

Hertz
http www.hertz.com
Morgartenstrasse 5
+41-(0)44-298-8484

Sixt/Budget
http Sixt：www.sixt.cn
http Budget：www.budget.com
Lindenstr. 33
+41-(0)44-383-1747

2 消費與購物 Shopping

貨幣

瑞士沒有外匯管制，貨幣流通相當自由。瑞士貨幣目前主要使用瑞士法郎(Swiss Francs, CHF)，雖然瑞士仍不是歐盟國家的成員，但是許多飯店、商店、火車站等服務業也接受歐元，不過找零時只會找瑞士法郎。由於瑞士法郎並不適用於歐盟其他國家，建議旅客在離開瑞士前就把瑞士法郎花掉。

在瑞士境內各家銀行及火車站的匯兌處，都可用歐元或美金兌換瑞士法郎。火車站的兌換處通常營業至晚上7點左右，依各地方差異略有不同。

信用卡

大部分的Master或是Visa信用卡，都可以在瑞士使用。持有EC卡的遊客，一般都能從瑞士的ATM機上提款；除瑞士法郎外，還可以從ATM機上提取美元或歐元。銀行的自動櫃員機有英文說明，操作非常簡便。在前往瑞士之前，請務必先向自己的銀行核對個人密碼(Pin Code)。

小費

瑞士的旅館和餐廳收費時都已把15%的服務費加進價格內，有的旅館則會在登記住宿時便收取每人3～5瑞郎的額外稅金；因此在瑞士旅遊，並不需要額外給小費。但是在高級飯店，還是有付小費給搬行李之服務人員的習慣，通常大約2瑞郎就夠了。如果是上餐廳用餐，覺得服務不錯或菜色頗佳的話，也可以給小費，跟服務生說不用找零，他們就知道是小費了。

退稅規定

凡是在有標示Tax Free的商店裡，單日消費滿300瑞郎以上，便可以申請退回7.7%的商品加值稅。消費者必須在購物時向店家索取免稅申請表格(ETS Cheque)，於離境前在蘇黎世或

幣值換算

此為2024年匯率，請注意每日浮動

瑞士法郎 (CHF)	台幣 (NTD)
1	39
2	78
5	195
10	390
20	780
100	3,900
200	7,800

基本消費	瑞士法郎(CHF)	台幣(NTD)
罐裝飲料	2	78
礦泉水	2	78
麵包	2	78
速食店套餐	約11～13	429～507
一般套餐	約18～30	702～1,170
明信片	約1	39
小費	旅客可自由給付	旅客可自由給付
市區計程車跳表價	約10	390
市區單程公車票	2	78
一般民宿及B&B	約110～180	4,290～7,020
中等商務飯店雙人房	約150～250	5,850～9,750

日內瓦機場辦理蓋章退稅。退稅的方式，可選擇當場領取現金，或將金額退入信用卡內。

如果你購物的金額較大，有可能會被要求出示所購之商品實物，所以最好不要放到託運行李裡，以備退稅時檢查用。有些大型的商店，為了讓遊客享受退稅的便利，也提供當場扣稅的服務；所以在這種商店內，應退稅款已從你的購物款中扣除；但在離境前仍需到海關退稅處蓋章。

折扣季

瑞士每年有兩次折扣季：分別是6月中旬～7月底，以及耶誕節過後持續到1月底。這兩波的折扣期間，瑞士各大百貨公司和店家都會推出打折商品，而且越到折扣季的尾聲越便宜，甚至可以下殺到3折。平時嫌貴買不下手的民眾，可以趁這段期間來撿便宜。

3 生活與文化
Living Information

國定假日
有*者每年日期不同，以下為2026年日期

日期	節慶名稱	簡介(有放假的州)
1/1	新年	一些大城市會有煙火表演
1/2	Berchtold's Day	Aargau, Bern, Fribourg, Glarus, Jura, Luzern, Neuchâtel, Obwalden, Schaffhausen, Solothurn, Thurgau, Vaud, Zug, Zurich
1/6	三王節Three Kings Day	Graubünden, Luzern, Schwyz, Ticino, Uri
3/19	St. Joseph's Day	Graubünden, Luzern, Nidwalden, Schwyz, Solothurn, Ticino, Uri, Valais
*4/3	耶穌受難日Good Friday	復活節前的週五假期(義語區&Valais州除外)
*4/6	復活節	
*4/6	復活節週一Easter Monday	
5/1	勞動節	11個州都會放假
*5/14	耶穌升天節Ascension Day	復活節後的40天，各地有慶祝活動(週四)
*5/25	聖靈降臨節週一Whit Monday	Valais州除外都放假
*6/4	Corpus Christi	Aargau, AppenzellInnerrhoden, Fribourg, Jura, Lucerne, Nidwalden, Obwalden, Ticino, Uri, Valais, Zug
8/1	國慶日National Day	Bellinzona大廣場上供應免費的晚餐，各地有煙火活動
11/1	清明節All Saints' Day	僅有16個州放假
12/25	耶誕節Christmas Day	全國的商店都不營業
12/26	耶誕節翌日St. Stephen's Day	多數的州都放假

時差

11～3月比台灣慢7小時；4～10月因實施夏季日光節約時間，所以比台灣慢6小時。

電壓

瑞士的電壓為220伏特、50赫茲。插頭分二插式及三插式，插座則分內藏式和平口式，一般飯店都提供轉換插頭的借用服務。若遊客攜帶的電器產品本身可自動轉換電壓，則只需購買轉換插頭，在各五金行都可買到。

▲平口式插座　▲內藏式插座　▲轉換插頭

四季衣著

地勢高低及海拔高度，都是影響溫度的主要因素。一般而言每升高100公尺時，氣溫會下降0.5度。山區的冬夏溫差比較大，夏天可能會達攝氏30度，冬季則會降到零下25度左右。炎熱的夏日裡，在一般城市或是山腳下穿短袖即可，在7、8月時節的義大利語區，更有機會達到35度左右的高溫。

但是像少女峰、鐵力士山、或是馬特洪峰等海拔3,000公尺以上的高峰，山上積雪終年不化，就算是夏季上山，也要先做好保暖的準備。來到瑞士，通常要準備一雙適合健行的鞋子、保暖的衣物(夏天只需要帶一兩件毛衣或厚外套即可)、太陽眼鏡、雨具及防曬用品；冬天的話，一定要帶防寒兼防雨的大衣。

住宿訂房

近年來瑞士是非常熱門的旅遊景點，不僅亞洲的團客，還有許多歐美及中東旅客。重點觀光區如少女峰和策馬特地區，旺季期間經常一房難求，而且飯店的價位年年調漲，最好在出發前半年就訂好住宿，否則臨時訂房的話，CP值高的飯店幾乎是不可能。

便宜訂房網站

- www.bnb.ch
- www.backpacker.ch
- www.youthhotel.ch
- www.swissbackpacker.ch

習俗與禁忌

拍照

瑞士的風景優美，因此許多旅客在搭火車的時候，會把車窗拉下來拍照。不過拉下車窗會讓車外的聲音及風聲傳入車廂，建議遊客照完相後應該立即將窗戶關好，這是對其他乘客的尊重。

通常在博物館內會標示可否照相，有的地方完全禁止照相，有的則只是禁止使用閃光燈，請注意博物館的規定。逛街時如果想在商店內拍照，一定要先徵求店員的同意，否則偷偷拿起相機在店內拍照，是非常沒有禮貌的行為，有可能會被店員制止。

用餐

瑞士人用餐都很準時，如果跟別人約定一起用餐，請務必準時到場。萬一真的趕不上或是遲到，都要先打電話通知對方。

對瑞士人來說，吃飯當眾打嗝是比放屁還要無禮的行為，因此一定要注意這點「禁忌」；即使忍不住非得打嗝的話，也該用手遮住嘴巴，並盡量將音量減到最低，然後再向同桌用餐的人說聲抱歉。雖然這只是個小動作，卻是非常重要的禮儀之一。

保險、治安

進入瑞士前14天曾到過傳染病流行國家的遊客，必須先接受疫苗注射。瑞士的醫療機構和設備都相當具國際水準，遊客萬一需要住院或就醫時，都可以安心接受治療；但院方會要求病患出示旅遊保險或支付押金。瑞士對衛生方面非常重視，所以一般的餐廳都是通過核准後才能營業，自來水也可以直接由水龍頭生飲。雖然瑞士的治安良好，犯罪率很低，不過出門在外，還是要注意隨身的財物。

郵政

瑞士的郵局標示：德文、法文、和義大利分別是Die Post、La Poste和La Posta。基本上郵局顯眼的黃色招牌非常容易辨認出來，辦公時間為週一～六；不過有些小城市的郵局中午會有休息時間。如果要郵寄包裹回台灣，只要用紙箱包裝妥當，即可拿到郵局寄送。普通信件可從一般賣明信片的店家裡買到郵票，貼上後再自行投入郵筒就可以了。

電話

從台灣打電話到瑞士

先撥002(或其他電信公司國際冠碼) + 瑞士國碼41 + 市區碼(去0) + 對方電話號碼。例如：瑞士的電話為091-855-5000，則撥002-41-91-855-5000即可。

從瑞士打電話回台灣

先撥00 + 國碼(台灣為886) + 市區碼(去0) + 對方電話號碼。例如：台灣的電話號碼為02-2656-0000，則撥打00-886-2-2656-0000即可。

瑞士境內緊急電話

警察局	117
消防局	118
救護車	144
緊急道路服務	140
道路交通報告	163
直昇機救援	1414
雪崩報告	187
天氣預報	162
政府部門諮詢	111
國際電話播接	1141

網路

瑞士的網咖並不普遍，需要免費網路的人可以到星巴客或麥當勞，只要在店內消費便能向店家索取上網密碼。台灣有出租國外使用的上網分享器，也能在台灣就買到瑞士的手機易付卡，資訊如下：

翔翼通訊
- aerobile.com
- 台北市館前路6號8F之2
  新北市新店區建國路198巷25號1樓
- (02)7730-3111

▲ Lebara 的 SIM 卡可以在瑞士打電話及上網

實用網站

瑞士交通時刻表查詢
www.sbb.ch

瑞士境內地圖及交通方式
www.mapsearch.ch

天氣預報網站
www.meteoschweiz.ch

旅遊中心

瑞士旅遊局網站
www.myswitzerland.com.tw

蘇黎世旅遊局
www.zurichtourism.ch

沙夫豪森旅遊局
www.schaffhauserland.ch

史坦旅遊局
www.steinamrhein.ch

拉裴斯威爾旅遊局
www.rapperswil-jona.ch

巴塞爾旅遊局
www.basel.com

伯恩旅遊局
www.berninfo.com

琉森旅遊局
www.luzern.org

少女峰旅遊局
www.jungfraubahn.ch

策馬特旅遊局
www.zermatt.ch

日內瓦旅遊局
www.geneve.ch

貝林佐納旅遊局
www.bellinzonaturismo.ch

羅卡諾旅遊局
www.locarno.ch

盧加諾旅遊局
www.lugano.ch

庫爾旅遊局
www.churtourismus.ch

常用會話

中文	德文	法文	義大利文
你好	Guten Tag	Bonjour	Buongiorno
謝謝	Danke	Merci	Grazie
再見	Auf Wiedersehen	Au revoir	Arrivederci
你好嗎？	Wie geht's?	Ça va?	Come stai?
很好	Gut	Bien	Bene
是&不是	Ja & Nein	Oui & Non	Si & No
對不起	Entschuldigung	Désole(e)	Mi scusi
請等一下	Moment	Un moment	Un momento
我不知道	Ich weiss es nicht	Je ne sais pas	Non lo so
多少錢	Wieviel?	Combien?	Quanto costa?
在哪裡	Wo?	Où?	Dove?
我想去	Ich will…gehen	Je veux aller- -	Voglio andare-
廁所	Toilette / WC	Toilet	Gabinetto
餐廳	Restaurant	Restaurant	Ristorante
飲料	Getränke	Boisson	Bibita
菜單	Speisekarte	Menu	Menu
巴士	Bus	L'autobus	Bus
車站	Bahnhof	Gare	Stazione
銀行	Bank	Banque	Banca
電話	Telefon	Téléphone	Telefono
醫院	Krankenhaus /Spital	Hôpital	Ospedale
車票	Fahrkarte	Billet	Biglietto
月台	Gleis	Quai	Binario
入口	Eingang	Entrée	Entrata
出口	Ausgang	Sortie	Uscita
開	Öffnen	Ouvert	Aperto
關	Geschlossen	Fermé	Chiuso